AF549280

EBERHARD
GRÜNEBERG

Zu Fuß zu Franziskus

Von Eisenach nach Assisi
auf der Via Romea

ÜBER DEN AUTOR:

Eberhard Grüneberg, Jahrgang 1955, war von 2005 bis 2017 Vorstandsvorsitzender der Diakonie Mitteldeutschland. 2017 ging er in Ruhestand, 2018 brach er zu seiner Pilgerreise auf der Via Romea auf.

Bibliografische Information der Deutschen Nationalbibliothek: Die Deutsche Nationalbibliothek verzeichnet diese Publikation in der Deutschen Nationalbibliografie; detaillierte bibliografische Daten sind im Internet über http://dnb.d-nb.de abrufbar.

Das Buch wurde auf alterungsbeständigem Papier gedruckt.

Gesamtgestaltung: FRUEHBEETGRAFIK · Thomas Puschmann, Leipzig
Druck und Bindung: BELTZ Bad Langensalza GmbH
Umschlagmotive: Thomas Söllner/AdobeStock (U1),
Lachlan Gowen/unsplash (U4), Eberhard Grüneberg (Autorenbild)

ISBN 978-3-86160-572-0
www.wartburgverlag.net

Inhalt

Eisenach
Tschechien
Deutschland
Österreich
Schweiz
Italien
Assisi

Die Idee

Das Jahr 2007 stand in den Kirchen ganz im Zeichen des achthundertsten Geburtstages der Heiligen Elisabeth. Die Evangelisch-Lutherische Kirche in Thüringen feierte zum Beispiel einen Elisabeth-Kirchentag in Eisenach mit Themenschwerpunkten, die sich aus ihrem Leben aufdrängten: zu den Werken der Barmherzigkeit, zu Armut, sozialem Engagement, Spiritualität und vielem mehr. Das waren auch relevante Themen für die Diakonie. So hatte auch ich einige Auftritte auf Podien und hielt Vorträge über Elisabeth. Bei der Vorarbeit für die Veranstaltungen wurde mir deutlich, wie stark die Landgräfin durch die Ideen von Franz von Assisi beeinflusst worden war. 1210, als sie gerade mal drei Jahre alt war und noch in Ungarn lebte, wurden die Regeln des durch Franziskus gegründeten Ordens der Minderen Brüder erstmalig päpstlich bestätigt. 1221, als sie vierzehnjährig heiratete und Landgräfin wurde, gab es bereits eine kleine Gruppe von Franziskanern, die am Fuße der Wartburg lebten und zu denen sie Kontakt hatte. Sie hatten sich demnach in einer für die damalige Zeit erstaunlichen Geschwindigkeit über Europa ausgebreitet.

Einer von ihnen namens Rodeger galt spätestens ab 1223 als Elisabeths geistlicher Berater, der sie natürlich auch mit der franziskanischen Armutsbewegung und den Idealen und Regeln des Ordens vertraut machte. Das hatte, wie wir wissen, nachhaltige Auswirkungen auf ihr Leben. Der unmittelbare gedankliche Austausch mit den Franziskanern endete erst, als Konrad von Marburg immer mehr Einfluss bei Elisabeth gewann und ab 1226 ihr geistlicher Berater und Führer wurde. Im selben Jahr starb Franziskus vor den Toren von Assisi. Er war vierundvierzig Jahre alt geworden, Elisabeth war zu diesem Zeitpunkt neunzehn. Sie waren sich zwar persönlich nie begegnet, aber für Elisabeth blieb Franziskus eine Leitfigur. Nicht von ungefähr benannte sie ihn als Schutzpatron für das auf ihr Betreiben hin errichtete Hospital vor dem Toren Marburgs. Es wurde im Herbst des Jahres 1228 eingeweiht, wenige Wochen nach der Heiligsprechung von Franziskus. Anlässlich dieser Einweihung soll sie ganz in franziskanischem Geiste das sogenannte „graue

Gewand“ angenommen haben, das schlichte Gewand für Schwestern, die ein Armutsgelübde abgelegt hatten. Praktisch war sie damit eine Nonne geworden und in den geistlichen Stand eingetreten. Sie arbeitete fortan im Hospital bis zur totalen Erschöpfung und starb 1231, mit vierundzwanzig Jahren.

Der Gedanke, dass Elisabeth und Franziskus zu Lebzeiten im Geiste sehr verbunden waren, beschäftigte mich seinerzeit sehr. Ich begann darüber nachzudenken, einen spirituellen Brückenschlag von Eisenach nach Assisi zu versuchen. Die franziskanischen Gedanken waren von Assisi nach Eisenach getragen worden, in den Köpfen und Herzen von Franziskanern, die zweifellos diesen Weg zu Fuß gegangen waren. Das war zur Inspiration für Elisabeth geworden, deren daraus erwachsenes Handeln auch nach achthundert Jahren für alle, die in der sozialen Arbeit unterwegs waren, faszinierend und beispielgebend geblieben war. Auch für Evangelische und für die Diakonie. Nicht von ungefähr tragen viele diakonische Häuser ihren Namen.

Durch Elisabeth und später durch Martin Luther und Johann Sebastian Bach wurde Eisenach mit der Wartburg zu einem spirituellen „Kraftort“, der auf Christen aller Konfessionen weltweite Anziehung ausübte. Mich faszinierte zunehmend der Gedanke, ihn mit dem anderen spirituellen „Kraftort“, nämlich mit Assisi, von dem seinerzeit der Impuls, den wir heute „Option für die Armen“ nennen, ausgegangen war, wieder zu verbinden. Und zwar so, wie es vor achthundert Jahren die Franziskaner getan hatten: zu Fuß! Aber nun als Evangelischer und mit dem Wissen darum, wie die Diakonie in Mitteldeutschland im Geist von Franziskus und Elisabeth und allen darauf folgenden Müttern und Vätern der Diakonie ihre soziale Verantwortung im Hier und Heute wahrgenommen hat. Solch ein Fußmarsch nach Assisi könnte meine ganz persönliche Antwort auf den franziskanischen Appell sein, sich um die Armen zu kümmern und zu zeigen, dass er von der Diakonie gehört und beherzigt wurde. Und meiner eigenen Spiritualität würde so eine Pilgerreise vermutlich auch guttun, dachte ich. Vielleicht wäre dieser Weg – zurück zur franziskanischen „Quelle der Barmherzigkeit“ – genau die richtige Form für mich, um wieder geistlich „aufzutanken“.

Seit Jahren hing an der Wand über meinem Schreibtisch eine bunte Keramik, die Franz von Assisi zeigte, wie er in seiner Kutte, mit gelbem

Heiligenschein und erhobenen Händen zu den ihn umschwirrenden Vögeln predigte. Seit diesem Elisabeth-Jubiläumsjahr sah ich ihn auf diesem Bildnis neu und anders an. Ich war noch nie in Assisi gewesen. Aber nach und nach wurde diese Stadt zu einem Sehnsuchtsort, der mich anzog. Ich wollte dorthin gehen. Unbedingt.

Jetzt kam es nur noch auf den richtigen Zeitpunkt an. Für eine solche Wanderung über tausendvierhundert oder tausendfünfhundert Kilometer veranschlagte ich mindestens einen Zeitraum von drei Monaten. Denn an einem Stück wollte ich den Weg schon gehen. Damit war auch klar: In einem jährlichen Urlaub ist das nicht zu realisieren. Mich für ein Vierteljahr freistellen zu lassen, hielt ich weder für eine gute Idee – wer als Leitungsperson für einige Monate abwesend ist, muss sich nicht wundern, wenn sich bei seiner Rückkehr in das vermeintlich alte „Arbeitssystem" die (Macht-)Verhältnisse geändert haben –, noch war es realistisch. In den Jahren 2007 bis 2009 befand sich die junge fusionierte Diakonie Mitteldeutschland in einem tiefgreifenden Umbruchprozess. Die drei ehemaligen Dienststellen in Eisenach, Magdeburg und Dessau sollten geschlossen werden. Die Entscheidung für Halle als zentraler Standort war gefallen, und im April 2009 wurden die neuen Räume in der Merseburger Straße bezogen. In der Mitarbeiterschaft und im Vorstand gab es in diesen Jahren viel Unruhe und viele Wechsel. Die nächsten Jahre mussten dazu genutzt werden, eine neue gemeinsame Identität im Verband zu erarbeiten und auf die unterschiedlichsten Erwartungen und Anfragen von außen die richtigen Antworten zu finden. Das war einfach nicht die passende Zeit für eine monatelange Abwesenheit.

Das bedeutete aber: Eigentlich kam solch eine Auszeit nur infrage bei einem Stellenwechsel, in der Zeit zwischen Aufhören und Neubeginn. Die Fusionsjahre hatten mich sehr gefordert und ich war kräftemäßig und auch spirituell ziemlich ausgepowert. Das konnte eine gute Begründung für die Beantragung eines Sabbaticals sein. Vor dem Beginn von etwas Neuem noch einmal ein Vierteljahr Zeit für mich zu haben und dann auf einer Pilgereise neue geistliche Impulse zu bekommen, um anschließend inspiriert und freudig in eine neue Aufgabe einzusteigen, dieser Gedanke gefiel mir. Doch es ließ sich leider nicht realisieren. Bald wurde klar: Der einzig realistische Termin würde die Zeit unmittelbar nach der Versetzung in den Ruhestand sein.

Der Tiefschlag

Für Mitte Juni 2017 war meine Verabschiedung aus dem Dienst in der Diakonie Mitteldeutschland festgelegt – formvollendet, mit Gottesdienst und Empfang. Nichts war in den vergangenen Wochen und Monaten davor so oft Thema gewesen wie meine Pilgerreise. Auf die Frage, wie ich denn diesen krassen Wechsel in meinem Alltag – heute noch hundertprozentig im Arbeitsleben und morgen Ruheständler – verkraften wolle, war immer meine überzeugende, vor allem aber auch Erstaunen hervorrufende Antwort: „Ich möchte diesen Übergang nicht leichtnehmen, sondern ein Stück weit selbst gestalten. Deshalb werde ich eine ‚kleine Wanderung' unternehmen – von Eisenach nach Assisi!"

„Alle Achtung!", hörte ich daraufhin oft. „Wie weit ist das denn? Wie viel Zeit werden Sie dafür brauchen? Warum gerade Assisi?", so die anerkennenden und neugierigen Reaktionen. Aber vor allem: „Das ist aber eine gute Idee und ein mutiges Vorhaben! Werden Sie etwa allein losgehen?"

„Grundsätzlich ja! Aber meine Frau wird am Fuße der Alpen zu mir stoßen, damit wir die Berge gemeinsam überqueren können. Drei Wochen später, am Ende ihres Urlaubes, fährt sie dann wieder nach Hause und ich wandere allein weiter. So kann ich Schritt für Schritt meine Arbeit in der Diakonie loslassen, mich innerlich verabschieden und gleichzeitig meine Gedanken nach vorn ausrichten auf das, was künftig meinen Lebensinhalt ausmachen könnte."

Das war der Plan. In Zeitungsartikeln über meine Verabschiedung wurde er besonders hervorgehoben. Michael Chalupka, Direktor der Diakonie Österreichs und guter Freund, hielt eine Festrede genau zu diesem Thema und verehrte mir den Instagram-Hashtag #EberhardOnTour, damit ich mit anderen Menschen meine Reise bebildert teilen könnte. Ich bekam allerlei nützliche Reiseutensilien und sieben (!) Reisetagebücher geschenkt. Die Zeichen standen auf Start.

Eine Woche nach der Verabschiedung wollte ich am 27. Juni aufbrechen, direkt vor unserer Haustür in Eisenach. Die wenigen Tage dazwischen nutzte ich noch für Gartenarbeit und rückte dem Gras an einem kleineren Hang auf unserem Grundstück zu Leibe, erst mit der Sense und dann mit einem motorlosen Rasenmäher, der leidlich funktionierte. Am Abend merkte ich, dass meine Knie leicht spannten. Aber es war nicht sehr beeinträchtigend, und Knieprobleme kannte ich bis dahin nicht. Dann stand noch der Auszug aus meiner Wohnung in Halle an. Gemeinsam mit unserem Sohn Hermann und dessen Freund Konrad räumten wir sie aus. Danach war Wohnungsübergabe und die Rückfahrt nach Eisenach. Schon das Ausladen zu Hause schaffte ich nicht mehr! Mein linkes Knie war kolossal angeschwollen. Die Diagnose meiner besorgten wie strengen Hausärztin Karin bei der Spontanuntersuchung am darauffolgenden Samstagmorgen – wir waren mit anderen zum Brunch bei Freunden eingeladen – lautete: Erguss im Knie, vermutlich durch Überanstrengung! Das Knie bandagieren, hochlegen und kühlen! Ich sollte am Montagmorgen zur Sprechstunde und sicherheitshalber zum Röntgen kommen. „Wandern am Dienstag? Das kannst du vergessen!"

Die nächsten Tage wurden schwierig. In Gedanken verschob ich den Aufbruch immer wieder für ein paar Tage; vielleicht Freitag oder Montag? Von anderen, die Leute mit Knieproblemen kannten, hörte ich öfter den „ermutigenden" Beitrag: „Knie? Das kann Monate dauern! Am besten verschiebst du deine Wanderung auf nächstes Jahr!"

Das war frustrierend. Noch nie hatte ich irgendeine Sorge mit einem Knie gehabt! Und nun das! Die ersten Tage, an denen ich nur sitzen und gar nichts machen konnte, deprimierten mich. Gedanklich war ich gar nicht mehr hier und wollte mich deshalb auch auf nichts anderes einlassen. Ich saß nur da, befühlte mein Knie und haderte mit der Situation. Aber es war ja klar: Ich konnte nur losgehen, wenn das Knie stabil und schmerzfrei war. Immerhin war die Schwellung schon etwas zurückgegangen. Aber das immer neue Festlegen von möglichen Startterminen half der Psyche nicht!

Anfang Juli war die Schwellung nahezu weg, aber das Durchbeugen ging nach wie vor schwer und war schmerzhaft. Ich probierte kleine Spaziergänge, setzte mich täglich für eine halbe Stunde auf das Ergometer zum Radfahren und ging schwimmen. Moderate Bewegung hieß das Zauberwort. Nach und nach ging es mir besser, am Wochenende um den 8./9. Juli war die Schwellung weg und das Knie war schmerzfrei.

Inzwischen waren meine Frau Diotima und ich übereingekommen, am 15. Juli gemeinsam aufzubrechen. Somit hatte ich noch eine Woche Zeit, mit kleinen, sich steigernden Wanderungen die Belastbarkeit des Knies zu testen. Also machte ich mich am Montag, den 10. Juli wandermäßig fertig, mit Outdoor-Hose, Merino-Shirt und Outdoor-Jacke, und startete morgens beschwingt und beschwerdefrei zum ersten Test. Nach nicht einmal zwanzig Minuten, ich war noch am östlichen Stadtrand, bekam ich plötzlich einen äußerst schmerzhaften Krampf in der rechten Wade! Meine letzten Wadenkrämpfe hatte ich als Zwanzigjähriger beim Fußball gehabt, und da auch nur, wenn es mal in eine Verlängerung ging. Im Normalfall kann man so einen Krampf durch Anspannen des Beines wieder auflösen. Das funktionierte aber beim besten Willen nicht. Ich musste umkehren und mühsam wieder nach Hause humpeln.

Da der Krampf sich weder im Laufe des Tages noch über Nacht löste, ging ich am Dienstag wieder zum Arzt. Die Diagnose nach Ultraschalluntersuchung lautete: Infolge Überlastung hatte sich vor zwei Wochen im rechten Knie eine Zyste gebildet, die beim Gehen geplatzt war. Die in der Zyste angesammelte Flüssigkeit war dann offenbar in die Wadenmuskulatur geflossen und hatte diese völlig blockiert. Die Wade einschließlich Knie und Knöchelbereich war verhärtet und durch Wasserbildung angeschwollen.

Das vordringlichste Ziel war nun, das Wasser aus dem Bein zu kriegen. Das wichtigste Hilfsmittel dafür – und das empfand ich wirklich als Gipfel der Demütigung – war ein Stützstrumpf! Bilder aus meiner Kindheit, von massigen Frauen mit säulenartigen Wasserbeinen, die nur noch durch Stützstrümpfe in Form gehalten wurden, stiegen in mir auf. Links trug ich immer noch die Bandage, rechts nun also einen vom Orthopäden angemessenen Stützstrumpf für die komplette Beinlänge. Trotz mitgelieferter Anziehhilfe, einer Art seidige Socke, die beim Überziehen des Strumpfes ein besseres Gleiten ermöglicht, war durch die weitgehende Unbeweglichkeit des Knies das Anziehen des Strumpfes eine tränentreibende tägliche Tortur. Die inzwischen stattfindenden Lymphdrainagen entlasteten zwar spürbar die Wade, aber die Flüssigkeit verharrte im Knie, ließ es anschwellen und schmerzen. Damit war klar: Ein gemeinsamer Start mit Diotima am 15. Juli war eine Illusion!

Die Schwellung hielt tagelang an, trotz Massage, Stützstrumpf und permanenter Kühlung. Am 14. Juli war noch, wegen des ursprünglichen Aufbruchtermins, ein Besuch bei Schwiegermutter Mareile in Kassel geplant. Die Autofahrt ging, da Diotima fuhr, einigermaßen gut. Für Kassel war ein kleiner Spaziergang durch die Innenstadt mit der Besichtigung einiger documenta-Highlights wie des Bücher-Parthenons oder des Flüchtlings-Obelisken, vor allem aber der neuen Orgel in der Martinskirche vorgesehen. Nach nicht einmal einer halben Stunde musste ich wegen zu starker Schmerzen den Spaziergang abbrechen. Den Nachmittag verbrachte ich auf der Couch liegend. Dort dachte ich zum ersten Mal darüber nach, wie ich die ganze Situation nun eigentlich deuten sollte?

Mir wurde plötzlich klar, dass das ständige Verschieben des Aufbruches und überhaupt das fortwährende Hoffen darauf vollkommener Unsinn waren. Ich begriff, dass mein Vorhaben gescheitert war.

Umgehend planten wir die drei Urlaubswochen neu: eine Woche die Kinder aus Halle zu Besuch in Eisenach, eine Woche Ostsee in Bansin und eine Enkelin-Woche mit Heide wieder in Eisenach. In der ersten Woche waren angesichts fortwährender Schwellungen meine Aktivitäten sehr eingeschränkt, die Woche an der Ostsee verkam zu einem Lazarettaufenthalt, da ich jeden Tag zum Orthopäden musste und an beiden Knien punktiert wurde. Die Zeit im Hotel direkt am Strand verbrachte ich meistens im Bett liegend, lesend und aus dem Fenster sehend, nur unterbrochen durch Arztbesuche. Gleichzeitig erkrankte Diotima nach zwei Tagen an einer schweren Bronchitis, die sie sich beim morgendlichen Schwimmen bei viel zu kalter Luft geholt hatte, und legte sich auch ins Bett. Das war ein Ostseeurlaub der besonderen Art. In der dritten Woche, wieder in Eisenach, verschlechterten sich die Knie zusehends und schmerzten derart, dass selbst an Nachtschlaf nicht zu denken war. Zur Orthopädin überwiesen, bekam ich dann schon „schwere Kaliber“, wie zum Beispiel entzündungshemmende Cortison-Spritzen. Zum ersten Mal seit Wochen war ich danach für einige Zeit schmerzfrei. Das war ein ganz neues Lebensgefühl.

Und trotzdem: Das konnte doch alles einfach nicht wahr sein! Meine ersten Wochen im Ruhestand waren genau das Gegenteil von dem, was ich mir vorgenommen hatte! Nichts mit Bewegung, unterwegs sein,

Abschied nehmen vom Arbeitsleben, pilgernd die Gedanken im Kopf und die Gefühle im Herzen bewegend, auf der Suche nach Neuem, das künftig eine ausfüllende Rolle in meinem Leben einnehmen könnte. Ich war durch meine Knieprobleme geradezu wie auf den Stuhl genagelt, zum absoluten Nichtstun, zum Herumsitzen gezwungen.

Anfangs hatte ich buchstäblich den Kopf eingezogen und niemandem ein Lebenszeichen gegeben. Es war einfach zu blöd, dass das vollmundig angekündigte Pilgerprojekt so sang- und klanglos weggebröselt war. In den ersten Wochen riefen Freunde und ehemalige Kollegen bei meiner Frau an, um sich zu erkundigen, wo ich denn gerade sei und wie es mir auf dem Weg erginge. Ähnliche Anfragen kamen auch auf meinem Smartphone an. Und dann – nach meiner deprimierenden Offenbarung – immer dasselbe Staunen und Bedauern: „Das ist aber wirklich schade!" Aber auch: „Das hört man ja oft, dass der Übergang in den Ruhestand mit einem gesundheitlichen Einbruch verbunden sein kann. Aber bei dir hätten wir das nicht gedacht!" Das stimmt! Ich hätte das auch nicht gedacht!

Die folgenden Wochen und Monate verliefen mit Blick auf den Heilungsprozess in wellenartigen Kurven. Auf Zeiten der Stabilisierung kamen Rückfälle, schien nach der einen Wanderung nun alles wieder in Ordnung zu sein, folgten auf die nächste gleich massive Beschwerden. Wochenlang ging ich zur Lymphdrainage. Umfangreiche Laboruntersuchungen wurden durchgeführt, um die Ursache der Flüssigkeitsbildung herauszufinden. Aber ein möglicher Grund nach dem anderen wurde ausgeschlossen: keine Arthrose, kein Rheuma, keine Borreliose, kein Meniskus! Nichts! Ich hatte zwar dicke schmerzende Knie, aber niemand konnte mir sagen, warum!

Als dieses Fazit Mitte Dezember feststand, hatten auch die Selbstheilungskräfte das ihre getan. Die Knie waren wieder auf das normale Maß geschrumpft, waren belastbar und schmerzten nicht mehr. Vielleicht war es ja doch etwas Psychosomatisches. Vielleicht wusste ich tief im Innern, ohne es mir eingestehen zu wollen, dass das gar nicht funktionieren kann: übergewichtig zu sein, seit Monaten keinen Sport gemacht zu haben, beim Treppensteigen zu ächzen, beim Schuhezubinden zu schnaufen – und dann die Aktentasche in die Ecke zu stellen, gegen einen Rucksack einzutauschen und locker loszuwandern. Vielleicht war mir eine unbewusste Bangigkeit auf die Knie geschlagen und hatte mich in die Knie gezwungen.

Als ich Anfang des Jahres darüber nachzudenken begann, mich Mitte Mai auf den Weg zu machen, empfahl mir Hermann, mich auch physisch darauf vorzubereiten. Denn das wäre ja fatal, ein paar Tage nach dem Start wegen Kniebeschwerden den Weg dann wieder abzubrechen und zerknirscht vor der heimischen Tür zu stehen. Also ging ich für ein Vierteljahr in ein Fitnessstudio und ließ mir spezielle Übungen zur Kräftigung der Kniemuskulatur sowie allgemeine Konditions- und Kraftübungen zeigen. Die arbeitete ich zwei- bis dreimal wöchentlich in je zwei Stunden ab und fühlte mich immer besser und lockerer, ohne dabei irgendwelche Beschwerden zu haben. Das war genau das Richtige!

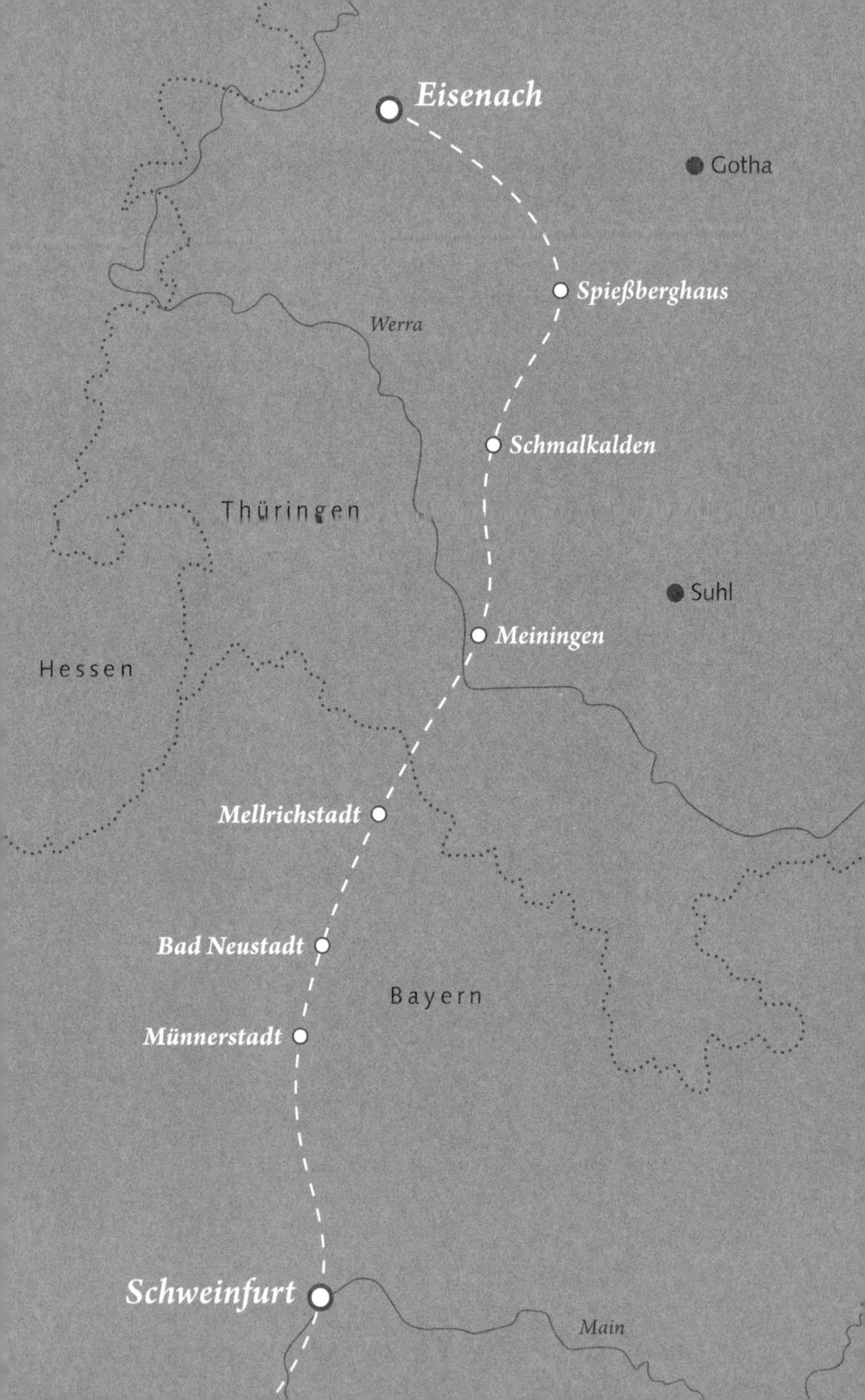
Eisenach
Gotha
Spießberghaus
Werra
Schmalkalden
Thüringen
Suhl
Meiningen
Hessen
Mellrichstadt
Bad Neustadt
Bayern
Münnerstadt
Schweinfurt
Main

1. WOCHE
14.–20. Mai 2018

Von Eisenach nach Schweinfurt

MONTAG, 14. MAI 2018

Eisenach — Spießberghaus (25 km)

Nun war ich also die ersten Schritte gegangen. Am Morgen hatten Diotima und ich noch unseren Sohn Konrad an den Zug gebracht. Er war am Sonntag aus Hannover nach Eisenach gekommen, um mich vor dem Aufbruch noch mal zu sehen. Dann waren wir gleich weitergefahren auf die „Hohe Sonne". Abschied – in einer Mischung aus Lachen, Tränen und guten Wünschen! Diotima fuhr zur Arbeit ins Annenstift und ich zog los. Sie hatte vor ein paar Tagen – halb im Scherz, halb im Ernst – gesagt: Und was ist, wenn du verunglückst und nicht wiederkommst? Die Frage kam mir plötzlich wieder in den Sinn. Aber ich hatte, auch wenn mich der Abschied gerade eben doch etwas angefasst hatte, in diese Richtung nicht einmal einen Anflug von Bangigkeit. So tickte ich nicht. Ich war zuversichtlich, dass alles gut gehen würde.

Jetzt ging ich ohnehin erst mal vertraute Wege: Hubertushaus, Glasbachwiese, Heuberghaus, Spießberghaus. Das waren von Eisenach aus alles Ziele für sonntägliche Spaziergänge oder winterliche Skitouren. In den letzten Jahren waren wir mit den Ski öfter am Heuberghaus gestartet, dann am Spießberghaus vorbeigelaufen bis hin zur Ebertswiese. Dort eingekehrt, ging es dann wieder retour. Im Spießberghaus waren wir dabei noch nie. Das wäre eine zu kurze Strecke gewesen. Heute aber war es mein Tagesziel. Ein Zimmer hatte ich gebucht. Denn genau hier kreuzte der Rennsteig meinen eigentlichen Pilgerweg, die Via Romea.

Sie beginnt in Stade in Norddeutschland, führt über Braunschweig und den Harz nach Nordhausen und dann durch Thüringen bis nach Friedrichroda und hoch auf den Rennsteig.

Die spannendste Frage am Ende des ersten Tages war: Wird der von körperlicher Beanspruchung eher entfremdete Körper die Dauerbelastung mitmachen? Immerhin: Die Knie waren bandagiert und hatten sich überhaupt nicht gemeldet. Aber seit Tagen hatte ich Rückenschmerzen wegen eines Hexenschusses! Losgegangen war ich mit einer Ibuprofen 600 und blieb so den ganzen Tag schmerzfrei. Auch abends im Spießberghaus blieb der Schmerz erträglich, aber vor dem Spiegel stehend sah ich meine dramatische Schonhaltung mit Linksdrall. Das dürfte noch heiter werden! Probleme machte auch mein Hallux am rechten Fuß. Vor allem bergab schmerzte er beträchtlich, und ich merkte, dass die große Zehe seit dem Platzen der Zyste immer noch etwas taub war und meine Trittsicherheit einschränkte. Zeitweilig glaubte ich sogar zu humpeln. Vielleicht waren fünfundzwanzig Kilometer für den ersten Tag doch etwas zu weit?

Bei der Ankunft im Spießberghaus gegen drei viertel sieben war ich ziemlich kaputt und appetitlos. Ich musste an Peru denken, wo ich nach der ersten Tageswanderung durch den Colca-Canyon am Abend so erschöpft war, dass ich vor einem wunderbar kredenzten Abendessen saß und keinen Bissen herunterbekam. Das wiederum erfreute seinerzeit unseren sportlichen indigenen Guide, der meine Portion mit Appetit gleich mit verzehrte. Hier aber reichte es immerhin noch für einen Salat! Und ein großes Radler nebst zwei kleinen dunklen Bieren! Es ging sehr bergauf und bergab auf der Strecke. Ich hatte viel geschwitzt, nun war also der Durst groß. Nach dem Essen kam ich kaum vom Tisch hoch. Ich war schon mit Schmerzen und im Eiergang ins Restaurant gewankt, jetzt taten die Muskeln noch mehr weh. So schleppte ich mich auf mein Zimmer, fiel ins Bett und war gespannt, wie es sich Morgen anfühlen würde.

DIENSTAG, 15. MAI 2018

Spießberghaus — Schmalkalden (19 km)

Gut gefrühstückt ging es gegen neun Uhr los. Wider Erwarten waren die Beine schmerzfrei und gehbereit. Es war wunderbares Wanderwetter, abwechselnd Sonne und leichte Bewölkung bei etwa zwanzig Grad. Trotzdem blieben die Sinne mehr fixiert auf das Funktionieren des Körpers und waren kaum offen für die Schönheiten der Landschaft.

An der Ebertswiese bog der Weg ab vom Rennsteig und am Bergsee vorbei in Richtung Floh. Nun ging es schon wieder abwärts vom Kamm, noch eine Weile im Wald und bald trat ich bei schönstem Sonnenschein heraus aus dem Wald und sah in ein weites Tal mit Blick auf ferne Hügel, zu denen hin ich gehen wollte. Ich fühlte mich froh und frei, unbeschwert und neugierig, vielleicht sogar ein bisschen glücklich. Und das schon am zweiten Tag! Ich kannte dieses Gefühl auch vom Radfahren. Unterwegs bei einer Tour am Morgen alles zusammengepackt zu haben, sich aufs Rad zu schwingen und loszufahren, das war genauso. Freiheit und Abenteuer, ein Feeling, wie es früher der Cowboy in der Marlboro-Werbung vermitteln wollte. Ich hatte es jetzt! Und marschierte heiter weiter. Im bezaubernd im Tal gelegenen Floh war die Kirche offen, und über dem Altar schwebte ein Engel, der Luther ähnelte. Vielleicht sollte er's gar sein? Dann weiter auf dem Radweg nach Schmalkalden.

Ich wollte versuchen, aufs Geratewohl eine Unterkunft zu bekommen. Und zwar nicht irgendwo, sondern bei der evangelischen Kirchengemeinde. Also erst mal rein in die Kirche und beten. Zufällig war auch der Dekan da, den ich von früheren Begegnungen her kannte. „Das ist ja eine gute Fügung. So kann's weitergehen", dachte ich erfreut. Gleich am Eingang sprach ich eine ältere Dame an, die als Kirchenführerin mit Namensschild erkennbar war: „Können Sie mir sagen, wo das Gemeindebüro ist? Ich suche eine Pilgerunterkunft!" „Da haben Sie aber Glück! Der Herr Dekan ist gerade da. Fragen Sie ihn doch mal! Der kann Ihnen bestimmt weiterhelfen!" Also ging ich in seine Richtung.

Er war in ein Gespräch vertieft und wartete, wie ich im Vorbeigehen hörte, auf ein Kamerateam. Ich setzte mich in eine Bank und überlegte, wann ich in dieser schönen Kirche das letzte Mal gepredigt hatte. Es war, glaubte ich, während der Landesgartenschau. Nach einem Dankgebet stand ich auf und ging auf den Dekan zu. Ich sah, dass er mich in meinem Wanderaufzug nicht erkannte. Also sprach ich ihn an mit der Frage nach dem Pfarramt oder Kirchbüro und wie es mit einer Pilgerunterkunft aussehe? Er schüttelte ablehnend den Kopf: „So was gibt es in unserer Gemeinde nicht. Mit Pilgern haben wir es hier nicht so!", meinte er nur lapidar. Die Kirchenführerin sprang mir bei und warf ein, ob es denn nicht vielleicht im Gemeindehaus was gäbe? Er schüttelte den Kopf: „Versuchen Sie es doch mal in der Touristinformation!" Ich entgegnete: „Pilgern ist doch nicht nur etwas Touristisches, sondern auch etwas Spirituelles! Außerdem kann ich mir nicht vorstellen, dass es im Pfarrhaus oder im Gemeindehaus keine kleine Kammer mit einem Bett gibt … oder irgendjemanden in der Gemeinde, der mich aufnehmen würde …" Wieder Kopfschütteln und im Weggehen: „Die Kameraleute kommen!" In meiner Nähe stand immer noch die Kirchenführerin. Sie sah, dass er mich einfach stehen gelassen hatte, und fragte mitfühlend: „Was hat denn der Herr Dekan gesagt? Nichts, nicht wahr?" „Das stimmt!", erwiderte ich, „gar nichts!" Zum Glück gehört Schmalkalden kirchlich zu Kurhessen-Waldeck, dachte ich noch, sonst wäre es noch deprimierender.

Also ging ich – ziemlich angefressen – zur Touristinformation. Dort gab es in einem Verzeichnis Ansprechpartner für Pilgerunterkünfte. Aber ihre Telefonnummern standen im Gemeindeblatt, das gerade aus war. Einige Anrufe, bei denen niemand erreichbar war, Nachrichten aufs Band. „Da kann ich jetzt nichts weiter tun. Vielleicht kommen Sie in einer Stunde wieder?" Also ging ich in ein Café am Markt und wartete. So spontan eine Unterkunft zu organisieren war offenbar nicht ganz einfach.

Nach anderthalb Stunden und drei Milchkaffee also wieder zurück in die Touristeninformation. Frau Hanf, die freundliche Mitarbeiterin, hatte leider noch keine Neuigkeiten. Von den Angerufenen hatte sich niemand gemeldet. Immerhin gab es aber eine Option: Frau W. bot ein Zimmer an – zwanzig Euro ohne Verpflegung, aber mit der Möglichkeit zum Teekochen. Frau Hanf fragte mich nebenbei, auf welcher Route ich denn liefe? „Aha, Via Romea. Da liegt das ‚Vital Hotel' direkt auf dem Weg. Wenn das eine Option ist?" Laut Internet kostete das Einzelzimmer fünfundneunzig Euro. Zu viel natürlich! Frau Hanf: „Vielleicht lässt sich was machen. Am Telefon nimmt aber gerade niemand ab." Ich entschied: „Also dann Frau W.! Wie komme ich da hin?" Sie druckte mir einen Stadtplan mit Wegbeschreibung aus. Wieder in die Gegenrichtung, und zwar drei Kilometer! Na prima! Ich hatte es jetzt satt. „Wir haben Frau W. schon angerufen, sie erwartet Sie", versuchte mich Frau Hanf aufzumuntern.

Als ich aus der Tür ging, begann es zu regnen. Ein Gewitter zog auf. Mein Ziel war die Straße „Heilig Grab". Na, das hörte sich ja vertrauenserweckend an! Davor musste ich ein Neubaugebiet durchqueren. Trotz mehrmaligen Erkundigens bei Passanten lief ich eine gute Stunde im Regen – und im Kreis. Dann fragte ich einen jungen Mann. Er kannte die Straße nicht, zückte aber sein Smartphone: „Ich kann Ihnen zwar nicht erklären, wie Sie dahin kommen, aber ich kann Sie mit meinem Auto hinfahren!" Das fand ich großartig. Also den Rucksack auf den Rücksitz und noch mal eine Fahrt rund ums Dorf. Der junge Mann hieß Hamri, was nach seinen Worten übersetzt „der Beständige" bedeutet, und machte gerade sein Abitur. Er wollte einmal Apotheker werden, wie sein Vater. Dem gehörte in Syrien eine Apotheke. Hamri war seit 2015 in Deutschland. Erst wohnte er in Viernau, jetzt in Schmalkalden. Hamri war nach Frau Hanf der Zweite, der mir half. Wir verabschiedeten uns sehr herzlich.

Ich klingelte am Haus von Frau W., aber es hörte keiner. In angemessenem Abstand mehrmaliges Klingeln – nichts! Ich rief wieder Frau Hanf an: „Es scheint niemand da zu sein!" Sie: „Das gibt's doch nicht! Ich rufe sofort Frau W. an! Dann rufe ich zurück!" Hoffentlich noch rechtzeitig. Denn ich hatte nur noch elf Prozent Akku auf meinem Smartphone. Nach zwanzig Minuten kam der Rückruf: „Ich kann die Frau nicht erreichen. Tut mir leid. Aber wenn Sie das ‚Vital-Hotel' mit fünfunfsechzig Euro für ein Einzelzimmer nehmen, dann pickt Sie der Chef des Hotels jetzt auf, da wo Sie sind!" Seit drei Stunden versuchte ich nun in Schmalkalden irgendwo unterzukommen. Das war genug. „Na klar, schicken Sie ihn bitte her! Mit Frau W. wird das nichts mehr. Wahrscheinlich bin ich ihr zu nass und mache für zwanzig Euro zu viel Dreck!"

Der freundliche vierzigjährige Hotelchef sammelte mich wenig später mit einem Kleinbus ein. Er empfahl mir wärmstens den Wellnessbereich in seinem Haus. Ich hinkte inzwischen etwas. Offensichtlich belastete ich durch die Schonhaltung das rechte Bein zu stark, so dass es an der Hüfte schmerzte. Da kam mir Wellness gerade recht. Erst mal schwimmen, dann Sauna, dann Ruheraum – herrlich! Danach aufs Zimmer und mit Finalgon eincremen. Das Abendessen ließ ich ausfallen, da ich noch zwei Frühstücksbrote hatte. Aber das Bier aus der Minibar war doch zu verlockend!

Allerdings wurde so schon am zweiten Tag die Budgetfrage aufgeworfen. Ich hatte mir vorgenommen, pro Tag nicht mehr als fünfzig, höchstens sechzig Euro auszugeben. Das wäre dann ein Wochenbudget von dreihundertfünfzig bis vierhundertzwanzig Euro! Gestern im Spießberghaus waren es mit Essen und Übernachtung schon achtzig, das kam heute mit den drei Milchkaffee und der Übernachtung samt Minibar auch schon wieder zusammen. Das durfte nicht so weitergehen, auch wenn ich froh war, im Hotel zu sein und nicht bei Frau W. im Zimmer „ohne alles". Von Experimenten bezüglich der Unterkunft war ich heute geheilt worden! Ich rief noch am Abend in Meiningen in einer Jugendherberge an und bekam ein Einzelzimmer für dreißig Euro. Alles ist besser, als drei Stunden auf Zimmersuche zu sein!

Die Begegnung mit dem „Herrn Dekan" wird es mir in Zukunft bestimmt erschweren, Ausflüge nach Schmalkalden zu machen. Höchstens für ein Wellness-Wochenende im ‚Vital-Hotel' mit meiner Frau.

MITTWOCH, 16. MAI 2018

Schmalkalden — Meiningen (16 km)

Jeder Pilger, selbst wenn er nur nebensächlich in einem spirituellen Kontext unterwegs ist, wünscht sich doch, positive Erfahrungen mit dem kirchlichen Netzwerk zu machen. Das würde geistlich aufbauen. Aber offensichtlich ist für manche Verantwortlichen in der Kirche diese Perspektive gänzlich verborgen. „Mit Pilgern haben wir es nicht so!" Und mit helfen? Wie haben Sie es damit? Wenn von der Kirchgemeinde selber beim Stichwort „Hilfe!" der Tourismusinformation mehr zugetraut wird als sich selbst, dann ist das doch ein Armutszeugnis. Dass ein um Unterkunft bittender Pilger nicht dramatisch hilfsbedürftig ist, ist natürlich richtig. Aber ist, falls es schon keine praktische Hilfe gibt, etwas freundliche Unterstützung und Zuwendung nicht das Mindeste dessen, was möglich sein sollte? Oder erscheint das Engagement für jemanden, der morgen schon nicht mehr da ist, als vergeudete Mühe und Zeit? Gastfreundschaft geht anders! Aber vielleicht ist das auch gar kein Kriterium mehr für die christliche Gemeinde? Eine solche Gemeinde ist dann aber wirklich nicht einladend, wie man es gern betont, sondern trübsinnig. Und zwar für jeden, der hier künftig als Pilger durch die Kirchentür tritt und meint, auf Geschwister im Geiste zu treffen!

Ich merkte, dass mir am Morgen der „Herr Dekan" noch etwas schwer im Magen lag.

Eigentlich sollte es viel Regen geben. Die ersten sechs Kilometer bis zur Oberwallbachmühle ging ich aber vor allem bei Sonnenschein durch lichten Laubwald und meist bergab in Richtung Werra. Schön war das Wallbachtal. Die Mühle lag einsam. Das Mühlrad drehte sich nicht klappernd, sondern geräuschlos. Kein Mensch war zu sehen. Die Kirche in Wallbach war geöffnet. Scheinbar war am Wochenende eine Hochzeit gewesen. Zementsäcke lagen im Chorraum und auf den Bänken am Eingang. Das hatte offenbar niemanden bei der Trauung gestört. Ich bekam Lust zu singen und schmetterte hintereinander „All Morgen ist ganz frisch und neu", „Verleih uns Frieden" und „Dona nobis pacem". Dann noch ein Gebet und weiter in Richtung Walldorf.

Die Kirchenburg dort war und wird ein Ereignis. Vor ein paar Jahren abgebrannt, wird sie jetzt aufs Feinste wieder aufgebaut und restauriert. Äußerlich schon strahlend und trutzig wiederhergestellt, waren gerade die Innenarbeiten im Gange. Moderne, mutige, sehr schöne Kirchenfenster von unterschiedlichster Art zogen meine Aufmerksamkeit im alten Gemäuer auf sich. Starke Steinplatten im unregelmäßigem Zuschnitt, große und kleine mit Linien und Schwüngen machten den Fußboden lebendig. Vom künstlerischen Anspruch ließ diese Kirche nichts zu wünschen übrig. Hier weiß einer, was er tut! Großartig!

Auf dem Radweg lief ich entlang der Werra weiter nach Meiningen. Gleich ins Zentrum und rein in die Stadtkirche. Jemand übte Orgel. Dabei ließ es sich gut ins Nachdenken versinken. Hier in dieser Kirche hätte ich vor gut zwanzig Jahren Superintendent werden können. Dann wäre sie mir jetzt vertrauter gewesen. Aber wegen der Wohnung war daraus nichts geworden.

Im Jahr 1999 war ich vom Kirchenkreis Meiningen angefragt worden, ob ich mich im Pfarrkonvent als Kandidat für das Superintendentenamt vorstellen würde. Damals war ich seit gut zehn Jahren in meiner ersten Pfarrstelle in Rüdersdorf in Ostthüringen. Die Anfrage war interessant. Diotima konnte sich einen Wechsel nach Meiningen auch gut vorstellen. Also machten wir mit den Kindern einen Familienausflug und waren verabredet mit dem demnächst aus dem Amt scheidenden Superintendenten Victor. Wir schauten uns die Verwaltungsräume an, sprachen mit Mitarbeitenden, besichtigten die Kirche.

Am Ende der Tour fuhr uns Superintendent Victor zum Mittleren Rasen. Dort sollte unsere künftige Wohnung sein. Aber nicht nur das: In dem großen Gebäude fand offenbar die komplette Gemeindearbeit statt. Als wir auf den Hof fuhren, lagerten überall Jugendliche auf der Wiese. Im Keller befanden sich nämlich die Räume der offenen Jugendarbeit. Wir gingen durch diesen dunklen Keller halb gebückt in den rechten Treppenaufgang. Dort sollte im Erdgeschoss mein Arbeitszimmer sein. Ich warf einen Blick in den langen schmalen Zimmerschlauch und fragte Herrn Victor, wie der vorherige Pfarrer, dessen Arbeitszimmer das gewesen war, denn so gepredigt hat. „Na ja, er war nicht so ein guter Prediger! Das hörte sich mitunter schon auch etwas resigniert an." Das verstand ich sofort.

Die obere Etage, in der sich unsere Wohnung befinden sollte, war sehr geräumig. Aber es gab keinen Balkon. Ich schaute aus dem Fenster auf die Jugendlichen im Hof und fragte: „Und wenn wir mal sonntagnachmittags im Freien einen Kaffee trinken wollen, wo können wir uns dann hinsetzen?" „Na da unten in der Ecke kann man doch etwas abtrennen!" Alle Chöre und Instrumentalgruppen probten zudem in diesem Haus. Was das geräuschmäßig bedeutete, war noch gar nicht ausgemacht. Aber es war klar, dass man keine Viertelstunde in diesem Hof sitzen würde, ohne Gemeindeglieder zu begrüßen, die den dann offenkundig nichtstuenden Pfarrer mit den Worten „Ja, Pfarrer müsste man sein!" beglücken würden.

Beim Blick aus dem Fenster auf die Jugendlichen sinnierte ich: Bei schönem Wetter und Sonnenschein würde ich zunehmend die Lust verlieren, mich dort draußen hinzusetzen. Ich müsste immer erst irgendwo hinfahren, um mal ein Refugium an der frischen Luft zu haben. Oder eben nur in der Wohnung hocken und die Leute da draußen im Hof über kurz oder lang hassen. Diese Wohnung hätte von Anfang an Einschränkung und Konflikt bedeutet.

Beim abschließenden Kaffeetrinken mit dem Ehepaar Victor in deren schönem Haus am Stadtrand fragten sie uns: „Und, was denken Sie? Gefällt es Ihnen hier?" „Ja, es gefällt uns – bis auf die Wohnung! Wo wohnen denn eigentlich die anderen Pfarrer in Meiningen?" „Etwas verstreut!", erwiderte Herr Victor. „Wir wollen ein großes Pfarrhaus verkaufen, weil uns die Immobilie überfordert, und uns auf den Mittleren Rasen konzentrieren! Da wäre es gut, wenn der künftige Superintendent dort auch wohnt!" Ich hatte die Fantasie, dass sich alle anderen in schöne Häuser am Stadtrand abgesetzt haben und nur der Chef mittendrin sitzt und die Posaunen blasen, dass einem die Haare wehen.

Auf der Rückfahrt nach Rüdersdorf waren wir alle sehr still – bis auf Diotima, die weinte. Sie war der Meinung, ich würde, trotz der Wohnung, gerne Superintendent in Meiningen werden wollen. Aber auch ich hatte ein mulmiges Gefühl im Magen. Es wäre unklug gewesen, das zu ignorieren. Wir würden unter diesen Bedingungen nicht glücklich werden. Bei einem Wegzug aus dem idyllischen Pfarrgut in Rüdersdorf brauchte es einen neuen schönen Ort. So ein Ort war jedenfalls nicht das Gemeindehaus am Mittleren Rasen. Also sagte ich ab.

Nach einer Weile bekam ich noch mal einen Brief von der Vorsitzenden des Gemeindekirchenrates, die traurig über unsere Absage war und fragte, ob es denn wirklich nur um die Wohnung ging? Ja, es ging nur um die Wohnung! Was denn sonst? Die Arbeit musste hier wie dort gemacht werden. Da schreckte mich nicht die Vielzahl neuer Aufgaben. Aber es musste auch die Möglichkeit geben, nach getaner Arbeit gerne nach Hause zu kommen, sich dort wohlzufühlen und mal ganz für sich zu sein, und das auch bei schönem Wetter im Freien. Das war in Meiningen nicht möglich. Schade! Aber so richtig verstanden haben das die Meininger damals nicht, glaube ich.

Nach einem Kaffee auf dem Markt dann der Einzug in eine „echte" Pilgerherberge. Ein Achtbettzimmer in der Jugendherberge, aber ohne weitere Belegung zum Preis von achtzehn Euro.

Und das Gesamtbefinden? Morgens nahm ich eine halbe Ibu 600, die dann ein relativ lockeres Laufen ermöglichte. Gestern Abend und heute Morgen der Versuch, mit Rückengymnastik gegenzusteuern. Ab Mittag blockierte plötzlich ein Oberschenkelmuskel am linken Bein. So war ein Weitergehen nur mit der anderen halben Ibu möglich. Ich war ziemlich skeptisch, ob sich die Beschwerden noch geben würden. Zumindest mental und physisch war ich aber nicht so fertig wie an den beiden Tagen zuvor.

DONNERSTAG, 17. MAI 2018

Meiningen — Mellrichstadt (23 km)

Nach einem kleinen Einkauf in der benachbarten Kaufhalle gab es Frühstück mit Milchkaffee und Brötchen in der Jugendherberge – allein. Das dauerte nicht lange, und so wurde es ein zeitiger Aufbruch. Ich lief den Werra-Radweg in Richtung Süden bis zum Abzweig Sülztalradweg. Gegen halb zehn erschien es mir ein guter Zeitpunkt, die abendliche Herberge zu organisieren. Warum es nicht wieder bei den Kirchgemeinden versuchen? Das katholische Pfarramt in Mellrichstadt war immerhin als Ansprechpartner auf der Website der Via Romea verzeichnet.

Ich trug mein Anliegen einer Dame am Telefon vor: „Ich bin unterwegs auf Pilgerschaft auf der Via Romea. Können Sie mich unterstützen bei der Herbergssuche?“ „Oh Gott, darüber weiß ich ja gar nichts“, erwiderte sie. „So eine Anfrage hatten wir ja noch gar nicht!“ „Das ist komisch“, entgegnete ich, „das katholische Pfarramt ist ausdrücklich als Ansprechpartner für Pilgerunterkünfte angegeben.“ „Wie bitte? Das kann doch gar nicht sein! Wo steht denn das? Na ja, ich bin Gemeindereferentin hier, ich muss das auch nicht wissen“, entschied sie. „Aber ich kann Sie mal mit der Pfarramtssekretärin verbinden, die weiß vielleicht mehr“, sagte sie und verabschiedete mich in die Warteschleife.

„Ja bitte? Ach, Sie sind es! Ja, komisch, vor einiger Zeit hat schon mal ein Pilger nach einer Unterkunft gefragt. Wir hatten ihn dann beim Herrn Pfarrer untergekriegt, glaube ich. Aber so eine richtige Pilgerunterkunft haben wir nicht. Und der Pfarrer ist heute nicht da, und zwar den ganzen Tag nicht. Er kommt zwar mal kurz heute Abend, hat aber dann gleich wieder Termine. Und wenn der Herr Pfarrer nicht da ist, kann ich Sie nicht so einfach reinlassen. Warum gehen Sie denn nicht in ein Hotel?“

Nachdem sie ihre Abwehrschlacht beendet hatte, versuchte ich gegenzuhalten: „Das passt doch nicht! Pilgern, alles reduzieren, sich auf sich selbst besinnen. Da will man doch auch Menschen kennenlernen, in Gemeinden hineinschnuppern. Und nicht abends allein im Hotelzimmer fernsehen.“ Und legte nach: „Auf Pilgerschaft will man doch auch das lebendige kirchliche Netzwerk erleben! Pilgern ist nicht nur

Wandern, sondern hat auch eine geistliche Dimension. Es geht doch auch ein Stück um den Weg zu Gott!"

„Da haben Sie eigentlich Recht! Da müsste man in der Gemeinde direkt mal drüber reden … aber wie gesagt, ohne den Herrn Pfarrer kann ich nichts entscheiden. Und dann haben wir am Wochenende noch eine Primiz! Wir haben alle gerade unheimlich viel zu tun und keine Zeit! Ich weiß jetzt auch nicht, was ich machen soll …" Ich dachte: Vermutlich haben auch alle keine Zeit, wenn der Herr Jesus wiederkommt, sofern sie noch damit rechnen. Wurde aber nicht frech, sondern dachte laut: „Vielleicht rufe ich mal in der Tourismusinformation an …" Sie rief freudig. „Na eben! Das ist eine gute Idee. Die können Ihnen sicher helfen! Wenn Sie gar nichts kriegen, rufen Sie mich doch vor zwölf wieder an. Vielleicht finde ich dann noch was."

Ich ließ es. Aber der Vollständigkeit halber rief ich auch im evangelischen Pfarramt an. Der Anrufbeantworter versprach, dass der Pfarrer in dringenden Fällen, wenn ich meinen Namen samt Telefonnummer hinterließe, zurückrufen würde. Es erschien ihm nicht dringend. Ich wartete bis dreizehn Uhr auf einen Rückruf. Dann rief ich in der Tourismusinformation an. Die freundliche Dame war auch erst mal verdutzt. „Die Via Romea ist ja nicht so bekannt wie der Weg nach Santiago. Deswegen haben wir hier nicht so viele Pilgerherbergen. In ein Hotel wollen Sie ja wahrscheinlich nicht?" Ich wieder: „Das passt doch nicht zum Pilgern!" „Jaja, das stimmt! Aber mit dreißig bis fünfunddreißig Euro müssten Sie schon rechnen." „Das ist völlig okay!" „Gut, dann probiere ich es und rufe Sie in der nächsten Stunde zurück." Ich machte eine Pause und legte mir das Telefon zurecht. Schon nach zehn Minuten kam der Rückruf! „Ich habe ein Zimmer für Sie – beim Griechen! Zwar so im siebziger Jahre-Stil, aber sauber. Für siebenundzwanzig Euro inklusive Frühstück." „Das ist wunderbar! Melden Sie mich bitte an!" „Und wenn Sie in Mellrichstadt sind und noch etwas Zeit haben – das Zimmer steht nämlich erst gegen siebzehn Uhr zur Verfügung – dann schauen Sie doch bei uns vorbei! Wir würden uns freuen!" „Gerne, wenn ich zeitig genug da bin, mache ich das!"

Der Sülztalradweg schlängelte sich durch sattgrüne Hügel und Täler und überquerte bald die ehemalige Grenze zwischen Thüringen und Bayern. Dabei umrundete er einen Hügel, auf dem neben einem alten

Wachturm ein großes Kreuz aufgerichtet war. Vermutlich feierten hier die umliegenden Gemeinden regelmäßig Gottesdienste. Die Grenzöffnung war nun schon fast dreißig Jahre her, aber es ging mir hier ebenso wie fast jedes Mal, wenn ich durch das Werratal bei Creuzburg und Treffurt radelte, dass ich dachte: Was für eine wunderbare Landschaft den Menschen durch das Grenzregime für Jahrzehnte einfach vorenthalten wurde! Gottlob war dieser Wachturm der letzte Rest, der davon hier zu sehen war. Gott sei Dank!

Der Weg ins Zentrum von Mellrichstadt führte direkt zur großen stattlichen katholischen Pfarrkirche. Sie sah von außen beeindruckend aus. Für mich hatte der Anblick einen schalen Beigeschmack. So wuchtig, so dominierend, so beherrschend wirkte das Gebäude nach außen! Aber wie schwächlich und kläglich ließ so eine kleine Anfrage um Unterstützung das Innenleben erscheinen. Ist diese Pilgerei nur als Modeerscheinung für säkulare Sinnsucher so anziehend und für kirchliche Amtsträger und Mitarbeitende so lästig wie das Klingeln von Bettlern an der Haustür?

Ich ging auf den Markt, erfrischte mich mit einem Radler und einem Milchkaffee und schrieb in mein Reisetagebuch. Und hielt Ausschau nach der Tourismusinformation. Der Sülzetalradweg war reizvoll gewesen, mal abgesehen davon, dass es immer über Asphalt ging. Aber er führte größtenteils durch ein grünes abgelegenes Tal mit großen bunten Blumenwiesen. Als Schmerztherapie funktionierte heute der Ibu-600-Einsatz gut: morgens gegen acht eine halbe, dann wieder gegen elf und noch mal gegen zwei! Alle drei Stunden aufgefrischt, ließ es sich so ganz gut laufen. Die Touristinformation war gleich neben dem Café, in dem ich saß. Aber leider war meine freundliche Unterstützerin nicht mehr da. Eine mich neugierig anblickende junge Frau, die nun hinter dem Tresen saß, hörte sich meine Dankesworte an und wusste von nichts.

Die Aufnahme beim Griechen war freundlich und das Zimmer schlicht und ausreichend für siebenundzwanzig Euro mit Frühstück. Ich bestellte dann auch gleich noch ein Abendessen und ein Glas Bier und machte anschließend einen kleinen Stadtrundgang an der alten Stadtmauer. Das Viertausend-Seelen-Städtchen war schnell umrundet. Die evangelische Gustav-Adolf-Kirche stand außerhalb der Stadtmauer. Ich folgte dem Hinweisschild und fand sie – was für eine Überraschung, es war immerhin schon gegen acht – geöffnet. Ein schöner, schlicht reformiert anmutender und schon im fahlen Dämmerlicht scheinender Raum umfing mich. Ich nahm wieder ein Gesangbuch und sang Abendlieder: den „Mond“, „Abend ward“, und auch „Vertraut den neuen Wegen“. Das Lied überraschte mich plötzlich: „…weil Leben heißt sich regen, weil Leben wandern heißt!“ Ich kannte natürlich Klaus-Peter Hertzschs Lieblingsbild von Kirche, nämlich das „wandernde Gottesvolk“. Aber nun fühlte ich mich ganz neu und unmittelbar angesprochen.

An diesem Abend merkte ich zum ersten Mal ganz deutlich, dass aus meiner Wanderschaft doch eine geistliche Pilgerfahrt werden würde. Trotz gelegentlich ausladenden „Bodenpersonals“ taten mir die Kirchenräume gut. In ihnen zu sitzen, sie auf mich wirken zu lassen und zu schweigen, war bereits erbaulich. Richtig wohl war mir aber dann, wenn ich ein paar Choräle in den Kirchenraum hineingesungen hatte, als Lob- und Dankgebet und zur eigenen Freude. Draußen ließ ich meinen Blick aufs große Pfarrhaus nebenan schweifen. Schade, dass sich der Pfarrer nicht gemeldet hatte. Ich ging wieder zum Griechen und kam mit dem Wirt ins Plaudern – und leider auch ins Trinken. Nach drei Vierteln Wein und mehreren Ouzo war ich schlagseitig und wankte ins Bett. Am nächsten Morgen, besonders bei der Rückengymnastik, war klar: So geht’s nicht!

FREITAG, 18. MAI 2018

Mellrichstadt — Bad Neustadt (20 km)

Nach einem guten Frühstück im „Thessaloniki“ ging die Route nun entlang der Streu, identisch mit dem Streu-Radweg. Sehr idyllisch, meist etwas abseits der Straße. Nach einer halben Stunde musste aber erstmal die Herbergsfrage geklärt werden. Der erste Anruf im katholischen Pfarrzentrum Mariä Himmelfahrt war gleich ein Treffer: „Morgen, am Pfingstsamstag, san mer voll. Aber heit geht’s no!“ Da schien es besser, gleich auch noch für den Samstag vorzusorgen. Eine Dame in der Stadtverwaltung von Münnerstadt verwies mich an eine Frau Düring. Ein Anruf – und auch das klappte. Nun lief ich im beschaulichen Streutal ganz entspannt Bad Neustadt entgegen: durch Orte mit witzigen Namen wie

Oststreu, Mittelstreu, Heustreu … Abstecher nach West-, Nord- und Südstreu hätten mich leider zu viel Zeit gekostet.

Zwei, drei Stunden war ich ziemlich gedankenverloren den Radweg marschiert. Ich hatte an nichts gedacht. Mein Kopf war wie ausgeräumt, oder sollte ich besser sagen: wie aufgeräumt! Mir wurde bewusst, dass ich gar kein richtiges Thema hatte, das ich auf dem Weg gedanklich bearbeiten konnte. Davon gingen viele aus, wenn man zu einer Pilgerreise aufbrach, dass es etwas zu klären geben müsse! Im eigenen Leben, im Glauben oder philosophische Fragen. Das wäre bei mir sicher auch so gewesen, wenn meine Reise schon vor einem Jahr stattgefunden hätte. Da war ja mein Thema der „gefährliche Graben" zwischen Arbeit und Ruhestand.

Aber dieses Thema war mir abhanden gekommen. Ich hatte, trotz meiner „Zwangsruhigstellung", keine großen Probleme mit dem Übergang gehabt. Verschiedene Beschäftigungen, wie Theaterspielen, Italienisch lernen oder im Wald wochenlang Bruchholz aufarbeiten, hatten mir seit Anfang dieses Jahres nicht viel Zeit zum Grübeln gelassen. Dann hatte ich mich noch ansprechen lassen, um in den Gremien zweier diakonischer Einrichtungen mitzuarbeiten. Hier noch ein paar Erfahrungen einbringen zu können, fand ich auch nicht schlecht, weil die Botschaft hinter solchen Anfragen lautete, dass einem freundlicherweise unterstellt wurde, nicht unmittelbar nach dem Eintritt in den Ruhestand zu verblöden. Alles in allem empfand ich also den Übergang vom aktiven Berufsleben in die Zeit selbstbestimmter Aktivitäten als schmerzfrei und gelungen. Und als Fragestellung abgehakt.

Was bedeutete dies für den Pilgerweg? Ich merkte, dass an einem Tag, der vor allem aus der sehr existenziellen Beschäftigung des Gehens bestand, sich die Gedanken vor allem um ebenso existenzielle, vielleicht banal erscheinende Fragen drehten: Wo gibt's was zu essen, wo werde ich heute schlafen, wie wird das Wetter? Sobald diese Fragen geklärt waren, neigte mein Gehirn beim Pilgern durch die Landschaft, insbesondere dann, wenn der Weg eindeutig klar war und es sich wie heute um einen asphaltierten Radweg handelte, zum Umschalten auf Standbybetrieb.

Gegen fünfzehn Uhr bog ich nach leichter Wanderung auf den Marktplatz von Bad Neustadt ein. Die Freisitze einiger Cafés luden zum Verweilen und Ankommen ein. Aber ich hatte noch keine rechte Ruhe zum Hinsetzen und wollte erst mal die Übernachtung regeln.

Das Pfarrzentrum war gleich hinter dem Markt neben der Kirche. In die ging ich aber doch zuerst und war überrascht von ihrer feinen Pracht. Rundum im Schiff standen große Säulen, noch mehr im Chorraum. Der klassizistische Bau kam mir vor wie dem Tempel Salomos nachempfunden. Aber nicht prunkvoll golden, sondern Wände, Decken und Säulen strahlten in blendendem Weiß. Die viereckige Decke, übergehend in ein Tonnengewölbe, war geformt wie die Bundeslade. Und der separierte kreisrunde Chorraum entsprach dem „Allerheiligsten", mit einem modernen eindrücklichen Christus, der vorn über allem schwebte. Dazu eine sich von der festlichen weißen Schlichtheit wunderbar abhebende, zart wirkende, goldglänzende Madonna.

Ich saß eine Weile im Kirchenschiff und merkte, dass mich Mattigkeit überkam. Also wieder auf und raus aus der Kirche und hinüber zum Gemeindebüro. Nanu, alles schon verlassen? Ich klinkte an einer Tür nach der anderen, aber alle waren verschlossen. Bis auf eine, die vom Kindergarten beziehungsweise Hort. Ein Mitarbeiter versuchte, jemanden aus dem Gemeindebüro zu erreichen, aber Freitagnachmittag wäre wirklich eine ganz ungünstige Zeit! „Sind Sie sicher, dass Sie jemand um diese Zeit erwartet?" „Natürlich bin ich mir sicher! Ich hab das doch heute Morgen ausgemacht!" Er forschte weiter: „Mit wem haben Sie denn telefoniert?" „Mit einer Frau Eckart." „Kenne ich nicht!"

Ich hatte ihre Nummer und rief sie gleich noch mal an. Tatsächlich nahm umgehend jemand ab. Ein Mann meldete sich: „Eckart hier; guten Tag!" „Schön, Herr Eckart, dass Sie da sind. Mit Ihrer Frau habe ich heute über eine Übernachtung gesprochen!" „Ja, ich weiß. Wo sind Sie denn?" „Ich stehe genau neben der Kirche!" „Na, dann müssten Sie mich doch sehen." Ich drehte mich in alle Richtungen: „Ich sehe niemanden, tut mir leid." „Vor welcher Kirche stehen Sie denn?" „Na hier, an der Kirche am Markt von Bad Neustadt!" „Wieso denn in Bad Neustadt? Wir wohnen doch in Herschfeld! Das gehört auch zu Bad Neustadt, ist aber ein bisschen draußen!" „Aber Ihre Telefonnummer stand unter Pfarrzentrum Mariä Himmelfahrt?" „Das stimmt. Mit denen arbeiten wir zusammen." „Na gut! Das ist ja jetzt auch nicht mehr so wichtig. Hauptsache, ich komme bei Ihnen unter. Wie weit draußen ist es denn?", fragte ich dann doch nicht ohne Bangen. „Na, vielleicht einen guten Kilometer!" „Okay, das geht! Ich mache mich gleich auf den Weg." Ich gab die Adresse bei Google Maps ein und sah: Es waren mehr als zwei Kilometer. Immer dasselbe. Für Autofahrer sind das alles Katzensprünge und nicht mehr als ein gefühlter „guter Kilometer". Was soll's! Künftig muss ich bei der Zielankunft im Smartphone immer die Adresse der Unterkunft eingeben. Denn ich lief wieder ein ganzes Stück zurück in die Richtung, aus der ich gekommen war.

Frau Eckart war nett und unaufdringlich. Sie zeigte mir mein Zimmer, nannte auf meine Nachfrage den Preis – zwanzig Euro inklusive Frühstück, welches es, wenn es mir recht wäre, gegen acht Uhr gäbe – und verschwand. Frisch geduscht und nach einer Stunde in der Waagerechten machte ich mich zum nahe gelegenen Supermarkt auf, kaufte ein kleines Abendessen zusammen und fand eine schöne Sonnenbank zum Vespern.

SAMSTAG, 19. MAI 2018

Bad Neustadt — Münnerstadt (16 km)

Im Frühstücksraum saßen am Morgen zu meiner Überraschung noch etwa zehn oder zwölf weitere Pensionsgäste, von denen ich am Abend und in der Nacht nichts mitbekommen hatte. Mit einer Gruppe an zwei Nachbartischen kam ich schnell ins Gespräch. Sie nahmen an einem Wochenende mit einem indischen Guru teil, der schon viele Kranke geheilt habe. In Bad Neustadt war er schon zum wiederholten Mal und fand hier offenbar besonders viele begeisterte Anhänger. Schon gestern Abend hatte ich in der Stadt überall Plakate für das Happening gesehen.

Nach einem kräftigen Frühstück und mit einem von der guten Frau Eckart zugesteckten zweiten Ei samt Brötchen und Wurst brach ich in Richtung Münnerstadt auf. Die drei Zusatzkilometer musste ich wieder von Herschfeld zurück auf den Radweg. Ab Mühlbach führte der Weg auf den Grasberg hinauf. Dann immer durch Wiesen, Wald und Felder über Rhöner Höhen mit weiten Blicken. Nach der Mittagspause noch die kurze Organisation der Unterkunft in der Herberge „Löwenzahn" in Schweinfurt. Ein Anruf hin, ein Rückruf fünf Minuten später, und die Sache war geritzt. Ich war gespannt, wie weit außerhalb von Schweinfurt dieses Haus liegen würde.

Auf der letzten Anhöhe vor Münnerstadt kam ich an einem Wäldchen vorbei, an dem lauter martialisch und expeditionsfähig aussehende Caravans herumstanden. Vor einem solchen Gefährt saßen vier Leute beim Bier, und ich fragte sie nach diesen besonderen Autotypen. Eine Schweizerin erzählte, dass dies ein Treffen von speziellen „Iveco-4x4-Caravans" sei. So ziemlich aus dem ganzen deutschsprachigen Raum seien Leute angereist! Und alle nach Münnerstadt! Und warum gerade hierher? Ich vergaß, danach zu fragen, aber vermutlich wohnte der Organisator hier.

Angekommen auf dem unscheinbaren Markt gönnte ich mir einen Kaffee und zwei Kugeln Eis und machte mich auf den Weg zum Quartier. Eine junge Frau auf einem Fahrrad hielt an und fragte: „Sind Sie der Pilger? Mein Name ist Düring. Sie haben sich bei meiner Mutter angemeldet!" „Stimmt!", sagte ich. Wir unterhielten uns eine Viertelstunde und sie empfahl mir energisch die tollen Sehenswürdigkeiten von Münnerstadt. Ich hatte vorher erwähnt, demnächst einen Ruhetag einlegen zu wollen. Aber noch nicht in Münnerstadt, da gäbe es nicht allzu viel zu sehen. „Hallo! Nicht allzu viel zu sehen? Wir haben ein Deutschritter-Ordensschloss, einen Riemenschneider-Altar in der Pfarrkirche, seltene Tafelbilder von Veit Stoß – ja, der hat auch gemalt – und seit Neuestem einen Kulturbahnhof mit Ausstellungen und Veranstaltungen!" Okay, ich nahm meine leichtsinnige Bemerkung zurück und versprach, mir alles anzusehen und der Mutter Grüße auszurichten.

Frau Düring nahm mich später sehr herzlich auf. „Möchten Sie einen Kaffee? Ich habe auch etwas Kuchen!" Ihre Tochter hatte mir angekündigt, dass sie mir bestimmt gleich Kaffee anbieten würde. Das zu erwähnen hatte ich mir aber beim Ausrichten der Grüße verkniffen. Wir plauderten entspannt beim Kaffee, dann zeigte sie mir mein Zimmer, und ich machte mich nach dem Duschen auf, alle Sehenswürdigkeiten abzulaufen. Der Riemenschneider-Altar war sehr imposant, auch die Tafelbilder von Veit Stoß. Durch die Abtrennung des Chorraumes war leider alles zu weit weg. Das Ordensritterschloss samt Museum war bereits geschlossen, aber der Kulturbahnhof machte Spaß. Anderthalb Stunden gab's viel zu betrachten – Malerei, Grafik und Installationen von achtzehn Künstlern.

Abends hatte Frau Düring ihre Freundin Micaela eingeladen. Besser, es ist noch jemand da! Man wisse ja nicht, wer als Pilger plötzlich im Haus sei … Gemeinsames Abendessen also und Erzählen beim Bier. Ein schöner Abend, von dem ich mich gegen zehn verabschiedete. Morgens beim Frühstück noch ein intensives Erinnern von Frau Düring an die Erkrankung und den letzten Tag ihres Mannes, der vor einem Jahr mit einundsechzig Jahren an einer Lungenembolie gestorben war. Sie hatte damals akzeptiert, dass er trotz Beschwerden nicht zum Arzt wollte. Und als er wollte, war es zu spät. Aber da war keine Wut, keine Selbstvorwürfe. „Er wollte es so, und nun ist es gut so! Das sagen auch die Kinder!“ Und das stimmte wohl auch.

Ich fragte kurz vor dem Aufbruch, was ich schuldig sei. Sie antwortete: „Die Via Romea ist vor vier Jahren eröffnet worden. Sie sind der vierte Pilger, der bei mir angefragt hat. Solange es bei dieser Frequenz bleibt, nehme ich kein Geld. Es war schön, dass Sie hier waren.“ Ausgestattet mit einer Brotzeit machte ich mich auf den Weg nach Schweinfurt.

SONNTAG, 20. MAI 2018

Münnerstadt — Schweinfurt (29 km)

Gleich unweit meines Quartiers ging es auf den Radweg, der mal schottrig, mal asphaltiert durch ein grünes sonniges Tal Richtung Süden führte. Die Markierungen waren meist gut sichtbar und vermieden es fehlzugehen. Auf einer Anhöhe, mit Blick auf die Rhön und den Kreuzberg, lud mich ein rastender Radfahrer zu sich auf die Bank ein: „Sie sehen so aus, als wollten Sie noch weit gehen?“ „Das stimmt“, entgegnete ich und setzte mich. „Aber erstmal will ich nach Schweinfurt. Und dann mal sehen. Und Sie? Machen Sie einen Ausflug?“ „Ja, raus in die Natur! Es ist doch Pfingsten. Da mache ich mich auf die Suche nach dem Heiligen Geist! Das verstehen Sie doch, oder? Sie sind doch auch Christ, wenn Sie sich so auf den Weg machen!“ „Ja“, stimmte ich zu, „ich bin auch Christ!“ Er erzählte weiter: „Aber ich brauche auch die Natur! Ich war jetzt dienstlich eine Woche in Indien. Ich bin Entwicklungsleiter in der Autobranche. Die Inder, die hängen uns ab. Alle gut ausgebildet. Die Aufträge erledigen die dreimal schneller als bei uns. Alle Neuerungen aus der Autoentwicklung kommen inzwischen aus Indien.“ „Da kann einem ja bange werden", sagte ich verwundert, „waren da nicht mal die deutschen Ingenieure führend?" „Ja, waren!", regte er sich auf. „Aber vor lauter Vorschriften und alltäglichen fortwährenden Störungen im Arbeitsablauf wegen irgendwas und von irgendwem kommen die gar nicht mehr zum Denken. Das ist in Indien anders. An einem Problem bleiben die einfach dran und ruckzuck haben sie's gelöst. Stellen Sie sich vor: Ein Verantwortlicher für den neuen Berliner Flughafen namens Keller reiste in Mumbai am Flughafen ein. Die kannten ihn, die Inder! Sie sind doch Herr Keller aus Berlin? Wir haben hier in Mumbai vor kurzem unseren neuen Flughafen eingeweiht – nach zweieinhalb Jahren Bauzeit! Wie finden Sie das? Hahaha! Die haben sich über den Keller, aber eigentlich über Deutschland krankgelacht! Und deren Flughafen funktioniert wie eine Eins!", erzählte er weiter. „Aber ich habe mir auch interessante Gewürze mitgebracht. Die werde ich jetzt zu Hause in Schweinfurt an meinen Braten machen. Leider werde ich den allein essen, denn ich habe zwar drei Kinder, bin aber seit anderthalb Jahren geschieden und immer allein."

„Ich muss auch weiter, ich brauche ja etwas länger! Also dann noch einen schönen Pfingsttag und Gott befohlen!" „Danke!", erwiderte er, ging zu seinem Rad, schwang sich auf den Sattel und drehte sich noch mal zu mir: „Ich gebe Ihnen noch einen Segen mit auf den Weg!" Sprach's und machte zu mir mit der Hand das Kreuzzeichen. Ich sagte: „Vielen Dank!" Er fuhr davon.

Schöner Sonnenschein, aber harter Asphalt! Der Oberschenkelmuskel meldete sich wieder. Also nahm ich jetzt schon, etwas früher als sonst, die dritte halbe Ibu. Immerhin, der Rücken fühlte sich gut an. In Heubach, fünf Kilometer vor Schweinfurt, sprach mich ein älterer Mann auf der Straße an: „Wo willst du hin?" Ich antwortete im Gehen: „Nach Assisi in Italien!" Er lief neben mir her. „Nach Italien? So weit? Bist du ein Heiliger?" Ich lächelte zurück: „Genauso ein Heiliger wie du!" Auch er lächelte. „Du klingst wie ein Thüringer!" „Das stimmt! Ich komme aus Eisenach!" „Eisenach? Kenne ich! Ich habe Freunde in Bischofsroda bei Eisenach." Wir liefen einige hundert Meter zusammen. Er erzählte von seinen Freunden im Osten, kennengelernt noch in der DDR-Zeit am Balaton, aber die Verbindung hat gehalten, bis heute. Beim Abschied fragte er: „Willst du ein Buch schreiben über deine Wanderung?" „Ach was, das kann ich nicht. Ich will einfach nur gehen!" Damit war er zufrieden. „Also mach's gut und guten Weg! Ich bin kein Christ, aber wenn jemand so unterwegs ist, das find ich gut!" „Das freut mich. Mach's auch gut und danke, dass du mich angesprochen hast!"

Es bewährte sich, beim Eintreffen in den Zielort die Herbergsadresse bei Google Maps einzugeben. Heute konnte ich schon kurz nach dem Ankommen in der Stadt in den richtigen Stadtteil abbiegen und meine Herberge „Zum Löwenzahn" aufsuchen – Pilgerzimmer und Restaurant mit überwiegend vegetarischer Küche. Die Bandnudeln mit Gemüse und Putenfleisch schmeckten köstlich und ja – auch der gute fränkische Weißwein.

Aber die erste Blase war da. Kaum bemerkt hatte sie sich gebildet wegen eines klitzekleinen Steinchens im Schuh. Mist! Balsam und Pflaster drauf und mal sehen, wie sich's morgen entwickelt.

Diotima hatte heute Geburtstag! Die per WhatsApp übermittelten Grüße fühlten sich merkwürdig an. Sie war im Elsass zum Tanzen, wir tauschten Nachrichten aus, aber ein Erfolgsmodell war diese Geburtstagsgestaltung nicht. Sie hatte Mittänzer aus Eisenach um sich und wird hoffentlich auch Spaß gehabt haben.

Ich ging früh schlafen. Ein gutes Bett mit ausgezeichneter Matratze und allein im Vierbettzimmer – das war ein spezielles Pilgerangebot im „Löwenzahn".

2. WOCHE
21.–27. Mai 2018

Von Schweinfurt nach Schillingsfürst

MONTAG, 21. MAI 2018

Schweinfurt — Bergtheim (30 km)

So schön das „Löwenzahn" zum Schlafen war, so ernüchternd war es am Morgen, wenn man ohne Kaffee und Frühstück losziehen musste. Denn das Restaurant öffnete erst wieder am Nachmittag. Und dann noch Pfingstmontag. Nicht mal eine Kaufhalle hatte geöffnet. Zuerst war ein drei Kilometer langer Fußmarsch aus der Gartenstadt hinunter an den Main angesagt. Die nächsten zehn Kilometer des Weges waren wieder identisch mit dem Main-Radweg. Vor nicht mehr als drei Wochen war ich hier mit Diotima und Freunden aus Erfurt auf dem Rad unterwegs. Jetzt also deutlich entschleunigt. Aber zu Fuß war es eine eher triste Etappe rund ums Kernkraftwerk bei Garstadt. Oben auf der Höhe kam endlich der Abzweig durch die Felder in Richtung Bergtheim in den Blick. Die Sonne schien ziemlich intensiv, die Strecke führte über freies Feld und war ziemlich langweilig. Die wenigen Dörfer, die ich passierte, waren wie ausgestorben. In einem Dorf fasste ich die Gelegenheit beim Schopfe und erbat mir, da mein Wasservorrat aufgebraucht war, vom ersten Mann, den ich heute sah, etwas Wasser in meine Flasche.

Besonders die zweite Hälfte des Tages, das lag wohl auch etwas an der zunehmenden Erschöpfung, war ich wieder mehr abwesend als gedankenwälzend gelaufen. Da bekam ich eine WhatsApp-Nachricht von meiner Jugendfreundin Christiane, die nachfragte, wie weit ich schon gegangen sei oder ob mehr der Weg das Ziel sei? Der Weg das Ziel?

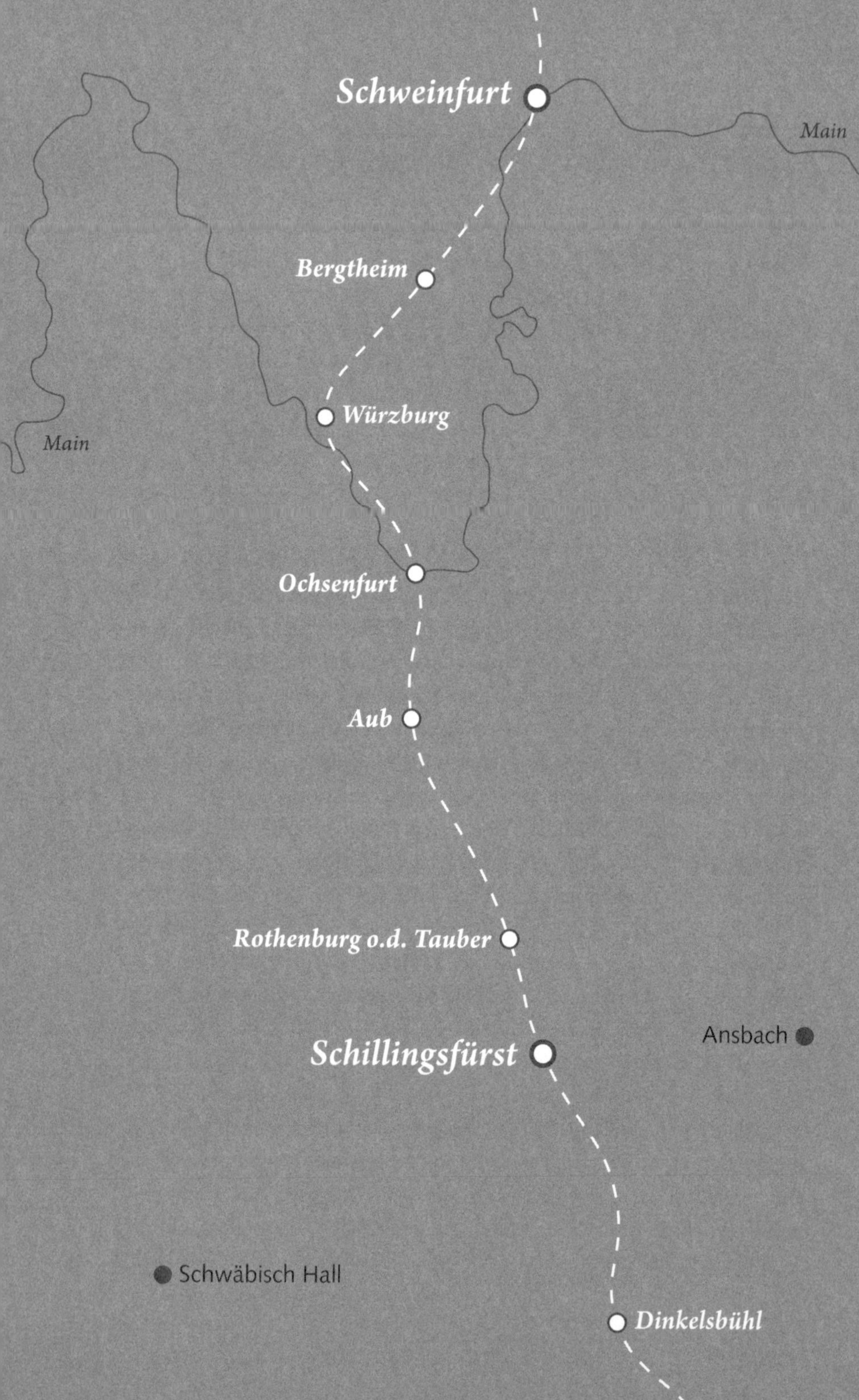

Schweinfurt
Main
Bergtheim
Würzburg
Main
Ochsenfurt
Aub
Rothenburg o.d. Tauber
Schillingsfürst
Ansbach
Schwäbisch Hall
Dinkelsbühl

Eigentlich nicht! Es war ja mein ursprünglicher Impuls für den Pilgerweg, eine „geistliche Brücke“ von Eisenach nach Assisi zu bauen. Es ging also nicht darum, hauptsächlich unterwegs zu sein, egal wohin, und in diesem Unterwegssein zu ganz neuen Erkenntnissen zu kommen. Nein. Mein Ziel war, diesen Brückenschlag erfolgreich zu vollenden und – hoffentlich – in Assisi anzukommen. Für mich war der Zielort das Ziel.

Als ich das kapiert hatte, war ich noch mal richtig neu motiviert. Unumstrittener Lichtblick des Tages aber war die Weingutsbesitzerin Anja Schmitt-Krais. Sie war in meinem Herbergsverzeichnis für Bergtheim neben der Pension S. ausdrücklich mit dem Verweis versehen „Ansprechpartner für Pilger, hilft gern vor Ort weiter“. Sie sammelte mich mit dem Auto im Ortszentrum ein. Dort hatte ich eine Weile ziemlich erschöpft herumgesessen, gewartet und dabei offenbar so fertig ausgesehen, dass mich eine junge Frau ansprach und fragte, ob ich Hilfe bräuchte.

Aber meine Hilfe kam gerade angefahren – in Person von Anja Schmitt-Krais, und sie sprudelte nur so vor Energie. Sie war verwundert, dass sie im Herbergsverzeichnis stand. Vor einiger Zeit hatte mal jemand angefragt, ob sie das Vorhaben, einen Pilgerweg durch Bergtheim zu führen, unterstützen würde. Das hatte sie bejaht, aber etwas Konkreteres war danach nicht mehr zu hören gewesen. Natürlich sei das für den Fremdenverkehr eine zusätzliche Chance, wenn hier ein Pilgerweg durchginge, sagte sie. Aber so richtig viele Bergtheimer hätten das noch nicht mitgekriegt.

„Haben Sie denn Lust, einmal unser Weingut zu sehen? Leider haben wir dort noch keine Möglichkeit, jemanden unterzubringen. Für Sie habe ich inzwischen ein Zimmer in einem Nachbarort organisiert.“ Natürlich hatte ich Lust. Und da auf dem Hof noch eine andere Familie wartete, wurde auch gleich eine kleine Weinverkostung gemacht. Mir schmeckte jede Sorte wunderbar, und Durst hatte ich außerdem. Aber gerade deshalb war Vorsicht geboten. Ich orderte dann schnell einen Karton mit köstlichem Riesling und ließ ihn als verspätetes Geburtstagsgeschenk nach Eisenach schicken. Als alles Geschäftliche auch mit den anderen Gästen erledigt war, lud mich Frau Schmitt-Krais wieder ins Auto, um in den Nachbarort zu fahren.

Sie hatte vorher versucht, mich in der Pension S. in Bergtheim unterzubringen, aber die hätte leider wegen einer Familienfeier nicht geöffnet. Ja, diese Information hatte man mir vorhin auch schon eindringlich präsentiert. Denn zuerst hatte ich dort angerufen. Die launische Frau S. hatte im Telefonat laut vor sich hin überlegt: „Wir haben zwar heute Abend eine Familienfeier und sind außer Haus, aber das stört ja nicht. Ein Zimmer könnten Sie trotzdem haben. Aber zu essen haben wir nichts. Da müssten Sie mal sehen, wo Sie was herbekommen. Obwohl, eigentlich habe ich jetzt noch andere Sachen zu tun. Vielleicht lassen wir das lieber. Ja, genau! Wir haben heute geschlossen!" Ich erwiderte: „Frau S., Sie brauchen sich keine Sorgen zu machen. Ich habe noch etwas zu essen bei mir. Wenn Sie mir einen Zimmerschlüssel geben, reicht mir das." „Sie haben doch gehört, was ich eben gesagt habe. Wir haben heute Abend geschlossen. Fahren Sie einfach in den nächsten Ort und suchen Sie sich dort etwas." „Frau S., ich bin nicht mit dem Auto unterwegs, sondern ich gehe zu Fuß. Da kann man nicht so einfach auf gut Glück in den nächsten Ort rennen." Jetzt wurde sie wütend: „Was geht mich das an, wie Sie unterwegs sind. Bei mir kriegen Sie heute jedenfalls kein Zimmer!" Sagte es, brach das Gespräch grußlos ab und drückte mich weg. Pension S.! Da wünscht man sich, dass Fluchen helfen würde.

Als ich das Frau Schmitt-Krais schilderte, schüttelte die bestürzt und verständnislos den Kopf. „Mit ihr ist es mal so und mal so. Manchmal ist sie hilfsbereit und freundlich, aber manchmal stößt sie offenbar die Leute regelrecht vor den Kopf."

Mein Zimmer war im Event-Gasthof des Wallfahrtsortes Fährbach reserviert. Gegen einundzwanzig Uhr bekam ich im riesigen, wiesenartigen Biergarten noch den letzten Flammkuchen des Tages. Die Bedienungen hingen nach einem Großkampftag nur noch abgekämpft in den Seilen, blieben aber freundlich und zuvorkommend. Hier und da saßen im Halbdunkel noch Leute an den Tischen, holten sich immer noch mal ein Bier oder ein Glas Wein und erweckten nicht den Eindruck eines baldigen Aufbruches. Aber die Kellner murrten und maulten nicht und warteten geduldig, bis gegen halb elf die letzten Gäste gegangen waren. Da war es auch für mich Zeit, schlafen zu gehen.

DIENSTAG, 22. MAI 2018

Bergtheim — Würzburg (20 km)

Gut ausgeschlafen ging ich morgens in die Gaststube, um zu erfahren, dass das Zimmer ohne Frühstück gebucht war. Martina, eine dunkelhaarige Schönheit aus der Ukraine, die Einzige, die im Haus schon auf den Beinen schien, sah meine Enttäuschung und bot mir einen Kaffee an. Also setzte ich mich. Der Kaffee schmeckte vorzüglich, und ich trank ihn viel zu schnell aus. Sie stellte mir ein großes Brötchen hin, dazu Butter und Marmelade und noch eine große Tasse Kaffee. „Ist das gut?", fragte sie verschmitzt lächelnd. „Ja, es ist großartig!" Und später, als ich fertig war: „Martina, was bekommen Sie dafür?" Sie fixierte mich kurz mit ihren großen dunklen Augen, aus denen der Schalk blitzte, und sagte gedehnt: „Heute mal …" und dann nach einer kleinen Pause „… nichts! Wenn Sie gehen, lassen Sie den Schlüssel stecken! Guten Weg! Tschüss!" Drehte sich um und verschwand in der Küche. Vergnügt sammelte ich meine Siebensachen ein und trat vor den Gasthof.

Ich hatte noch ein paar Minuten Zeit für einen Blick in die Wallfahrtskirche gegenüber. Dann kam schon Frau Schmitt-Krais, um mich wieder abzuholen. Sie hatte mir gestern im Auto schon einiges über die Entstehungslegende der Kirche erzählt. Die sollte eigentlich auf einem Hügel in der Nähe gebaut werden, natürlich um möglichst weit sichtbar zu sein. Deshalb wurde alles Bauholz auf den Hügel geschafft. Am nächsten Morgen lag aber das gesamte Holz wieder hier in der Ebene. Die Bauleute glaubten, es hätten sich Neider aus anderen Wallfahrtsorten einen schlechten Scherz erlaubt, und schleppten alles wieder auf den Hügel. Na ja, so soll es also ein paarmal gegangen sein, bis allen klar war: Hier war höhere Gewalt im Spiel! Also wurde die Kirche an ihre jetzige Stelle gebaut. Als sie fertig war, erlebten die Menschen dann etwas Verblüffendes: Obwohl sie gefühlt eigentlich beinahe in einer Senke stand, war die Kirche von überall her gut sichtbar! Das nahmen die Menschen als göttliche Bestätigung für ihren Bau! Und auch meine freundliche Chauffeurin unterbrach unterwegs im Auto gelegentlich unsere Unterhaltung mit dem Hinweis: „Sehen Sie, auch von hier kann man die Kirche sehen! Ist das nicht erstaunlich?" „Ja wirklich, das ist mehr als erstaunlich!"

Kaum dass ich aber am Morgen in ihr Auto gestiegen war, hieß es: „Ich zeige Ihnen noch unseren Weinberg!" Am Weinberg hielt sie vor ihrer Familien-Kapelle. Ihr Mann war gerade dort mit weinsachverständigen Professoren aus Tschechien. Sie debattierten über die Bekämpfung von Pilzsorten. Offenbar gab es Partnerschaftsbeziehungen zwischen dem Weingut und einer tschechischen Universität. Eine private Kapelle im Weinberg, geweiht vom Bischof des Bistums, in der übers Jahr auch einige Gottesdienste stattfinden, das ist schon etwas Außergewöhnliches. Die Kapelle war ein Kleinod, liebevoll innen und außen gestaltet und versehen mit bunten Glasfenstern aus Weinflaschen, die im Beton eingelassen waren. Im Innern erzeugten die Fenster ein sanftes, mattes Licht. Vor lauter Begeisterung vergaß ich, die Kapelle samt Winzerpaar zu fotografieren, ein Versäumnis, das mich noch den halben Tag grämte.

Nach herzlicher Verabschiedung von beiden am Startpunkt des weiteren Weges, an den sie mich gebracht hatten, ging ich wieder über Feldwege inmitten von Korn- und Gemüsefeldern. Ich zog einige Möhren aus einem Feld und packte sie, nachdem ich sie probiert und für schmackhaft befunden hatte, ein. Auch heute führte der Weg durch menschenleere Dörfer bis an den Rand von Würzburg. In Lengfeld, einem äußeren Stadtteil, angekommen, lief ich von da an auf dem Radweg nur noch an stark befahrenen Straßen. Das sollte so noch sechs Kilometer weiter bis in die Innenstadt gehen. Darauf hatte ich keine Lust. Ich sah Menschen an einer Bushaltestelle stehen und stieg in den kurz darauf kommenden Bus ein. Nur gut! Denn kaum am Hauptbahnhof angekommen, goss es in Strömen.

Also schnell hinunter zum Main. Meine heutige Pilgerherberge befand sich neben dem „Käppele". So nennen die Würzburger liebevoll eine ziemlich große Wallfahrtskirche. Ein Blick von der alten Mainbrücke auf Festung und „Käppele" machte klar: Zu jeder Pilgerherberge gibt es offenbar nach der Ankunft im Zielort noch mal einige Extrakilometer zu laufen, in Würzburg zusätzlich noch steil bergauf. Aber nach dem schweißtreibenden „Bußgang" entschädigte oben der Blick über die Stadt und noch mehr die herzliche Aufnahme durch die Herbergsmutter Frau Shanel. Sie stellte als Erstes eine Flasche Bier bereit: „Sie haben doch jetzt vor allem Durst!" Eine gute Herbergsmutter kennt eben die existenziellen Pilgerbedürfnisse. Auch der Pfarrer, der hier – was durchaus ungewöhnlich sein dürfte –ausdrücklich eine „Pfarrstelle für Pilger" innehat, ließ sich ein paar freundliche Begrüßungsworte nicht nehmen. Das war ein Willkommen, wie man es sich als Pilger erträumt.

In Würzburg plante ich noch einen Tag Rast ein, zur Regeneration, aber auch, weil ich klären musste, wie ich künftig an Geld kommen würde. Denn meine EC-Karte streikte. Ich hatte sie gelegentlich in die Lederhülle meines Smartphones gesteckt. Das war unklug, wie mir später eine Bankmitarbeiterin sagte. Der Akku des Smartphones hatte nämlich den Magnetstreifen entladen. In der Herberge traf zur selben Zeit wie ich Henning aus Hildesheim ein. Der erste Pilger, mit dem ich ins Gespräch kam. Er lief den Jakobsweg, der auch über Würzburg führte, und wollte im September in Santiago sein. Die Gesamtstrecke von Hildesheim (er war schon drei Wochen unterwegs) nach Santiago wären etwa viertausend Kilometer. Chapeau!

MITTWOCH, 23. MAI 2018

Ruhetag Würzburg

Heute überflutete mich die volle „katholische Welle". Zunächst morgens halb zehn die tägliche Pilgermesse nebenan im „Käppele", dann unten in der Stadt im Kiliansdom – gleich am Eingang steht man vor einer riesigen Menorah, die der vor der Knesseth in Jerusalem nicht nachsteht – das Mittagsgebet mit Orgelmusik und Ansprache. Abends schließlich, als ich von meiner Stadtbesichtigung mit ausführlichem Aufenthalt im Park der fürstbischöflichen Residenz zur Herberge zurückkehrte, wurde ich gleich noch mal vom Pfarrer in die Kirche gewinkt.

Mit einer größeren Familiengruppe einer Gemeinde wurde eine „Maienandacht" gefeiert. Diese Maienandachten sind eigentlich Marienandachten. Denn Maria ist die „Maikönigin!" Wir, und vor allem die Kinder, haben begeistert Lieder gesungen, in denen die Freude über den schönen Monat Mai und über die schöne „Maikönigin" abwechselnd vorkamen. Mir war das sehr neu und unbekannt. Auch hat sich mir der Zusammenhang zwischen Mai und Maria nicht unmittelbar erschlossen. Aber es geht wohl um das Liebliche, Schöne, das Herz Erfreuende.

Und in allen Liedern und reichlichen Gebeten wurde Maria angerufen, bei Jesus ein gutes Wort für die Gläubigen und ihre Anliegen einzulegen. Das ist eine freundliche Vorstellung! Nach evangelischem Verständnis ist Jesus der alleinige Fürsprecher für die Gläubigen vor Gott. Aber hier steht ihm noch als „Beraterin“ Maria zur Seite und bildet so das „Fürsprecherteam“, wahrscheinlich noch mit einer ganzen Gruppe weiterer Heiliger. Gut, wenn's was nützt!

Ich hatte am Abend noch mal versucht, im Internet zu recherchieren, ob es irgendeine theologische Begründung für die Maienandachten gibt – also für den Zusammenhang zwischen Mai, Maria und Königin, fand aber nichts. Bis auf eine katholische Andacht, in der ich las: Der kleine Junge Jesus war im Mai unterwegs auf einer Wiese und sah viele bunte Blumen. Um seiner Mutter Maria eine Freude zu machen und ihr seine Liebe zu zeigen, pflückte er einen Strauß und brachte ihn ihr. Und natürlich hat sie sich sehr darüber gefreut. Und so freuen wir uns auch an den schönen Blumen im Mai, und bezeugen mit Marienandachten, genauso wie Jesus damals, seiner Mutter unsere Liebe und Verehrung. Dass Maria irgendwann schließlich die Maikönigin wurde, war vermutlich nur noch eine Frage der Zeit. Ins Theologische Lexikon wird es diese Erklärung wahrscheinlich nicht schaffen. Was mich aber in der „Maiandacht“ im Käppele sehr beeindruckte, war die sichere und kräftige liturgische Kommunikation zwischen Priester und Gemeinde. Das bringt eben die Übung mit sich und lässt oftmals evangelisches Gemurmel in der Liturgie, beim Vaterunser oder Glaubensbekenntnis schlecht aussehen.

Als ich vom Gottesdienst zurück zu meinem Zimmer ging, hatte die freundliche Frau Shanel mir zwei Stück köstlichste Torte – abgezweigt vom Kaffeetrinken der hier nach dem Gottesdienst zusammensitzenden Familiengruppe – auf die Treppe gestellt. Ein Bier stand wieder im Kühlschrank und bei Bedarf – der war da – ein Viertel Weißwein für zwei Euro fünfzig. Das war eine Betreuung! Da konnte ich gut auf das Abendessen in der benachbarten Schenke verzichten!

DONNERSTAG, 24. MAI 2018

Würzburg — Ochsenfurt (19 km)

Morgens wachte ich schon früh auf vom trommelnden Regen an den Fenstern. Nach dem Frühstück, dem Aufräumen der Küche und dem Zusammenpacken ging ich hinunter zu Frau Shanel, um zu bezahlen. Für den ersten Tag fünfzehn Euro, für den zweiten zehn! „Frau Shanel, nun bekomme ich auch noch Rabatt!" „Am zweiten Tag habe ich doch nichts gemacht!" „Das habe ich anders erlebt! Aber vielen Dank!" Die Stimmen hatte Pfarrer Treutlein gehört. Er hatte mir gestern einen Pilgersegen angeboten. Den hatte ich noch nicht und nahm dankend an. Wir gingen jetzt zusammen in die Kirche, setzten uns in die erste Bank und er las mir die Geschichte von Jakob und der Himmelsleiter vor. „So kann man unterwegs an Orte kommen, wo sich unversehens der Himmel öffnet", fasste er zusammen. Er fragte mich, ob ich zum Segen stehen oder knien wolle. Ich wollte lieber knien. „Das tut mir gut!" Wir sprachen gemeinsam ein Vaterunser, er stellte sich vor die Kirchenbank, sprach einen Reisesegen und legte mir dabei die Hände auf. Ich war ihm dankbar für diese persönliche Zuwendung und die geistliche Intimität. Wieder vor der Kirche zog mir Frau Shanel mein Regencape zurecht – der Rucksack war nicht ganz einfach darunter unterzubringen – und wünschte mir einen guten Weg. Ich dankte und stapfte heiter durch den Regen hinab zum Main.

Die beiden Tage in Würzburg haben mich mit der bisherigen Pilgerbetreuung von Kirchengemeinden wieder versöhnt. Natürlich konnte nicht jede Gemeinde auf dem Weg einen Pilgerpfarrer installieren. Das war schon klar. Aber ob es nun das Pilgerthema war oder eine andere sozialdiakonische Herausforderung, die es vor Ort überall gibt: Man kann sich dieser Aufgaben nur erfolgreich annehmen, wenn es dafür Personalstellen und Personen gibt, die sich in der Verantwortung sehen.

Mir hing es zuletzt in meinem aktiven Dienst zunehmend zum Hals heraus, wenn von einigen Kollegen aus dem landeskirchlichen Bereich gebetsmühlenartig behauptet wurde, dass die „eigentliche" Diakonie der Kirche diejenige sei, die in der Kirchgemeinde stattfände. Gerne wurde dabei auch die professionelle Diakonie, die mit staatlichen Geldern innerhalb der freien Wohlfahrtspflege arbeitet, als zu ökonomisch orientiert und somit als Sozialkonzern denunziert.

Damit wurden nicht nur die vielfältigen Aktivitäten zur Beibehaltung, Stärkung oder auch Rückgewinnung eines kirchlich-diakonischen Profils in den Einrichtungen ignoriert. Es wurde auch verkannt, dass gerade die in diesen vielfältigen sozialen Bereichen erbrachten Leistungen es sind, die in der Öffentlichkeit zu großen Teilen positiv das Bild von Kirche befördern. Im Gegensatz dazu sieht es so aus, dass es in den Kirchenkreisen, in denen es keine Stellen für kirchliche Sozialarbeit gibt, auch keine Gemeindediakonie stattfindet. Eine koordinierende Person dafür wäre die Mindestvoraussetzung, um Gemeinden zu aktivieren und bei sozialen Projekten vor Ort zu begleiten.

Ich hatte doch auch jetzt unterwegs in den Kirchgemeinden festgestellt, wie ratlos und überfordert die für andere Sachen zuständigen Leute vor Ort schon mit meiner mickrigen Übernachtungsanfrage waren und jeweils händeringend jemanden suchten, der möglichst ansprechbar war. Wo sollte da im ehrenamtlichen Bereich noch überschüssiges Potenzial sein, das sich echter sozialer Problemlagen vor der Haustür annehmen könnte? Würzburg und die Pilgerunterkunft beim Käppele war im Gegensatz dazu jedenfalls eine Adresse zum Weiterempfehlen!

Der Weg nach Ochsenfurt führte heute ausschließlich auf dem Main-Radweg entlang. Leider meldete sich wieder nach zwei unbeschwerten Stunden der rechte Oberschenkel, so dass ich Schmerzmittel nehmen musste. Gegen dreizehn Uhr dann nochmal. Nach neunzehn Kilometern, relativ frühzeitig am Tag, nämlich gegen fünfzehn Uhr, kam ich in Ochsenfurt an. Untergekommen war ich im „Anker", der nach einer Sanierung nicht mehr – wie in meinem Herbergsverzeichnis angegeben – die Zimmer für zwanzig Euro anbot, sondern für vierzig.

Bei der Ankunft musste ich im „Anker"-Biergarten erst mal meinen Durst stillen, der sich im Laufe des Tages spürbar gesteigert hatte. Schön war es dann, nach Ruhepause und Dusche und kleinem Rundgang durchs Städtchen, abends im Biergarten zu sitzen, fränkischen Wein zu genießen und ins Reisetagebuch zu schreiben. Das war bisher meist beim Warten auf das Essen, oder, da ich immer allein an einem Tisch saß, als abendlicher Zeitvertreib eine wunderbare Gelegenheit, in Gedanken den Tag Revue passieren zu lassen.

FREITAG, 25. MAI 2018

Ochsenfurt — Aub (16 km)

Nach dem Frühstück brach ich vergleichsweise zeitig auf. Ich nahm einen aus der Stadt heraus- und stetig bergauf führenden Feldweg. Oben angekommen, kam ich mit einem Hundeausführer ins Gespräch, der interessiert meine Dehnübungen verfolgte. Ausgefragt nach meinem Woher und Wohin, empfahl er mir für meine Muskelprobleme „Pferdesalbe". Davon hatte ich schon mal gehört! Das ist vermutlich dieselbe Liga wie „Murmeltiersalbe".

Wieder führte der Weg durch offenes Land, oft bei Sonne, auf einem Radweg durch Gemüse- und Getreidefelder und fast menschenleere Dörfer. Gegen halb drei kam ich auf dem Marktplatz von Aub an, auch menschenleer! Wo spielte sich eigentlich das Leben ab? Immerhin war eine Apotheke da, sogar geöffnet. Noch mit herrlich historischem Mobiliar ausgestattet handelte sie, wie ich erfreut feststellte, auch mit „Pferdesalbe". Das „Goldene Lamm" dagegen, meine heutige Herberge, war verschlossen. Nach einem Telefonanruf kam jemand, schloss auf und brachte mich in mein Zimmer. Immerhin! Der Gaststättenbetrieb begann erst am Abend, was aufgrund des auf Straßen und Plätzen fehlenden „Faktors Mensch" sofort einleuchtend war.

Aber: In Aub kreuzten sich mehrere Pilgerwege! Natürlich stand der Jakobsweg im Vordergrund: Man hatte einen schönen Stein mit goldener Muschel und der Entfernung nach Santiago de Compostela aufgestellt. Ich folgte der Empfehlung einer Bäckersfrau und drückte in der Pfarrkirche einen Stempel, meinen ersten, in mein Reisetagebuch. Er war dort nebst allerlei Informationsmaterial und Stempelkissen an einem kleinen Tisch mit einem Kettchen befestigt. So musste niemand in Aub irgendjemandem hinterherlaufen, um zu einem Stempel zu kommen. Das war nicht unerheblich. Denn später hörte ich von Pilgern, die schon in Deutschland – anders als ich – bereits einen Pilgerpass hatten, dass es nicht selten eine Herausforderung war, eine Person mit einer „Stempelbefugnis" zu erwischen. Mir gefiel mein erster Stempel, weil er das Buch auf einmal so lebendig machte.

SAMSTAG, 26. MAI 2018

Aub — Rothenburg o. d. Tauber (28 km)

Für diesen Tag waren dreißig Grad angesagt. Und dann noch achtundzwanzig Kilometer vor den Füßen. Da machte ich mich gegen halb neun mit etwas mulmigem Gefühl auf die Strecke. Der Weg zog sich zunächst wieder durch einige Dörfer zwischen Gemüse- und Getreidefeldern auf asphaltierten Feldwegen hin. Die Dörfer waren wieder wie ausgestorben. Kein Gasthof, kein Bäcker- oder Fleischerladen. Nur einmal kam ich zufällig dazu, als ein Bäckerauto hielt, und konnte etwas Kuchen und eine Milch erstehen. Gelegentliche waldige Abschnitte boten etwas Abkühlung.

Nach Freudenbach, dort stand an der Straße gegenüber der Kirche ein herrlicher uralter Leichenwagen, eine Mischung aus Campinganhänger und Kleinlaster, schlängelte sich der Weg abwärts an den Rand des „lieblichen Taubertals“ (so stand es an jedem zweiten Schild). Und wirklich, lieblich war das Taubertal und vom Verkehr nicht übermäßig strapaziert. Aber die Via Romea war nun leider wieder identisch mit dem Tauberradweg. Das endlose Gehen auf dem Asphalt machte die Füße schwer. Der erste Ort unten im Tal, Tauberzell, rüstete sich mit dem Aufbau von Tanzboden und Festzelt gerade für ein großes Fest, aber einen Ausschank gab es noch nirgendwo. Auch nicht in den folgenden Flecken. Das einzige Gasthaus am Weg machte bis halb sechs Mittagspause. Erst an einem Campingplatz zwei Kilometer vor Rothenburg, ich schwächelte schon ziemlich, konnte ich zwei halbe Liter Schokomilch und einen halben Liter Cola kaufen und stehenden Fußes austrinken. So (scheinbar) gekräftigt nahm ich – im Vergleich zum Radweg – den kürzeren Fußweg, der stetig bergan nach Rothenburg führte, und kam oben mehr tot als lebendig an.

Die Unterkunft in einer villenartigen Pension war zum Glück kühl und zudem sehr freundlich eingerichtet. Ziemlich erschöpft ruhte ich mich zwei Stunden aus. Abends machte ich noch einen kleinen Stadtbummel und genehmigte mir in einem Biergarten am Markt, inmitten von Amerikanern, Japanern und Italienern, eine feine frische Forelle „Müllerin“, die eben noch im zu besichtigenden Bassin geschwommen war. Auch wenn mein Fingerzeig ihr Todesurteil war, verspeiste ich sie doch nicht übermäßig schuldbewusst. Dazu passte ein kühler fränkischer Silvaner. Beides beförderte meine Erholungsphase rasant.

Zurück in der Pension bekam ich noch die zweite Hälfte des Champions-League-Finales mit und sah bald, das Real schon wieder auf der Siegerstraße war. Da stand es noch 0:0, aber die Madrilenen spielten im Unterschied zu den heißblütigen und kampfstarken Liverpoolern abgezockter und cleverer. Und so waren die fatalen Torwartfehler des bedauernswerten Karius und die spektakulären Tore von Bale nur die logische Folge!

SONNTAG, 27. MAI 2018

Rothenburg o. d. Tauber — Schillingsfürst (17 km)

Nach einem guten, sehr obsthaltigen Frühstück und einem späten Aufbruch gegen halb elf galt es, sich erst einmal durch die sich auf den Straßen bereits massenhaft tummelnden Touristen durchzudrängeln. Die Straßen waren am Sonntagmorgen schon rappelvoll, mehr oder weniger alle Souvenirgeschäfte und Boutiquen hatten geöffnet. Die Einheimischen – was wollten die eigentlich schon um diese Zeit in der Stadt? – hielten nach meinem Empfinden mit ihren Motorrollern und Autos ziemlich auf die Touristen drauf, anscheinend genervt oder gar hasserfüllt. Manche Roller streiften erschrockene Japaner äußert knapp. Tja, man kann eben nur an Touristen verdienen, wenn sie da sind. Rothenburg ist aber auch wirklich schön! Kein Wunder, dass so viele Leute kommen. Tolle Stadtmauer und mittelalterliches Stadtbild! Aber es sind wirklich zu viele Menschen da. Ich war froh, die Stadt wieder hinter mir zu lassen und auf asphaltierten Feldwegen ein paar Stunden allein zu marschieren.

Und ab der zweiten Weghälfte wurde dann ein richtig schöner Wanderweg daraus, teilweise auf idyllischen Waldpfaden, teilweise durch Wiesen und Felder! Endlich wieder Wanderfeeling! Tagsüber traf ich mehrmals vier Wanderfreunde aus München, die auf der „Romantischen Straße“ liefen. Die gibt es nicht nur als Autostraße, sondern auch als Fernwanderweg. Sobald die Sonne schien, spannten alle vier ihre Regenschirme auf als Sonnenschutz. Das sah lustig aus und erinnerte mich an rausgeputzte Afrikanerinnen in Kenia oder Namibia, die in ihren farbenfrohen Kleidern ebenfalls mit aufgespannten Schirmen durch die Straßen flanierten. Sie schwärmten, als sie mein Reiseziel Assisi gehört hatten, von der Alpenüberquerung bei Mittenwald und Seefeld, aber stöhnten über den Abschnitt, an dem der Weg in Italien in die Poebene münden würde. Wenn überhaupt Wege, dann gäbe es vor allem von den Italienern exzessiv und aggressiv befahrene Radwege. Es sei wahrlich kein Vergnügen, dort zu laufen.

Nach einer gemächlichen Wanderung mit dem üblichen Schlussanstieg hoch zum Schloss „Schillingsfürst“ und einem dort oben auf der herrlichen Aussichtsterrasse heruntergezischten Radler ging es wieder hinunter in die Stadt „Zur Post“. Auch dort lud nach Zimmerbezug und Dusche eine schöne Terrasse zum Sitzen ein, mit Blick auf das Hohenloher Land.

3. WOCHE
28. Mai – 3. Juni 2018

Von Schillingsfürst nach Donauwörth

MONTAG, 28. MAI 2018

Schillingsfürst — Feuchtwangen (20 km)

Heute war eine kürzere Etappe dran. Das war gut so, denn die Temperatur sollte am Nachmittag wieder die dreißig Grad erreichen. Nach einem guten Frühstück mit viel Obst und Rührei in der „Post“ begann der Weg erst einmal mit dem Aufstieg wieder hoch auf den Schlossberg, bog aber dann recht bald in den Wald ab. Die erste Hälfte schlängelte er sich durch kühlen Laubwald auf Schotterstraßen und war bis zum Kloster Sulz angenehm zu gehen. Ab hier führte die Route mal auf Landstraßen, mal auf asphaltierten Radwegen. Obwohl ich zwei Liter Wasser dabeihatte, schmolz das Kontingent in der Hitze schnell dahin. Wieder berührte der Weg nur Dörfer ohne Gasthäuser, Läden und Menschen. Die einzige Gaststätte, die ich fand, hatte Ruhetag. Eine ältere Dame, die an einem Haus Unkraut jätete, fragte ich nach einem Laden im Dorf. Kopfschütteln! Eigentlich bräuchte ich ja nur Wasser! Sie nahm meine Flasche, ging ins Haus und kam mit meiner aufgefüllten Flasche und einer zweiten Wasserflasche mit Kohlensäure wieder. Das belebte! Sie erzählte noch einiges über den gegenüberliegenden Betrieb ihres Sohnes, der früher der Hof ihrer Eltern gewesen war. Dann zog ich, gut mit Wasser ausgestattet, weiter.

Meine Gastgeberin am Zielort in Feuchtwangen, Claudia, war gestern selbst erst aus dem Urlaub gekommen. Nachdem wir eine Weile geplaudert hatten, kochte sie Nudeln mit Pesto und Gemüse. Dann fuhren

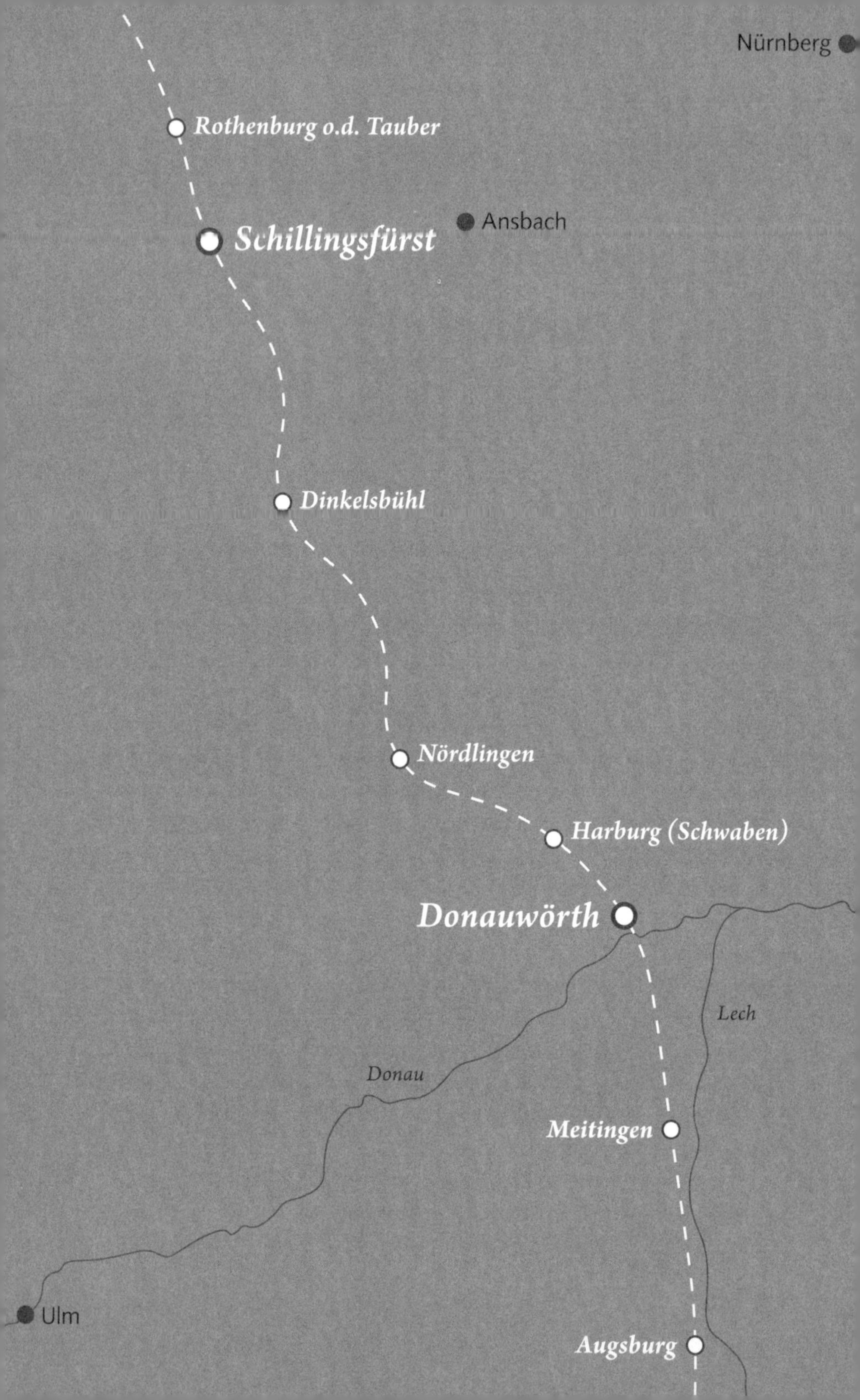

Nürnberg

Rothenburg o.d. Tauber

Ansbach

Schillingsfürst

Dinkelsbühl

Nördlingen

Harburg (Schwaben)

Donauwörth

Lech

Donau

Meitingen

Ulm

Augsburg

wir zu einem Badesee, und zum Schluss machte sie mit mir noch einen kleinen Rundgang durchs Städtchen. Volles Besuchsprogramm also! Den Abend beschloss gegen halb zehn ein kühler Aperol Spritz. Beinahe hätte ich die Geburtstage von zwei Eisenacher Freunden vergessen. Beinahe! Also noch zwei WhatsApp-Grüße und dann schlafen. Mein Zimmer war praktisch leer. In der Mitte lag eine Luftmatratze mit einem Laken. Also konnte ich heute zum ersten Mal mein Schlafsack-Inlett aus Fleece benutzen.

DIENSTAG, 29. MAI 2018

Feuchtwangen — Dinkelsbühl (15 km)

Wenn ich am Morgen zum Frühstück Claudia um drei Rühreier mit Schinken und einen Obstteller gebeten hätte, wäre beides wahrscheinlich geradewegs auf den Tisch gekommen. So aber fragte ich nur nach einer Tasse Kaffee und bejahte ihre Frage, ob ein Müsli okay sei. Also gab es eine Tasse Kaffee und ein Müsli mit Milch. Wir verabschiedeten uns freundlich, ihre Mitgliedschaft im Dachgeber-Verband des ADFC machte es für sie selbstverständlich, von mir kein Geld zu verlangen. Das fand ich gut. Aber ich merkte nach dem Abschied auch, dass mich die Gespräche etwas angestrengt hatten. Man kommt zu jemandem, ohne sich vorher zu kennen, und möchte natürlich eine gute Atmosphäre herstellen, zumal sie sich ja am Vorabend mit ihrem Sightseeing-Programm ziemlich ins Zeug gelegt hatte. Daraufhin war bei mir überflüssigerweise ziemlich viel Druck beim Finden von Gesprächsthemen aufgekommen. Es ist doch etwas anderes, im Gasthaus einfach auf sein Zimmer zu gehen und sich auszuruhen. Das eine kostet Energie, das andere Geld.

Der Weg heute war nicht weit und führte meist durch Waldgebiete. Schon gegen halb drei, nach einer längeren Pause an einem Fischweiher, erreichte ich die Stadt. Sie warb mit dem Slogan „Die schönste Altstadt Deutschlands“ und musste sich hinter Rothenburg o. d. Tauber wirklich nicht verstecken. Hotel stand an Hotel, Restaurant an Restaurant, alle Häuser alt und wie aus dem Schmuckkästchen. Auch Touristen waren da, nur nicht so viele wie in Rothenburg.

Mittendrin das riesige gotische Münster mit einem sehenswerten wie seltenen Josefsaltar. Im Zentrum des Schnitzaltars stand der Heilige Josef mit dem Jesuskind auf dem Arm! Wunderbar: endlich gendergerecht! Und der Kirchraum war licht, hoch und weit. Das pure Gegenteil zu den beiden stockfinsteren Kirchen in Feuchtwangen. Sie standen nebeneinander am Markt. Die kleine Gemeindekirche war dunkel, roch muffig und hatte einen schwarz-goldenen Altar, der einer Begräbniskutsche glich, sowie einen ebensolchen Orgelprospekt. Schaurig!

Und die Stiftskirche? Viel größer, aber noch dunkler. Es soll, so erläuterte Claudia gestern, morgens beim Gottesdienst heller sein – sofern die Sonne scheint. Auf den Bankpulten lagen von der letzten bis zur ersten Reihe auf beiden Seiten evangelische Gesangbücher aus – praktisch eines auf jedem Platz. So viele Gesangbücher auf einen Blick hatte ich bis dahin noch nie gesehen. Ob sie gelegentlich auch alle in die Hand genommen werden, dürfte auf einem anderen Blatt stehen. Ein Verlangen, regelmäßig in diese Kirche zu gehen, würde sich bei mir jedenfalls nicht einstellen. Dabei schienen Renovierungen noch gar nicht so lang her zu sein. Was sind dagegen die neu renovierten Kirchen in Weimar oder Eisenach für wunderbar einladende Gotteshäuser!

Ein kleiner abendlicher Spaziergang durch Dinkelsbühl offenbarte dann viele schöne Winkel und Plätze, die zum Verweilen einluden. Entspannt sitzen, den vorbeiflanierenden Menschen zusehen und dazu noch einen fränkischen Riesling genießen! Das tat gut!

MITTWOCH, 30. MAI 2018

Dinkelsbühl — Fremdingen (17 km)

Nach einem guten Frühstück im „Fränkischen Hof“ Aufbruch bei schönstem Sonnenschein – und das nun schon mit Ausnahme von Schmalkalden und Würzburg seit Beginn der Tour! Die meiste Zeit des Tages konnte ich auf schattigen Waldwegen laufen. Das war auch nötig, denn die Temperaturanzeige an einem Bankgebäude in einem Dorf zeigte zweiunddreißig Grad. Mehrere Male traf ich unterwegs die „beschirmten“ bayerischen Wanderfreunde wieder, meist an einladenden Pausenstellen am Wegesrand. Mal passierte ich sie, mal war es umgekehrt.

Ziel heute war das Dominikanerinnenkloster Maria de Victoria in Fremdingen, in dem ich mich vor zwei Tagen als Pilger angemeldet hatte. Als ich an der Klosterpforte stand und klingelte, radelte ein Mann vorbei und rief: „Bei denen wirst du kein Glück haben, die machen gar nicht erst auf!" Aber da surrte schon der Türsummer und ich trat in den kleinen blühenden Klosterhof. Schwester Lieselotte – ein ungewöhnlicher, aber sympathischer Name für eine Nonne – begrüßte mich freundlich und zeigte mir mein Zimmer. Es war eine Unterkunft mit Selbstversorgung. Da ja morgen Feiertag, nämlich Fronleichnam sei, empfahl sie mir, gleich noch alles für Abendbrot und Frühstück aus dem nahen Edeka zu holen. Nach Duschen und Umziehen machte ich mich auf den Weg, um mir Essen und Trinken zu kaufen. Zuvor hatte mir Schwester Lieselotte, die nach und nach ins Erzählen kam, noch ihre duftende Kräuterküche gezeigt. Ein Raum mit uralten Apothekerschränken, in denen seit Generationen Schwestern Heilkräuter gesammelt, besondere Tees zusammengestellt und bis vor kurzem auch noch damit gehandelt hatten. Nun aber waren nur noch zwei Schwestern im Kloster und der Aufwand mit Sammeln, Verschneiden, Trocknen, Mischen, Verpacken und Verschicken war nicht mehr zu stemmen. Immer noch aber komme es vor, dass ehemalige Kunden sich beschwerten und ihren Tee, den sie seit Jahrzehnten bekommen hatten, weiter wollten. „Kein Wunder", sagte Schwester Lieselotte, „die Heilkraft der natürlichen Kräuter ist viermal stärker als die von in Gärtnereien gezogenen."

Zwei Schwestern, die ein Kloster in Gang halten! Kein Wunder, dass sie nicht mehr spontan Leute aufnehmen können. Am frühen Abend plauderten wir noch eine Stunde über Kirchen der Umgebung, Wallfahrtsorte und Wege zum Wandern. Dazwischen hatte ich eingeworfen, dass Lieselotte für eine Schwester doch ein recht ungewöhnlicher Name sei. Sie bestätigte das. Darüber hatte es auch Diskussionen gegeben. Aber sie hatte darauf bestanden, weil zwei Frauen aus der Familie, Elisabeth und Charlotte, wichtig für ihr Leben waren. Und dies wollte sie festhalten. Schwester Lieselotte betonte mehrmals, dass sie froh sei, hier in der Abgeschiedenheit zu leben: „Die Großstadt war nichts für mich – hier ist ein guter Ort!" Das Kloster Maria de Victoria, das spürte auch ich, war ein guter Ort. Ich schlief bis zum Morgen tief und fest.

MITTWOCH, 30. MAI 2018

Zwischenfazit nach zwei Wochen

Equipment

Ich war in Eisenach schon mit kaputten Schuhen losgelaufen. Das Leder war am rechten Schuh deutlich eingerissen. Da hatte mich auf dem Weg schon manch einer verständnislos angesehen. Was machst du denn, wenn die ganz kaputt gehen? Willst du dann etwa mit neuen Schuhen weiterlaufen? Da wirst du aber dein blaues Blasenwunder erleben! Solche Kommentare musste ich mir immer mal anhören. Nun hatte sich der Riss in den letzten Tagen leider unübersehbar vergrößert. Da ich keine Lust hatte, dass sich irgendwo im Wald, fernab von einem Schuhgeschäft, der Schuh verabschieden würde, suchte ich in Feuchtwangen notgedrungen einen Sportladen am Markt auf.

Nach einem Blick auf meine Schuhe brachte mir der Verkäufer wieder zwei Meindl-Modelle, eines mit einer Sohle, die immer wieder erneuert werden könne. Deshalb waren sie auch teurer. Ich wies ihn darauf hin, dass ich die alten Schuhe etwa zwanzig Jahre lang intensiv getragen hatte: „Jetzt bin ich zweiundsechzig. Wie oft, meinen Sie, werde ich diese Schuhe neu besohlen lassen? Und im Übrigen sind bei meinen Schuhen nicht die Sohlen runter, sondern das Leder ist gerissen." Also die anderen, die eigentlich diegleichen waren wie meine alten. „Hat nicht Lowa auch ganz gute Modelle?", erkundigte ich mich. „Meindl ist für breite Füße. Lowa für schmale. Da zu wechseln, sofern sie bis jetzt zufrieden waren, wäre nicht klug", riet er mir. Also probierte ich die Meindl-Treter und ließ sie gleich an. Ich bat ihn noch um ein Foto mit den ausrangierten Schuhen vor seinem Laden und überließ sie ihm dann zum Wegschmeißen. Jetzt, zwei Tage später, hatte ich immer noch keine Probleme mit Blasen oder Druckstellen! Also: gute Entscheidung!

Die Wanderhose sah nach zwei Wochen ziemlich fleckig, dreckig und speckig aus. Aber nach Regengüssen hatte ich schon oft festgestellt, dass der Stoff schnell trocknete. Also riskierte ich – es war eben meine einzige Hose – in Dinkelsbühl am Abend vor dem Hinlegen eine Handwäsche mit „Rei" und hängte die nasse Hose in der Dusche auf. Am nächsten Morgen war die Hose trocken und blitzsauber. Gutes Teil!

Die bisherige Zeit war ich ausschließlich mit meinen beiden Paar „Luther-Socken" gegangen. Sie waren nicht zu dick und nicht zu dünn, ich wechselte sie täglich und wusch jeden Tag ein Paar. Mich überzeugte, dass sie beim täglichen Ausziehen der Schuhe nicht diesen impertinenten Geruch verströmten, wie das in der Regel spezielle Wandersocken tun. Und vor allem: Bisher war ich damit blasenfrei über die Wege gekommen.

Ebenso bewährten sich die Merino-Shirts. Ich hatte zwei mit kurzen Ärmeln und ein Ärmelloses. Das Shirt, welches ich am Tag trug, zog ich abends durch die Wäsche. Morgens war es wieder trocken und weitgehend geruchlos! Und vor allem trocknete es auch tagsüber nach schweißtreibenden Aufstiegen relativ schnell am Körper, ähnlich einem Funktionshemd.

Außerdem war ich ausgestattet mit zwei einfachen Boxershorts. Die wusch ich auch abwechselnd, spätestens alle zwei Tage, und merkte, dass sie sich „einliefen". In der ersten Woche hatte ich noch Scheuerstellen und Rötungen in den Leisten und an den Oberschenkeln. Das war dann aber schnell vorbei.

Ansonsten trug ich im Rucksack eine Wind- und Regenjacke, eine dünne Fleecejacke, eine lange Funktionsunterhose, ein großes Regencape, einen dünnen Fleeceschlafsack, ein paar leichte Goretex-Halbschuhe, ein paar leichte Badelatschen, ein Fleecehandtuch, ein Mehrzweckhalstuch, ein Cape für den Rucksack, eine Tube Rei, eine kleine Waschtasche, eine kleine Reiseapotheke, ein Reisetagebuch, ein Italienisch-Lehrbuch und ein Taschenmesser. Bis auf die lange Funktionsunterhose und die Fleecejacke – es gab auf der gesamten Tour einfach keinen einzigen kalten Tag – war alles sinnvoll und in Gebrauch. Bei einem Eigengewicht des Rucksackes von anderthalb Kilo wog er so insgesamt rund neun Kilogramm. Mit zwei Litern Wasser, deren Verbrauch im Laufe des Tages auch eine Art Gewichtsreduzierung war, bedeutete das am Morgen jeweils ein Gepäck von etwa elf Kilogramm. Das war ganz gut zu schaffen.

Körperliche Verfassung

Der Muskelkater in den ersten Tagen legte sich recht schnell. Das war schon phänomenal, wenn ich abends kaum noch ein paar Stufen hochkam, weil die Beine so schmerzten. Und morgens, nach ein paar Stunden Schlaf und Erholung, ging es dann doch wieder und Laufen war möglich. Anhaltender war der Rückenschmerz wegen des Hexenschusses. Ohne Ibuprofen wäre ich nicht über die ersten zehn Tage gekommen, auch wenn die jeweilige tägliche Dosis – höchstens anderthalb bis zwei Tabletten – recht überschaubar war. Mitte der zweiten Woche war der Schmerz morgens auf einmal wie weggeblasen. Die andauernde Bewegung hatte Wirkung gezeigt. Vielleicht spielte sogar das auf die Hüften verlagerte Gewicht des Rucksackes eine positive Rolle.

Der Hallux am rechten Fuß hatte nur in den ersten drei Tagen geschmerzt und sich dann an die Belastung gewöhnt. Ab Mitte der ersten Woche meldeten sich auf einmal Leistenschmerzen, die ich zunächst mit Finalgon zu behandeln versuchte. Aber das heizte so sehr ein, dass die Haut in den Leisten regelrecht brannte. Ebenso war es mit den Muskelproblemen im rechten Oberschenkel. Mit brennender Haut zu gehen, war einfach nicht angenehm. Erst als ich auf Pferdesalbe umstieg, verbesserte sich das. Ich hatte bei Pferdesalbe bis dahin immer etwas Fettiges, Talgiges assoziiert, so in der Art von Lederfett. Aber „Pferdesalbe" stellte sich als ein intensiv nach Kräutern und Essenzen duftendes und kühlendes Gel heraus, mit dem das Behandeln von schmerzenden und ermüdeten Füßen und Beinen die reinste Lust war. Ich hatte den Eindruck, die Entspannung der Muskulatur trat umgehend ein. Gegen Ende der zweiten Woche waren jedenfalls alle Schmerzen verschwunden.

Mentale Verfassung

Ich hatte im Frühjahr aus Interesse und mit Vergnügen das unterhaltsame Pilgerbuch von Hape Kerkeling gelesen, das sehr von Beziehungsgeschichten lebt. Außerdem ringt er in seinem Pilgerbericht durchgängig damit, abzubrechen oder doch weiterzugehen. Die Lauferei über einen ganzen Tag lang strengte ihn einfach an. Auch mich hatten manche Passagen auf den bisherigen Wegen angestrengt. Aber ans Abbrechen dachte ich keine Sekunde und rechnete auch nicht damit, dass es irgendwann Thema werden könnte. Ich war allenfalls hier und da beim Auskunftgeben über meinen Weg etwas vorsichtig, gleich immer von Assisi als meinem Ziel zu reden. Wenn es zu einem Abbruch kommen sollte, dann dadurch, dass vielleicht meine Knie wieder streikten oder ich mir ein Bein brechen würde. Das war immerhin nicht ausgeschlossen. Aber sonst? Ich genoss eher die Anstrengung und registrierte mit Genugtuung, dass ich von Tag zu Tag besser in Schwung kam.

Wegmarkierungen

Am Start in Thüringen war nirgendwo eine Markierung „Via Romea" zu sehen. Das begann erst in Franken, aber seit dem Verlassen von Aub war damit wieder Schluss. Anfangs dachte ich, das hinge vom katholischen oder evangelischen Gebiet ab, ob Markierungen vorkämen oder nicht. Aber nun war ich die letzten Tage in einer katholischen Region unterwegs und hatte kein einziges Zeichen gesehen. Ohnehin richtete ich mich seit Tagen nur noch nach der ausgezeichnet markierten Romantischen Straße. Mit dieser war – zum Glück – die Via Romea bis Donauwörth identisch. Danach würde es, sofern die Via Romea weiter so nachlässig ausgewiesen wäre, schwierig werden, da seit zwei Tagen die Kartenfunktion auf der Webseite der Via Romea ausgefallen war. Es war bisher bei der Wegfindung angesichts der schlechten Markierung ausgesprochen hilfreich, die Karte auf dem Smartphone bis ins Detail vergrößern zu können. Das ging nicht mehr. Ich schrieb eine Mail an die Betreuer der Seite und war auf eine Reaktion gespannt.

Finanzen

In der ersten Woche hatte ich dreihundertvierunddreißig Euro ausgegeben, das waren pro Tag rund fünfzig Euro. In der zweiten Woche vierhunderteinundfünfzig Euro, was einen Tageschnitt von rund fünfundsechzig Euro bedeutete. In diesem Bereich zwischen fünfzig und fünfundsechzig Euro würde sich vermutlich der Aufwand in den kommenden Wochen auch bewegen. Ich hatte bewusst darauf verzichtet, Campingutensilien mitzunehmen. Das hätte eine deutliche Gewichtszunahme im Rucksack ergeben. Damit war aber klar, dass ich mir immer eine Unterkunft in einer Pension oder Jugendherberge besorgen musste. Da waren vierzig Euro noch ein guter Preis. Ein paar Mal hatte ich auch schon sechzig Euro und mehr für eine Nacht hingelegt. Große Sprünge mit Essen und Trinken waren da nicht mehr drin. Allerdings konnte diese Reise auch keine Fastenkur sein. Schließlich musste ich mich morgens für den bevorstehenden Tag stärken und wollte mich abends für den geschafften Tag belohnen.

DONNERSTAG, 31. MAI 2018

Fremdingen — Nördlingen (17 km)

Die Fronleichnams-Feierlichkeiten in der benachbarten Kirche waren in vollem Gange, als ich das kleine, feine Kloster verließ. An der Pforte war, weil hier offenbar eine Station der sich an den Gottesdienst anschließenden Prozession sein würde, ein Altar mit einem zwei mal drei Meter großen Blütenteppich davor hergerichtet. Der war gestern Abend noch nicht da. Also hatten offenbar die beiden Schwestern in aller Frühe hier akribisch gearbeitet und alles vorbereitet. Es sah nicht so aus, als ob das alles in einer halben Stunde erledigt gewesen wäre.

Kurz hinter Fremdingen ging es in den Wald nach Ranstetten. Der Weg im Wald war allerdings praktisch zugewachsen. Kein Wunder, außer den Pilgern betrat niemand mehr diesen Bereich. Der Grund: Schilder warnten vor dem Eichenprozessionsspinner und seinen giftigen Haaren oder besser: Härchen. Tatsächlich kam ich an Eichen vorbei, in denen es von den Mahlgeräuschen der Raupen nur so raschelte. Gerade an diesem Morgen hatte ich mir die Wanderhosen abgezippt und mein ärmelloses Shirt angezogen! Wirklich gutes Timing! Aber es passierte mir nichts und ich hatte danach keine Beschwerden. Der Weg war wieder zweigeteilt. Einerseits bewaldete Kieswege, die sich bei dreißig Grad gut laufen ließen. Andererseits sonnige Radwege, die anstrengender waren.

Am Kloster Waihingen, wo eine große Freiluftfete zu Fronleichnam mit Blasmusik, Bier und Gegrilltem im Gange war, traf ich die bayerischen Wanderfreunde wieder. Nach dem fröhlichen Wiedersehen und einem kurzen Austausch sah ich aber zu, dass ich schnell weg von dem Trubel kam, und lief weiter dem Tagesziel entgegen.

In Nördlingen, der Stadt inmitten des Ries, eines kreisrunden geografischen Gebietes, das durch einen Meteoriteneinschlag entstanden war, kam ich im „Goldenen Schlüssel“ unter. Der abendliche Rundgang über die großartig erhaltene und überdachte Stadtmauer und durch die Straßen endete abrupt: Ein Gewitter zog auf. Ich musste mich sputen und kam gerade noch trocken in mein Zimmer. Wenn ich abends schon ein Quartier hatte, konnte es von mir aus die ganze Nacht regnen.

FREITAG, 1. JUNI 2018

Nördlingen — Harburg (32 km)

Die heutige Etappe verhieß, anstrengend zu werden. Ich sah an einer Kreuzung ein Radwegschild mit der Angabe „Harburg 17 km". Aber dieser Weg führte direkt an der Bundesstraße entlang. Auf der Karte war ersichtlich, und dem entsprach auch die Kennzeichnung auf einem anderen Schild, dass der vorgeschlagene Wanderweg einen weiten Bogen machen würde: mit einer Gesamtlänge von zweiunddreißig Kilometern. Also fast das Doppelte! Dennoch entschied ich mich für den „Umweg". Zum einen merkte ich, dass mich zum ersten Mal die Länge der Strecke nicht schreckte. Ich zog gelassen los, hatte gut gefrühstückt, nichts tat mir weh und die Temperatur war angenehm. Zum anderen hatte ich Lust auf Landschaft und nicht auf Straße. Und dafür wurde ich belohnt. Es wurde eine der bisher schönsten Etappen. Ich lief nur auf weichen Wald- oder Kieswegen. Weite Blicke ergaben sich ins Riesbecken, weil ich Stück für Stück den „Rand des Kraters" erklomm. Mindestens fünf lange Aufstiege brachten mich ordentlich ins Schwitzen. Dafür hatten die meisten Berggipfel Überraschungen parat.

Auf einer stand ein Gedenkstein, der an eine Schlacht im Jahre 1634 erinnerte: die Schlacht bei Nördlingen. Hier auf diesem Hügel erlitt der Schwedenkönig Gustav Adolf im Dreißigjährigen Krieg gegen das übermächtige kaiserliche Heer eine empfindliche Niederlage, die geschätzte zwölftausend Soldaten mit ihrem Leben bezahlten.

Ein anderer Anstieg führte auf die Burgruine derer von Hürnheim hinauf. Als Wegbegleiter des letzten Stauferkönigs Konradin gerieten zwei Brüder dieses Adelsgeschlechtes in Italien in Gefangenschaft. Einer der beiden, Friedrich von Hürnheim, wurde gemeinsam mit dem sechzehnjährigen König in Neapel auf dem Marktplatz enthauptet. Das war 1268. Alles zu lesen auf einer Gedenkplatte vor der Ruine. Sie hatten kurze und intensive Leben. Aber ihr Andenken ist noch nach siebenhunderfünfzig Jahren lebendig. Das hat auch was.

Schon von fern durchs Tal strahlte die imposante Klosteranlage von Mönchsdeggingen. Beim Betreten des Klosterhofes sah aber alles sehr verwahrlost aus. Die Häuser schienen unbewohnt, die Klosterschänke war offensichtlich schon länger geschlossen. Die Recherche im Netz ergab, dass der Klosterbetrieb 2010 eingestellt worden war. Eine riesige barocke Anlage, die mangels alternativer Nutzung Jahr um Jahr mehr verfiel.

Das letzte Stück dieser Tagesetappe führte aus der waldigen Hohe hinab nach Harburg. Der Weg über die offene Heide legte, kaum dass ich über die Anhöhe gekommen war, den Blick auf Schloss Harburg frei. Es war weniger ein Schloss als vielmehr eine Burg, so trutzig stand sie über der Stadt, ein ideales Vorbild einer Lego-Burg, mit auffallend hohen Mauern sowie ziegelrot gedeckten Türmen und Hallen. In schönem Bogen kam man ihr nah und näher und lief am Ende geradewegs drauf zu. Auch dieses „Schauspiel" belohnte für die Strapazen und erfreute Herz und Sinne.

Die preiswerte Unterbringung in der „Bagatelle" am Markt bei der heiteren Frau Strauß rundete den Tag ab. Und nicht zu vergessen: Eine Sensation war die „Hausgemachte Sülze im Teller"! Rinderbraten, gekochtes Ei und Gurke in Aspik! Unschlagbar!

Der kleine schmale Markt von Harburg, kaum breiter als eine Straße, hatte immerhin drei Gasthöfe zu bieten, in denen sich gut sitzen ließ. Den Abend in lauer Luft versonnen ausklingen zu lassen bei einem Glas hiesigen Weißweines, das war wohltuend.

SAMSTAG, 2. JUNI 2018

Harburg — Donauwörth (14 km)

Nach einem guten Frühstück zog sich der Aufbruch etwas hin, weil die Chefin mit einer anderen Frühstücksgruppe so beschäftigt war, dass sie es nicht schaffte, mich abzukassieren. Aber nach einer guten halben Stunde war auch das erledigt. Ich entschied mich, heute nicht weiter auf der Romantischen Straße zu laufen, die im Tal an der Wörmitz verlief, sondern den bergigen, aber kürzeren und waldigen Jakobsweg zu nehmen. Dieser war gut ausgeschildert und lief sich, auch wenn gehörige Steigungen dabei waren, sehr angenehm. Von den heißen Temperaturen – es waren wieder einmal um die dreißig Grad – war im Wald wenig zu spüren. Fünf Kilometer vor Donauwörth legte ich eine einstündige

Pause ein und ging dann durch ein schönes, sonniges Tal auf die Stadt zu. An der Donau angekommen, schickte ich einem Eisenacher Freund und Skatbruder einen kleinen Videogruß zum Geburtstag, kaufte in einem Supermarkt Obst und Getränke und kam in der Pension „Engelskeller“ für zwei Tage unter. Denn in Donauwörth hatte ich mir wieder einen Ruhetag verordnet.

Wie sich zeigte, wichen ab jetzt die Wanderwege Romantische Straße, Jakobsweg und Via Romea eklatant voneinander ab. Und immer noch funktionierte auf dem Smartphone meine Kartenfunktion nicht. Ein Verantwortlicher für die Webseite der Via Romea hatte mir vor ein paar Tagen eine Mail geschrieben, dass sie alles überprüft hätten und bei ihnen sämtliche Funktionen intakt seien. Das half mir nicht gerade weiter. Ich musste mir jetzt eine Wanderkarte besorgen. Für die nächste Etappe nach Markt Meitingen schrieb ich von der Webseite zunächst die Wegbeschreibung heraus, was aber ziemlich umständlich war. Aber irgendeinen Anhaltspunkt brauchte ich zur Orientierung. Ein wenig hoffte ich auch auf die Wegmarkierungen. Denn nachdem zwischen Aub und Donauwörth insgesamt vielleicht fünfmal ein Via-Romea-Zeichen zu sehen war, gab es am Stadtrand von Donauwörth gleich vier Stück im Abstand von je fünfzig Metern. Das stimmte mich hoffnungsfroh.

Den nächsten Tag in Donauwörth, einen Sonntag, verbrachte ich mit lauter angenehmen Beschäftigungen: mit Gottesdienst in der evangelischen Kirche, einem Stadtbummel, Eis essen, in einem bei der Stadtmauer aufgestellten Strandkorb liegen und in die Sonne blinzeln. Erholung pur also!

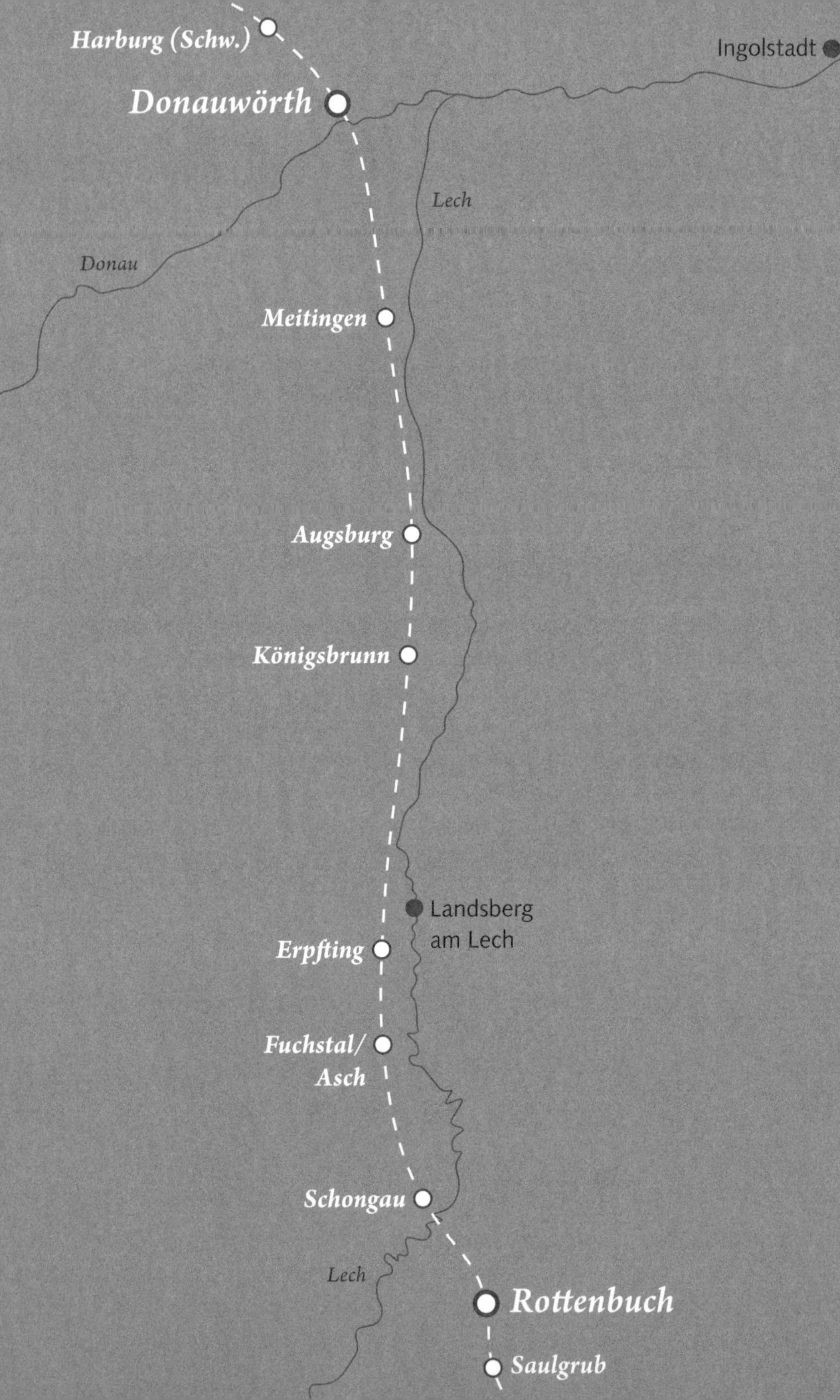
Harburg (Schw.)
Ingolstadt
Donauwörth
Lech
Donau
Meitingen
Augsburg
Königsbrunn
Landsberg
am Lech
Erpfting
Fuchstal/
Asch
Schongau
Lech
Rottenbuch
Saulgrub

4. WOCHE

4.–10. Juni 2018

Von Donauwörth nach Rottenbuch

MONTAG, 4. JUNI 2018

Donauwörth — Markt Meitingen (25 km)

Gut ausgeschlafen im komfortablen Zimmer im „Engelskeller" und nach einem üppigen Frühstück samt Mittagsimbiss im Gepäck begann die vierte Wanderwoche mit der Etappe nach Meitingen. Die Hoffnung, dass sich die nach der Ankunft in Donauwörth kurz aufgetretene Häufung von Wegmarkierungen auch beim Verlassen der Stadt fortsetzen würde, war vergeblich. Es gab keine einzige Markierung mehr für die Via Romea. Zum Glück aber war der verlässlich markierte Jakobsweg da, nach dem ich mich nun einfach richtete. Vor einer kleinen Kapelle bei Mertingen machte ich auf einer Bank Rast. Ein Anwohner aus einem benachbarten Haus kam zu mir, hatte den Schlüssel für die Kapelle dabei und lud mich zur Besichtigung ein. Er erzählte auch die Entstehungsgeschichte des Gotteshauses: Ein Flößer, der in der Schmutter (so heißt der Fluss) im Winter unter das Eis geraten war, hatte nach seiner geglückten Rettung eine Pieta als Gnadenbild gestiftet. Nach und nach wuchs die Verehrung des Bildes, viele Menschen kamen, so dass bald eine Kapelle gebaut wurde. Diese war den Schmerzen Marias gewidmet. Jeder einzelne auf Bildern dargestellte Schmerz war mit einem Degen, der ihr in der Brust steckte, versinnbildlicht – der Schmerz bei der Flucht nach Ägypten, bei der Geißelung Jesu, bei der Kreuztragung, bei der Kreuzigung usw. Alle Malereien waren, obwohl zweihundertfünfzig Jahre alt, sehr gut erhalten und wirkten nahezu modern.

Als zweiter Höhepunkt des Tages hätte das Kloster Holzen gelten können. Eine Schwesternschaft hatte es vor gut hundert Jahren übernommen und betrieb seitdem Werkstätten für Menschen mit Behinderungen und ein Hotel. Als ich in die üppig barock ausgestattete Kirche kam, war gerade eine Schwester dabei, Blumen zu gießen und Sträuße zu erneuern. Auf meine Begrüßung hin reagierte sie mit keinem Blick, verrichtete ihre Arbeit weiter und ging dann stumm und grußlos, nicht ohne die Absperrung zum Chorraum wieder sorgsam hinter sich zu schließen, durch eine Seitentür hinaus. Selbst wenn sie taubstumm war oder es sich um einen Schweigeorden handeln sollte: Freundlich geht anders! Da lobe ich mir doch die Dominikanerinnen! Schlagartig interesselos machte ich kehrt und lief über Radwege und freies Feld nach Meitingen. Hier übernachtete ich im von grantelndem Personal betriebenen Gasthof „Zur alten Post“: „Morgen um neun Uhr müssten'S aber spätestens aussi san! Sonst schaff mer's mit dem Mittag net!“

DIENSTAG, 5. JUNI 2018

Meitingen — Augsburg (24 km)

Wieder so ein heißer Tag! Aber da im Gasthof alles fix gehen musste und das spartanische Frühstück wenig Anlass zum Verweilen gab, wurde es ein relativ früher Aufbruch. Gegen halb neun lief ich den Radweg in Richtung Süden. Die Hitze war schon am Morgen schweißtreibend. Immerhin funktionierte plötzlich die Karten-Website wieder. Nach gut sieben Kilometern entschied ich mich trotzdem, die von der Via Romea vorgeschlagene Route zu verlassen und an den Lech abzuschwenken. Kanal und Fluss flossen praktisch parallel nebeneinander südwärts. Die Entscheidung erwies sich als richtig, da hier nicht nur ein gut zu laufender Kiesradweg war, sondern vor allem viel Schatten. Und natürlich war es auch viel angenehmer, nicht an der Straße, sondern am Fluss zu gehen.

Gegen Mittag, ich hielt Ausschau nach einem Pausenplatz, sah ich am steinigen Ufer des Lech einige Sonnenbadende. Ich gesellte mich dazu, gönnte mir ein erfrischendes Bad im sehr sauberen und sehr kühlen Wasser und anschließend eine sonnige Liegepause. Danach war das Laufen zwar erstmal etwas mühsam, pegelte sich aber wieder ein. Auf dem Radweg lief ich einige eher unerfreuliche Kilometer durch die Außenbezirke ins Zentrum und fand eine Unterkunft im nahe des Hauptbahnhofs gelegenen Diakonissen-Mutterhaus. Vor Kurzem hatte man dort nach dem Tod einer Diakonisse deren Zimmer zum Gästezimmer umfunktioniert. Insgesamt sehr angenehm und geräumig, sieht man einmal von der mit Blick auf die Zukunft deprimierenden Erfahrung ab, zum ersten Mal in einem Pflegebett geschlafen zu haben. Aber das war nur eine Kopfsache, denn die Matratze war ausgezeichnet.

Ich war ziemlich spät dran und wollte wenigstens noch den Dom und die Kirche Sankt Peter aufsuchen. Also ging ich zunächst zum Dom, der im Inneren in sehr schönes abendliches Licht getaucht war, und dann zu Sankt Peter auf dem Marktplatz. Aber diese Kirche war jetzt schon geschlossen! Das grämte mich, denn gerade die hatte mir Schwester Lieselotte ans Herz gelegt. Hier wäre das Bild der „Knotenlösenden Maria" zu sehen, eine auf der Welt einzigartige Mariendarstellung, die dem jetzigen Papst Franziskus schon seit Jahrzehnten viel bedeute und die er in Südamerika sehr populär gemacht habe. Schade! Also ließ ich mich noch etwas durch die Augsburger Innenstadt treiben, probierte in einem arabischen Imbiss allerlei scharf Gewürztes zum Abendessen aus und sah zu, dass ich bald in mein Pflegebett kam.

Ich hatte wieder angefangen, jeden Abend erst zu beten, wenn ich im Bett lag. Also kurz vor dem Einschlafen und im Sinne eines Dank- und Fürbittengebetes. In den Jahren der Fusion der Diakonischen Werke, als es noch drei Dienststellen in Eisenach, Magdeburg und Dessau gab, war ich so häufig unterwegs, dass ich manchmal jeden Tag in einem anderen Ort war. Da war ich abends noch in Sitzungen und Besprechungen, und morgens ging es genauso weiter oder gleich ins Auto. Für eine eigene geistliche Besinnung oder innere Sammlung gab es da keine Regelmäßigkeit, weder räumlich noch zeitlich. Die einzige Konstante war, sich irgendwann ins Bett zu legen zum Schlafen.

So fing ich an, abends im Bett liegend, für die Menschen zu beten, die mir wichtig waren. Auch für die, die mich am Tage unterstützt und mir geholfen hatten. Und für jene, von denen ich wusste, dass es ihnen nicht gut ging. So ließ ich jeden Abend im Dunkeln und mit geschlossenen Augen den Tag noch mal gedanklich ablaufen, wobei alle relevanten Begegnungen mit den jeweiligen Personen automatisch wieder aufschienen. Danach schlief ich meist schnell und fest ein. Morgens war es etwas anders. In den Fusionsjahren standen häufig Sitzungen an, in denen es um Fragen zur Zukunft von Arbeitsgebieten, Personalstellen, Einsparungen und tausend andere Themen ging. Endlose Diskussionen um künftige Verbands- und Leitungsstrukturen waren zu führen und heikle Abstimmungen in Konferenzen und Versammlungen standen an.

Da war mir manchmal noch im Bett liegend bereits mulmig zu Mute, wie denn das heute ausgehen würde. Mir wurde in dieser Zeit ein Gebet immer wichtiger, ja es war schließlich geradezu die Voraussetzung dafür, dass ich einigermaßen zuversichtlich aufstand, das mir im Jahr 2002 die damalige Oberin im Diakonissenhaus Eisenach, Schwester Helga Schöller, in meine Bibel geschrieben hatte. Es stammte von Arno Pötzsch und gehörte auch für sie, wie sie seinerzeit sagte, seit Jahren zu jedem Morgen, den Gott werden ließ:

„In deinem Nam', Herr Jesu Christ sei dieser Tag begonnen. Ich weiß, wenn du mein Beistand bist, die Wegfahrt wird gewonnen."

Alles kurz und knapp und auf den ersten Blick nicht viel dazu. Aber das täuscht. Für mich wurde es zur täglich neuen morgendlichen Stärkung und auch Ermutigung. Und wenn besonders schwierige Tage bevorstanden, habe ich es gleich drei Mal hintereinander gebetet. Erst dann konnte ich optimistisch aufstehen.

In dem Jahr seit meinem Dienstende war diese Übung wieder etwas abhanden gekommen. So richtig beängstigende Tage hatte ich demnach morgens nicht mehr erlebt – auch eine schöne Erfahrung im Ruhestand. Auf dieser Reise hatte nun plötzlich jeder Tag auf seine Weise seine eigenen Herausforderungen. Es war mir vor ein paar Tagen in den Sinn gekommen, dass ich für alle Unwägbarkeiten ein erprobtes Gebet hatte. Das konnte mir helfen. Und jeden Abend legte ich mich wieder in einem anderen Ort in ein anderes Bett, heute sogar in ein Pflegebett, das ich aber morgen früh nach aktuellem Empfinden wieder verlassen würde. Wenn das kein Grund für ein Dankgebet war! Vor allem aber hatte ich meine Frau, die Familie und Freunde nun schon länger nicht mehr gesehen. So wie sie mir einen guten Weg wünschten, so wurde es auch für mich, je weiter ich von zu Hause wegging, von Tag zu Tag immer wichtiger, für sie Gottes Schutz und Segen zu erbitten. Auch heute, im Diakonissenhaus in Augsburg, im Zimmer einer verstorbenen Diakonisse, über deren Bett ihr großes Kruzifix an der Wand hing. Geschlafen habe ich dort, tief und geborgen, wie in Abrahams Schoß!

MITTWOCH, 6. JUNI 2018

Augsburg — Königsbrunn (13 km)

Zum ersten Mal gab es Schwierigkeiten mit der Übernachtung. Etappenort und Herbergsmöglichkeiten passten nicht zusammen. Die eigentliche Etappe hieß Augsburg–Igling. Das wären siebenunddreißig Kilometer Strecke, das bisher Längste, angegeben mit einer Laufzeit von neuneinhalb Stunden. Es stellte sich jedoch heraus, dass es in Igling keine Zimmer gab. Ich fragte mich bis ins Büro des Bürgermeisters durch, um dann von dessen Sekretärin telefonisch die Antwort zu bekommen: „Bei uns gibt es definitiv keine Übernachtungsmöglichkeit. Auch von privaten Vermietungen wissen wir nichts. Aber in Erpfting, fünf Kilometer weiter, da gibt es was!"

Toll! Das hieß faktisch, die Strecke zu teilen. Also ging ich zunächst nach Königsbrunn. Aus dem Augsburger Zentrum heraus zuvor noch mit einem kleinen Abstecher an die Eingangstür der „Augsburger Puppenkiste" als Reminiszenz an unvergessliche Kindersendungen in den sechziger Jahren im Fernsehen mit „Jim Knopf", „Urmel aus dem Eis" und der „Blechbüchsenarmee" aus der Geschichte „Gut gebrüllt, Löwe". Der witzige und schmissige Song der Blechbüchsenarmee hat sich bis heute in mein Gedächtnis eingebrannt: „Zwei, drei, vier – marschieren wir –, in schnellem Lauf – Berg hinauf. Obenan – alle Mann – schau'n mit List – wo Feind ist!" Zu meiner Überraschung war das Domizil der Puppenkiste ein altes Spital. Aber wahrscheinlich wäre jedes andere Gebäude genauso überraschend gewesen, denn als Kind hatte ich immer eine große Kiste vor Augen, in der sich alles abspielte.

Der Wegabschnitt war nicht gerade der Traum einer Pilgerreise. Er führte endlos geradeaus an einer stark befahrenen Magistrale südwärts. Die Übergänge zu den einzelnen Vororten bis hin nach Königsbrunn waren sämtlich bebaut und nicht erkennbar. So war ich nach dieser kurzen Etappe froh, recht früh in der Pension zu sein und den Nachmittag für Übernachtungstelefonate, Reisetagebuch und – erstmalig – etwas Italienisch-Auffrischung zu nutzen.

DONNERSTAG, 7. JUNI 2018

Königsbrunn — Erpfting (29 km)

Gegessen hatte ich am Vorabend im Asia-Haus gegenüber, wo auch der Schlüssel für die Pension abzuholen war. Extra gewählt: Ente süß-sauer, „zum Gedenken" an viele süß-saure Enten, die ich in den Mittagspausen mit meinem Vorstandskollegen Wolfgang in mehreren Jahren bei „Dr. Wok" verspeist hatte, einem Imbiss im neben der Halleschen Dienststelle gelegenen Supermarkt. Frühstück war im Pensionsangebot nicht vorgesehen. Also machte ich mich auf zum nahen Supermarkt, frühstückte mit Käsebrötchen und Cappuccino und nahm für den Mittagsimbiss ein Schnitzelbrötchen mit. Gegen halb neun brach ich auf. Noch einmal eine Stunde Weg entlang der Hauptstraße. Ab dann ging es endlich über Fahrradwege durch Felder, Wiesen und Dörfer.

In Igling versuchte ich nochmals erfolglos, eine Unterkunft zu bekommen. Also wanderte ich fünf Kilometer weiter zum jungen Wirt der „Sonne" in Erpfting. Am Telefon hatte er einen erfrischenden Eindruck gemacht und etwas von einem Unterstand erzählt, den er mir anstelle eines Zimmers anbieten könnte. Dort hätten kürzlich auch mal einige Radfahrer übernachtet, und die wären ganz zufrieden gewesen. Ich hatte eher so etwas wie eine Gartenlaube vor Augen und sah nun mit gemischten Gefühlen den „Unterstand", der nichts weiter als eine neben der Theke sich befindende überdachte Betonfläche war, auf der aber jetzt noch eine Biergarnitur, besetzt mit einigen betagten Zechern, stand. Ich betrachtete das große geräumige Gasthaus und musste an die Weihnachtsgeschichte denken: „… denn sie hatten sonst keinen Raum in der Herberge!" Bei einsetzendem leichten Nieselregen suchte ich mir ein Plätzchen im Biergarten unter einem Baum, sah der nächtlichen Herausforderung möglichst gleichmütig entgegen und richtete mich an dem Gedanken auf, morgen erstens keinen allzu weiten Weg und zweitens schon ein Zimmer in einem Gasthof in Fuchstal fest gebucht zu haben.

Gegen neunzehn Uhr: Ich saß nun schon zwei Stunden im Biergarten, hatte eine Currywurst mit Pommes gegessen und hielt mich – immer noch bei Regen, der langsam durch die Blätter der Bäume auf mich träufelte – am zweiten großen Bier auf. Als ich es mir geholt hatte, erkundigte sich der junge Mann am Freilufttresen nach meinem Weg und nickte anerkennend: „Hut ab! Wenn ich mir dagegen diese alten Männer hier an den Tischen ansehe, die vor allem Bier trinken und große Reden schwingen!" Die „alten Männer" ließ ich einfach so stehen, nahm mein Bier und setzte mich wieder. Es wurde zunehmend ungemütlich und kühl. Anerkennung hin oder her! Ich fand es inzwischen irgendwie ungehörig, ja regelrecht kaltherzig, dass die jungen Leute, die hier den Gasthausbetrieb stemmten, es nicht unzumutbar fanden, mich ein paar Stunden warten zu lassen, um mich dann auf den Betonfußboden einzuladen. Nach und nach spürte ich immer weniger Lust, vielleicht noch bis gegen elf oder zwölf dort zu sitzen und zu warten, bis der letzte Gast gegangen war. Eigentlich hatte ich schon beim ersten Telefonat – aufgrund der sympathischen Stimme des jungen Wirtes – damit gerechnet, dass ihm spätestens bei meinem Anblick, nämlich dem eines seriösen älteren Herrn, doch eine Bettstatt einfallen würde. Aber dem war nicht so. Vielmehr zeigte er, als wir uns begrüßt hatten, fröhlich auf die Betonecke, versicherte mir, sich noch um eine Isomatte zu kümmern, und verschwand wieder.

Also rief ich gegen sieben in einem kleinen, sich zum Glück noch im Ort befindenden Hotel an und bekam auch ein Zimmer. Duschen, aufs Bett legen, etwas lesen und um elf – denn die Tagesstrecke war doch recht anstrengend gewesen – das Licht löschen und in einen tiefen, traumlosen Schlaf fallen, das war definitiv des bessere Finale des Tages.

FREITAG, 8. JUNI 2018

Erpfting — Fuchstal/Asch (12 km)

Der erste Blick aus dem Fenster überraschte mit einer Seltenheit: bedeckter Himmel am Morgen! Es war klar, dass es eine kurze Etappe werden würde. Also ließ ich mir Zeit beim Frühstück, das üppig war und noch gute Gelegenheit für das Mitnehmen eines Mittagsimbisses bot.

Der vorgeschlagene Weg auf der Via-Romea-Webseite verhieß wieder vor allem Radwege an Landstraßen, den ersten Kilometer sogar direkt auf der Landstraße. Das war nicht lustig, wenn die SUVs bei Gegenverkehr ihre Spur ungebremst hielten und mich, der ich links auf der Straße lief, im Abstand von einem Meter mit Tempo hundert passierten. Also suchte ich nach Feldwegen und fand sie auch. Ohnehin hing von der Wegmarkierung überhaupt nichts ab. Seit Donauwörth hatte ich nichts mehr von der Via Romea gesehen und lief vielmehr auf der ausgeschilderten Via Claudia.

Trotz gemächlichen Tempos war ich schon gegen Mittag in Asch, wo sich in einem etwas außerhalb gelegenen Ortsteil meine Herberge für diese Nacht befand. Vor der Kirche stand eine sonnige Bank, die zur Rast einlud. Aber zuerst wollte ich mir die Kirche ansehen. Auf dem Kirchhof wurde ich von einer schneeweißen Engelsstatue mit goldenen Flügeln, umrahmt von zwei Lebensbäumen, begrüßt. Das war ein wirklich freundlicher Empfang, der sofort die Stimmung hob. So eine Engelsfigur würde jedem Friedhofseingang gut anstehen. Gleich im Eingangsbereich der Kirche befand sich eine Grotte mit einem rastenden Christus darin. Und auch diese Figur hatte eine heitere Komponente, auch wenn sie einen Ausschnitt aus der Passionsgeschichte, nämlich die Kreuztragung darstellte. Hier hatte Jesus das Kreuz hinter sich abgestellt, sich hingesetzt und den Kopf erschöpft in die linke Hand gestützt. Die Figur schien zu denken: „Jetzt muss ich das schwere Ding aber wirklich erst mal abstellen und mich ausruhen!“ Der Schnitzer wusste, was es heißt, ein schweres Holz zu tragen! Und hat das in der Skulptur sehr nah am Leben umgesetzt. Sympathisch! Derart eingestimmt, sang ich ein paar Choräle und ließ dann für eine Weile meine Gedanken schweifen.

Ich war jetzt seit fast vier Wochen auf der Via Romea unterwegs, aber einen anderen Pilger hatte ich auf diesem Weg noch nicht getroffen. So überlaufen der Camino nach Santiago sein soll, so unbekannt scheint dieser Pilgerweg zu sein. Kein Wunder, denn selbst die meisten Einwohner in den Orten, durch die er führte, hatten noch nichts von ihm gehört. Von einer Infrastruktur für Pilger konnte keine Rede sein, von Ausnahmen abgesehen. Das hatte ich so nicht vermutet. Aber letztlich war es mir allemal lieber, als mit einer Pilgerkarawane allabendlich in Massenquartiere einzuziehen. Davon hatten Konrad und Hermann, meine beiden Söhne, die vor vielleicht fünfzehn Jahren den Camino von

St. Jean Pied de Port nach Santiago de Compostela gemeinsam gegangen waren, eindrücklich berichtet. Sie hatten sich schnell entschieden, mit ihren Isomatten und Schlafsäcken lieber im Freien und an der frischen Luft zu übernachten. Und nachdem Bücher über den Camino von Kerkeling, Coelho oder MacLaine das Pilgern noch einmal richtig gehypt haben, sei der Massenandrang noch viel größer, so hört man. Dieses Herbergsmodell, so viel stand fest, faszinierte mich nicht, weder aus Kostengründen noch zur Selbsterfahrung. Dafür war ich definitiv zu alt.

Später auf der Bank vor der Kirche – nach Wasser, Brötchen, Ei und Apfel – nahm ich mir noch eine Stunde Zeit für eine Italienisch-Lektion und brach gegen drei in Richtung Herberge auf. Da überholte mich eine Frau mit einem Fahrrad, blieb vor mir stehen und fragte: „Sie sehen so aus, als seien Sie schon lange unterwegs. Haben Sie nicht Lust auf einen Kaffee oder Espresso? Mein Mann wandert auch oft und er weiß, wie gut ein Kaffee zu rechten Zeit tut!“ Erfreut kehrte ich um. Das Ehepaar hatte im Garten gesessen, Kaffee getrunken und mich offenbar etwas matt wirkend vorbeitappen gesehen. Es waren zwei sehr offene freundliche Menschen. Sie boten mir Wasser, Kaffee und Kuchen an, was ich dankend annahm.

Wir unterhielten uns übers Wandern und Pilgern, über berufliche Wege und über das Leben im Ruhestand. Er war bis vor Kurzem in der Elektrobranche tätig, und sie war seit dreiundzwanzig Jahren Mesnerin in der Kirchgemeinde. Sie staunten anerkennend über mein Vorhaben, so lange unterwegs zu sein, und besonders er meinte, dass er das nicht schaffen würde. Dabei stellte sich bald heraus, dass er auch öfter pilgerte, aber anders: Er lief manchmal bis zu fünfzig Kilometer durch, einen Tag und die halbe Nacht. Die Begründung: Er wolle einfach nicht in einem anderen Bett schlafen und müsse immer wieder nach Hause zurück. Auch nicht schlecht! So eine Distanz würde ich nicht schaffen. Dagegen sei mein tägliches Pensum ein Kinderspiel, erzählte ich ihnen. Nachdem wir uns so gegenseitig bewundert und ermutigt hatten, stand ich nach einer Dreiviertelstunde wieder auf und bedankte mich herzlich für die überraschende, schöne Einladung. Wir wünschten einander Gottes Segen und ich verließ den gastlichen Garten. Als ich eine Weile unterwegs war, fiel mir auf, dass ich vergessen hatte, sie nach ihren Namen zu fragen. Wie dumm!

Gerade noch rechtzeitig erreichte ich das Gasthaus „Zum Blätz", bevor ein krachendes Unwetter losging, und ich war froh, ein Dach über dem Kopf zu haben. Der Wirt war zugewandt und gesprächig, ebenso die Gäste. Nach angeregten Unterhaltungen und Nachfragen über mein Woher und Wohin verabschiedete ich mich gegen zehn auf mein Zimmer.

SAMSTAG, 9. JUNI 2018

Fuchstal/Asch — Schongau (16 km)

Reichlich Frühstück stand beim „Blätz" auf dem Tisch, vor allem eine Halbliterflasche Orangensaft, die ich genüsslich austrank. Auch ein kleiner Mittagsimbiss sprang heraus. Die Wegführung nach der Web-Karte war unübersichtlich. Aber in der Ebene sah ich schon den Kirchturm, auf den ich als Erstes zulaufen konnte. Da der offizielle Weg sich wieder einmal an den Landstraßen orientierte, suchte ich mir zwischen den Feldern bessere Wege. Ein Feuerwehrmann in Denklingen zeigte mir eine Route direkt an den Schienen in Richtung Hohenfurch, was sich als sehr praktisch und gut zu laufen erwies. Immer schön auf Feld- und Waldwegen links und rechts vom Schienenstrang. In Hohenfurch bog der Weg auf einen Radweg durch ein Seitental ab.

Hier traf ich zum ersten Mal eine Pilgerin, die auch auf der Via Romea unterwegs war, allerdings in die andere Richtung. Aber immerhin! Gudrun stammte eigentlich aus Dresden, hatte aber in den langen Jahren, die sie schon in München lebte, ihren sächsischen Dialekt verloren. Sie arbeitete bei einer Bank und war dort in leitender Funktion, bis sie an den Rand eines Burnout gekommen war. Jetzt hatte sie sich eine Auszeit von zwei Monaten genommen, war in Innsbruck gestartet und wollte die Via Romea durch die Orte gehen, die auch Bischof Albert seinerzeit auf seinem Rückweg von Rom nach Stade genommen hatte. Am Ende des Weges hoffte sie, sich klar zu sein über ihre weitere berufliche Zukunft, ob sie an ihrer Arbeitsstelle bleiben könnte und was sie dafür ändern müsste. Oder ob es etwas ganz Neues sein müsse. Sie hatte also ein Thema, das sie bearbeiten konnte, und für sich eine Aufgabe, die sie lösen wollte. Sie war überrascht, dass der Status als Pilgerin auf dem Weg und in den Unterkünften kaum zur Kenntnis genommen wurde und eigentlich keine Rolle spielte, vielmehr die Leute verwundert oder verständnislos waren, dass sie als Frau allein unterwegs war. Ich musste ihr leider bestätigen, dass sich dieses allgemeine Desinteresse am Pilgern auf dem Weg, den ich bisher unterwegs war, auch nicht grundsätzlich ändern würde, es aber immer wieder Lichtblicke gab. Wir tauschten uns über entsprechende Herbergen aus und marschierten dann nach guten Wünschen und mit einem „Guten Weg!" weiter.

Aus einem kleinen Wäldchen kommend, sah ich plötzlich, noch im Dunst, das erste Mal die Alpensilhouette vor mir. Was für ein Anblick! Den Alpen würde ich nun Tag für Tag und Schritt für Schritt immer näher kommen!

SONNTAG, 10. JUNI 2018

Schongau — Rottenbuch (14 km)

Gutes Rührei mit Speck in der „Traube" und alle Sorten Fruchtsaft zum Durchprobieren – ein Fest! Schon am Morgen hatte ich einen Riesendurst und hätte am liebsten alle Flaschen ausgetrunken. Schongau lag oberhalb des Lech. Ich verließ die Stadt abwärts, um nach der Durchquerung einer Chemiefabrik – da führte der Weg tatsächlich durch ein Betriebsgelände – den steilen Schlossberg zu erklimmen und dabei massiv ins Schwitzen zu kommen. Landschaftlich begann es jetzt, hügeliger zu werden. In der Ferne tauchten immer mal wieder die Berge auf und auf den näheren Hügeln standen überall Kirchen und Kapellen. Zum ersten Mal traf ich wieder Markierungen der Via Romea, die den Weg gut kennzeichneten und nach denen sich laufen ließ, jedenfalls bis Rottenbuch. Dieses kleine, verschlafene Städtchen wurde früher von einem Kloster dominiert, von dem zumindest noch die Kirche und einige stattliche Nebengebäude vorhanden sind. Die Augustinerkirche war geradezu überbordend ausgestattet, an der Decke und an den Seiten und überall. Zum Beispiel mit einer üppig verzierten Kanzel, an deren Bauch die lebensgroßen Evangelisten Lukas (mit dem Stier als Attribut) und Johannes (mit Adler) an die Predigt von Gottes reinem Wort gemahnten. Ob diese wuchtige Ausstattung für die Predigt förderlich ist oder ob der Prediger eher von ihr erschlagen wird, blieb für mich jedenfalls eine offene Frage. Die Akustik jedoch war großartig. Ich sang zwei Choräle, bis eine Besuchergruppe lärmend hereinkam, und machte mich dann auf den Weg in meine Pension „Martina's place“ gleich um die Ecke. Martina war zwar gerade nicht zu Hause, sondern auf irgendeinem Seminar, aber Bernd, der langhaarige unkonventionelle Hausherr, begrüßte mich herzlich und zeigte mir mein schönes Zimmer. Wir kamen später im Garten sitzend ins Gespräch und er empfahl mir für den nächsten Tag in Saulgrub zum Übernachten das „Bayerische Paradies“. Sie wären dort einmal zum Heiligen Abend gewesen und hätten wirklich gute Erinnerungen an das Haus. Aber irgendwie sei es auch etwas Kirchliches gewesen, manche meinten sogar, es würde von einer Sekte betrieben. Ihn würde jedenfalls interessieren, ob ich, falls ich dort unterkäme, ihm noch etwas Genaueres sagen könnte. Dann könne er es auch noch mit einem besseren Gefühl weiter empfehlen. Aber er glaube nicht, dass ich enttäuscht würde.

5. WOCHE

11.–17. Juni 2018

Von Rottenbuch nach Innsbruck

MONTAG, 11. JUNI 2018

Rottenbuch — Saulgrub (13 km)

Der Weg war wieder gut ausgeschildert. Die ersten zwei Kilometer gemeinsam mit dem Jakobsweg und die Hügel hinauf. Dann über einen schönen Kammweg mit Bergpanorama über die erste Alm, die Käsealm, und wieder hinunter zur Brücke über das Ammertal. Ich lief nach Bad Bayersoien mit dem Ziel, im in der Nähe gelegenen See zu schwimmen. Bei schönstem Sonnenschein – es war kaum zu glauben, wie viele Schönwettertage ich in den vergangenen vier Wochen hatte – warf ich mich ins Wasser. Ich blieb dort knappe zwei Stunden auf der Liegewiese, mit Mittagsimbiss, Zeitungslektüre und Sonnenbaden.

Dann zog doch tatsächlich gegen fünzehn Uhr ein Gewitter auf, von dem ich hoffte, dass es hier nicht niedergehen würde. Dementsprechend machte ich mich auf zu den letzten fünf Kilometern nach Saulgrub. In einem Waldstück ereilte mich das Gewitter doch. Es regnete heftig, die Blitze waren aber nicht allzu nah und blieben ungefährlich. Zum Glück! Bereits bei schon wieder heiterem Himmel kam ich in meiner Unterkunft „Zum Bayerischen Paradies“ an. Nach einer sehr freundlichen Begrüßung wurde mir mein Zimmer gezeigt, das sich als einfach, aber sehr gediegen herausstellte. Das Personal sorgte für eine gastfreundliche Atmosphäre und war sehr kommunikativ, ohne aufdringlich zu sein. Und sie hatten eine ausgezeichnete Köchin: Die abendliche Schüssel Gulaschsuppe, geschärft mit Chilipaste, war ein Gedicht!

Fuchstal/
Asch
Deutschland
Schongau
Lech
Rottenbuch
Saulgrub
Forgensee
Oberammergau
Garmisch-Partenkirchen
Mittenwald
Seefeld
Innsbruck
Österreich
Pfons/Matrei
Gries am Brenner
Eisack
Italien
Stilfes

Beim Kellner erkundigte ich mich, auch weil mir verschiedene Spendenflyer in die Hände gefallen waren, nach der Ausrichtung des Hauses. Gerne erzählte er: Der Betreiber des Hauses sei ein privates, christlich orientiertes Missionswerk. Die vier ständigen Mitarbeitenden, natürlich gab es noch andere, leben und arbeiten in einer Art Kommunität. Das heißt, sie sorgen für die Wirtschaftlichkeit des Hauses, machen Überschüsse für Missionsprojekte in Afrika, erarbeiten für sich alles in eine gemeinsame Kasse und beraten dann, wer was persönlich braucht. Dieser spirituelle und gemeinschaftliche Hintergrund kam jedenfalls, das war eindeutig zu spüren, bei den Gästen und in der Hausatmosphäre positiv zum Tragen. Also meldete ich meine positiven Eindrücke und Erkundigungen per SMS zurück an Bernd zur Empfehlung für die nach mir kommenden Pilger.

DIENSTAG, 12. JUNI 2018

Saulgrub — Oberammergau (10 km)

Nach einem sehr guten Frühstück im „Bayerischen Paradies“ und der ungewöhnlichen, ausdrücklichen Aufforderung, Proviant für den Tag zusätzlich einzupacken, machte ich mich auf den Weg nach Oberammergau. Ich hatte mir Zeit gelassen, ausgiebig Zeitung gelesen und mit dem Kellner geplaudert. Es stellte sich heraus, dass er in Jena geboren war, einen indischen Vater und eine deutsche Mutter hatte, aber Jena schon mit drei Jahren – also vielleicht vor fünfzig Jahren – verlassen hatte. Immerhin gehörte er zu den wenigen, die in Bayern den Ort Eisenach genau einordnen konnten.

So trödelte ich ein wenig, weil klar war, dass heute eine viel zu kurze Etappe anstand, nur zehn Kilometer. Vermutlich würde ich schon gegen Mittag dort sein. Aber ich wollte natürlich Station in Oberammergau machen und nicht nur einfach durchlaufen. Schon allein deshalb, weil der Jux-Kanon „Heut’ kommt der Hans zu mir!“ bereits im zarten Knabenalter zu meinem festen Liederrepertoire gehört hatte. Aber die lebenslange Rätselfrage für die Lies, wo er denn nun herkommt, ob über Unterammergau oder über Oberammergau, löste sich auch für mich nicht. Denn die Orte liegen im Tal hintereinander. Wenn man in keinem von beiden Orten wohnt, muss man so oder so immer durch beide durch. Aber wer weiß, wo die Lies gewohnt hat? Vielleicht irgendwo in den Bergen links oder rechts vom Tal. Am wahrscheinlichsten ist es, dachte ich dann, dass der Hans überhaupt nicht da hochgeklettert ist! Wenn er schlau war!

Trotz all dieser schwerwiegenden Überlegungen hatte ich nebenbei die Unterkunftsfrage noch optimiert. Am Vorabend telefonierte ich nämlich, nach der Ankunft in Saulgrub, verschiedene Pensionen ab. Aber ich war nun in einer echten Urlaubsregion. Die einen waren ausgebucht, die anderen hatten keine Lust, einen einzelnen Wanderer für nur eine Nacht aufzunehmen und die Letzten boten mir schließlich ein Doppelzimmer zum Preis eines Doppelzimmers an. Ich willigte mürrisch ein, fand das aber doch ziemlich unverschämt. Am Morgen fiel mir ein, dass Oberammergau auch eine Jugendherberge hatte. Ich rief nach dem Frühstück an und bekam ein Bett, allerdings – so sagte die freundliche Dame am Telefon – in einem Sechsbettzimmer! Und im Übrigen sei die ganze Jugendherberge mit Schulklassen voll. Ob ich mir das denn zutraute? Ich gab mich ganz lässig, würde da überhaupt keine Probleme haben und war einverstanden. Dann sagte ich umgehend das Doppelzimmer in der Pension ab. Unterwegs beim Gehen versuchte ich mich mit dem Gedanken anzufreunden, für eine Nacht mit aufgedrehten Sechstklässlern das Zimmer zu teilen …

Der Weg verlief ganz idyllisch durch das Ammertal, und ich war tatsächlich, bei aller absichtlichen Entschleunigung, gegen dreizehn Uhr angekommen. Als Erstes stolperte ich geradezu über das Passionstheater, die Spielstätte der Passionsspiele. Eine Besichtigung war nur im Rahmen einer Führung möglich. Das interessierte mich. Die nächste Führung begann vierzehn Uhr. Also hatte ich noch etwas Zeit und bummelte ein wenig durch das Zentrum des Touristendorfes. Dabei kam ich auch an der kleinen evangelischen Kirche vorbei. Im Schaukasten wurde auf eine Veranstaltung zum Thema „Gastfreundschaft“ hingewiesen, die allerdings erst in der kommenden Woche sein sollte. Heute wäre ich bestimmt hingegangen. Kurz hatte ich den Gedanken, mal beim Pfarrer nach einer Übernachtung zu fragen und zu sehen, ob für die Gemeinde Pilgeranfragen auch unter dem Aspekt der „Gastfreundschaft“ verhandelt würden. Aber ich unterließ es und ging lieber in die Kirche. Die war innen sehr frisch und modern, aber für eine lutherische Kirche überaus reduziert gestaltet. Selbst in einer reformierten Kirche liegt in der Regel eine Bibel auf dem Altar. Aber hier gab es nichts! Auch kein Kreuz, keine Kerze, keine Blume, kein Bild! Im matt erleuchteten kleinen Kirchenschiff stehend, blickte ich auf einen spitzbogigen Chorraum, der innen weiß gestrichen war. Auf einem grauen glatten Fußboden stand in der Mitte ein dunkler Altar in der Form eines quadratischen Blocks. Ohne Antependium! Als einziger „Schmuck" fanden sich im Kirchenschiff einige kleine, spitzbogige, farbige Glasfenster. Zunächst überlegte ich, ob hier vielleicht Bauarbeiten im Gange gewesen waren, man alles Inventar rausgetragen hatte und bald die Wiedereinweihung anstünde. Aber die schönen hellen Kirchenbänke und das Regal mit Gesangbüchern machten den Eindruck, als fänden hier ganz normal Gottesdienste statt. Vielleicht war das sogar eine bewusste Reaktion auf barock überladene Kirchen wie in Rottenbuch und anderswo in bayerischen Wallfahrtsorten, zu denen die Evangelischen in Oberammergau ein richtiges Kontrastprogramm lieferten. Mich sprach der schlichte Raum jedenfalls sehr an. Ich griff mir ein Gesangbuch und sang zwanzig Minuten lang mehrere Choräle.

Dann machte ich mich auf, um pünktlich zur Führung durch Theaterraum, Bühne und Requisiten zur Stelle zu sein. Der große Zuschauerraum und die zum Himmel hin halb offene Bühne waren eine große Baustelle. Denn schon warfen die nächsten Spiele ihre Schatten voraus. Alle zehn Jahre, immer in den runden Jahrzehnten, das nächste Mal also 2020, herrscht in Oberammergau dann der Ausnahmezustand. Die Männer lassen sich die Bärte wachsen, die Frauen die Haare, und die Aufführungen ziehen dann Besucher aus aller Welt an. Der Kartenvorverkauf, so legte uns die Fremdenführerin ans Herz, würde schon im Frühjahr 2019 beginnen!

Am Ende der Führung, gegen drei, brach beim Verlassen des Passionstheaters ein heftiges Gewitter los. Nun war es wieder gut, dass heute kein längerer Weg anstand, denn das Gewitter mit kräftigem Regen dauerte gut anderthalb Stunden, die ich gut geschützt unter einem Dach am Theater verbrachte.

Gegen fünf, der Regen war vorerst vorbei, suchte ich die Jugendherberge auf und bekam ein Sechsbettzimmer, aber – o Wunder – nur für mich! Ein schönes, geräumiges Zimmer mit Blick auf die gegenüberliegenden Berge! Wer sagt's denn! Und dazu zum Preis von sechs Euro ein üppiges Abendessen mit großem Salatteller, zwei Schnitzeln (der das Essen ausgebende Koch drängte mir das zweite förmlich auf) und Obst-Dessert. So einen vollen Magen mit so gutem Essen für so wenig Geld hatte ich lange nicht!

MITTWOCH, 13. JUNI 2018

Oberammergau — Garmisch-Partenkirchen (19 km)

Der morgendliche Blick aus dem Fenster ließ erkennen, was das für ein Wandertag werden würde: ein verregneter! Offenbar schon seit ein paar Stunden hatte es sich eingeregnet und der Himmel erweckte nicht den Anschein von Veränderungsbereitschaft. Aber ich war auch für dieses Wetter gut ausgestattet und widmete mich erstmal dem Frühstück, bei dem es an nichts mangelte. Ich machte mir zwei gut belegte Brote für die Mittagspause, nahm Äpfel und Pfirsiche mit, beglich meine Schulden und zog los.

Der Weg war einfach, immer am Fluss entlang, über die Ettaler Mühle zum Kloster! Im Klosterhof und in der Klosterkirche machte ich eine kleine Stippvisite. Auf die aktuelle bayerische Landesausstellung mit dem Titel „Mythos Bayern", die dort zu sehen war und die sich mit Sicherheit wieder lang und breit über den menschenscheuen, dem Bauwahn verfallenen und auf mysteriöse Weise umgekommenen König Ludwig auslassen würde, hatte ich überhaupt keine Lust. Die bayerischen Landeskinder dagegen scheinen bis heute, so deutete ich jedenfalls den Andrang an der Kasse, von seiner Person fasziniert zu sein.

Bald nach dem Kloster ging ich einen steilen Kiesweg abwärts, den schon – wie Ausstellungstafeln am Wegesrand informierten – Martin Luther gegangen sein soll und der wegen seines Gefälles beziehungsweise seiner Steigung vor Jahrhunderten die Fuhrleute schon das Fürchten gelehrt hatte. Auch für mich war der Abstieg bei starkem Regen und geröllligem Untergrund kein Vergnügen. Dann unten, am Ufer der durch den Regen stark angestiegenen Loisach, bog ich in Richtung Garmisch ab. Bis auf ein paar durchnässte Radfahrer, die mich hastig überholten, war außer mir niemand unterwegs. Aber das störte mich nicht. Ich war schon als Kind gerne im Regen draußen und galt in der Nachbarschaft als besonders regenfest. Man nannte mich eine Zeit lang „das Wettermännchen". Erst als ich einmal verschlammt und völlig durchnässt nach Hause kam, zu allem Überfluss mit nur noch einem Gummistiefel am Fuß, weil der andere im Acker stecken geblieben war, machte meine Mutter ein ziemliches Fass auf. Danach achtete ich immerhin etwas mehr darauf, wo ich meine Wege bei Regen suchte. Ein frisch geackertes Feld war jedenfalls nicht mehr erste Wahl. Aber die Lust am einsamen Herumstreifen im strömenden Regen war auch später noch ungebrochen.

So erreichte ich wiederum recht zeitig, ich hatte keine große Pause gemacht, gegen halb vier das Tagesziel Jugendherberge. Diese befand sich allerdings schon zwei Kilometer vor Garmisch, in dem Dörfchen Burgrain. Bei besserem Wetter wäre ich vielleicht noch in die Stadt gegangen. Aber so war es ratsamer, die Utensilien, vor allem die Schuhe, zu trocknen, die von außen sehr nass waren, aber mich trockenen Fußes durch den Tag gebracht hatten.

Am Abend war ich wieder erstaunt über das reichhaltige, definitiv gesunde und ausgezeichnet schmeckende Angebot am Abendbüfett. Zweifellos gehört das Thema „gesunde Ernährung" zum Profil der Jugendherbergen. Da ein großer Teil der Kinder und Jugendlichen durch Fastfood, süße Limonade und zu wenig Bewegung übergewichtig ist und dann bei Klassenfahrten und Freizeiten hier auftaucht, machte es auf jeden Fall Sinn, Impulse für eine bessere Ernährung zu geben.

DONNERSTAG, 14. JUNI 2018

Garmisch-Partenkirchen — Mittenwald (19 km)

Nach zeitigem Frühstück in der Jugendherberge fuhr ich aus Zeitgründen mit dem Bus in die Stadt. Ich musste noch zur Sparkasse! Und, o Wunder, die EC-Karte war da! Das bedeutete nun eine gewisse Entspannung! Gut gelaunt fuhr ich mit einem Bus, da ich von der Jugendherberge für den ganzen Tag einen Freifahrtschein bekommen hatte, weiter zum Skistadion und bestaunte die Sprungschanzen. Das war nicht einmal ein Umweg, denn so war ich praktisch schon am richtigen Ausgang von Garmisch angelangt und konnte von dort gleich losgehen. Ich hatte gesehen, dass die ersten zehn Kilometer bis Klais ausschließlich neben der Straße verliefen. Zudem ging es langsam und stetig bergauf. Da es nicht zu heiß war und auch nicht regnete, trug ich es mit Gleichmut.

Schon im Bus und dann noch im Skistadion hatte ich mich mit einem älteren Ehepaar aus Florida unterhalten, die schon seit Jahren in diese Stadt kamen. Am Weg dann plauderte ich länger mit einer Bäuerin, die gerade ansetzte, mit der Sense neben dem Haus Gras zu mähen. Und in Klais, als ich etwas unschlüssig über die weitere Wegführung herumstand, sprach mich ein württembergisches Ehepaar an und wir tauschten uns über weitere Wanderpläne aus. Ich hatte heute den Eindruck, dass die Menschen in den Bergen und je südlicher ich kam, kommunikativer wurden.

Das zweite Stück des Weges entschädigte landschaftlich für die erste eher unschöne Strecke an der Straße. Nun ging es über hügelige Almen und Wege, die immer einen schönen Blick auf die Berge und in die Ferne boten. Ein Weg zum Genießen!

Kurz vor Mittenwald kam ich mit einem jungen Mann, der mich am Morgen überholt hatte, ins Gespräch. Er war seit einiger Zeit mit Fahrrad, Anhänger und dreijähriger Tochter unterwegs und schwärmte von diesem Leben. Sie wollten noch bis Bozen fahren und wir waren überzeugt, dass wir uns noch einmal treffen würden.

Ich kam gegen sechzehn Uhr in meiner Pension an und bezog mein Kämmerchen. Zum Fußball-WM-Auftakt kam ich pünktlich in eine Kneipe und sah den schmeichelhaften Kantersieg der Russen gegen die Saudis.

Bevor ich zum Fußball gegangen war, hatte ich noch die nächsten Übernachtungen in Seefeld und Innsbruck geregelt. Auf einer ganz neuen, österreichischen Website der Via Romea war für Seefeld ausdrücklich das katholische Pfarramt als Ansprechpartner benannt. Also rief ich an. Die Sekretärin stutzte: „Also da weiß ich nicht, wie ich Ihnen helfen soll! Eine Pilgerherberge haben wir ja nicht. Und außerdem ist der Pfarrer heute gar nicht da. Den ganzen Tag nicht!“ Das kam mir sehr bekannt vor. Es scheint ein grundsätzliches Kommunikationsproblem zwischen den Betreibern der Websites und den vermeintlichen Partnern zu geben. Ich fragte bei der Sekretärin nach: „Können Sie mir denn eine gute und nicht so teure Pension empfehlen?" „Ja, das kann ich. Rufen Sie doch bei der Familie Dietrich an und sagen Sie, dass ich Sie empfohlen habe." Das tat ich und es klappte, für fünfundvierzig Euro inklusive Frühstück.

Für Innsbruck war es komplizierter, zumal es um das Wochenende ging. Die Jugendherberge war ausgebucht, das Pilgerhotel hatte eine Tagung und kein einziges Bett mehr frei. So kam ich in der katholischen Bildungsstätte „Haus der Begegnungen" unter, und zwar für zwei Nächte. Denn in Innsbruck wollte ich wieder einen Ruhetag einlegen.

FREITAG, 15. JUNI 2018

Mittenwald — Seefeld (17 km)

Nach einem überraschend guten Frühstück in der preiswerten Pension „Alpenhof", in der ich aber auch mehr oder weniger in einer Abstellkammer geschlafen hatte, machte ich mich auf den Weg durchs Isartal in Richtung Scharnitz. Er führte durch schöne, mit Bäumen bestandene Weiden, die auch – wie Vorsicht gemahnende Schilder sagten – bewirtschaftet beziehungsweise beweidet wurden. Ich betrat also eine mit Stromzaun begrenzte Weide und sah schon in etwa hundert Meter Entfernung die Kühe grasen. Vor mir fuhren Radfahrer, die mich gerade überholt hatten, an der am Weg lagernden Kuhherde unbehelligt vorbei. Ich ging möglichst teilnahmslos hinterher und schaute nicht zu den Kühen, und zwar mit aller Anstrengung. In den vergangenen Jahren hatte ich nämlich beim Wandern mehrmals erlebt, wie Kühe auf mich zugestürmt waren, wenn ich an einer Herde vorbeiging. Und wenn wir vereinzelt und im Abstand liefen, hatten sie es immer auf mich abgesehen. Ob Kühe Probleme mit bärtigen Männern haben und gleich durchdrehen, wenn sie einen sehen? Zum Glück waren sie bisher jedes Mal hinter einem Zaun gewesen. Merkwürdig genug war es trotzdem. Und auch etwas beängstigend! Denn es war immer wieder mal zu hören oder zu lesen, dass Wanderer von Kuhherden verletzt oder gar getötet wurden. Und nun musste ich ohne Schutz und Zaun, aber mit Bart, mittendurch! Mir war ziemlich mulmig. Von Hunden heißt es ja, sie wittern die Angst und den Angstschweiß bei Menschen! Gibt's so was auch bei Kühen? Wie auch immer: mutig voran!

Und dann passierte es: Eine Kuh gab tiefe, röhrende Laute von sich und begann aus einer Entfernung von vielleicht fünfzig Metern sich massig in Bewegung zu setzen und schnell und schneller auf mich zuzutraben. Drei, vier andere schlossen sich an. Ich war völlig perplex und blieb für einen Moment wie angewurzelt stehen. „Das will ich jetzt nicht glauben", schoss mir durch den Kopf. Mir schlug gleich das Herz bis zum Halse. Ich griff in meine Hosentasche und nahm das Pfefferspray, das ich eigentlich zur Verteidigung gegen freilaufende Hunde dabei hatte, einsatzbereit in die Hand. Und gleichzeitig sprintete ich, wohlgemerkt mit Rucksack, zu meiner eigenen Überraschung ziemlich flott zum nicht weit entfernten gegenüberliegenden Hang und über Geröll einige Meter hoch hinter einen Busch. Die Kühe kamen hinterher und blieben dann vier, fünf Meter von mir entfernt am Fuß des Hanges stehen.

Ich redete auf sie, und vermutlich auch auf mich, beruhigend ein. Beute konnte ich ja für die alten Wiederkäuer nicht sein. Kühe seien sehr neugierige Tiere, hatte ich mal gehört, und das wäre der Grund, warum sie manchmal so auf Fremde reagieren. Aber was ist, wenn sie einen vor lauter Neugier mit ihrer Masse und ihren Hörnern anrempeln? Das würde nicht gut ausgehen. Immerhin blieben sie auf Distanz, und ich konnte mein Pfefferspray wieder wegstecken. Vielleicht besser so! Wer weiß, was für ein Desaster das Ansprühen ausgelöst hätte. Anders als Hunde, die dann jaulen und mit eingezogenem Schwanz das Weite suchen würden, könnte so eine Kuh unberechenbar in Panik losrennen und um sich treten und so erst recht gefährlich werden …

Zum Glück kam nach fünf Minuten, die Kühe und ich hatten sich bisher nicht vom Fleck gerührt, der Bauer aus der gegenüberliegenden Scheune, winkte mir zu und rief, ich solle einfach losgehen – an den Kühen vorbei. Nach einigem Zögern wagte ich es, passierte langsam die Anführer-Kuh, die dann genauso langsam im Abstand von ungefähr einem halben Meter und immer in Fühlweite, hinter mir herging. Ich steuerte erst mal schutzsuchend auf den Bauern zu und gestand ihm, dass mir schon das Herz in die Hose gerutscht war, als die Kühe auf mich zu galoppierten. Das verstand er. Auf meine Frage, was denn die richtige Verhaltensweise in solch einer Situation sei, meinte er: „Stehen bleiben! Nur stehen bleiben!" Ich war mir nicht sicher, ob das so funktionieren könnte und ob, wenn ich stehen bliebe, die Kühe auch stehen bleiben würden.

Diese Kühe hier waren nach meiner Überzeugung nur stehen geblieben, weil sie den Geröllhang nicht hochgekommen waren. Egal! Ich ging den Weg weiter, noch mindestens zwanzig Meter unter enger Begleitung dieser blöden Kuh, und war mürrisch-gespannt, wie viele solche Mutproben mir noch bevorstehen würden.

Die zweite Hälfte des Tagesweges war, im Unterschied zur bisherigen, näher an den Verkehrswegen. Ab Scharnitz lief ich eine Weile am Schienenstrang entlang. Und schließlich zuletzt sehr angenehm am waldigen Halbhang, ohne allzu große Steigungen. Angekommen im Garni-Hotel Dietrich, das mir die hiesige Pfarramtssekretärin empfohlen hatte, gab mir die Wirtin, als sie sah, dass ich schon länger unterwegs war, nicht das eigentlich vorgesehene kleine Zimmer im zweiten Stock, sondern im ersten Stock ein schönes geräumiges Zimmer mit großem abendlichen Sonnenbalkon, aber zum verabredeten Preis. Ich ging noch einmal in die Stadt, die nur aus Hotels, Pensionen und Ferienwohnungen zu bestehen schien, kaufte mir in einem Supermarkt etwas Essen und Trinken und verbrachte den Abend entspannt auf dem Balkon!

SAMSTAG, 16. JUNI 2018

Seefeld — Innsbruck (26 km)

Kurz bevor ich gestern Nachmittag angekommen war, hatte ich mir zu meinem großen Ärger im Wald an einem Ast ein Loch in mein geliebtes Merino-Shirt gerissen. Frau Dietrich, meine liebenswürdige Wirtin, riet mir daraufhin, im Kaufhaus einen aufbügelbaren Flicken zu kaufen. Das hatte ich gemacht. Und während ich heute frühstückte, reparierte das Zimmermädchen die schadhafte Stelle. Beim Bezahlen legte ich noch zehn Euro für das Zimmermädchen drauf mit einem Gruß und als Dankeschön, was Frau Dietrich erfreute und sie gerne weitergeben wollte. Wir tauschten beim Abschied Segensworte aus, ich ging wieder gut gerüstet und zufrieden auf die Straße und war schnell heraus aus dem kleinen Städtchen.

Ich wählte nicht den vorgeschlagenen Weg an der Bundesstraße, sondern nahm die Alternative durch Wald und Wiesen. Allerdings gab es auf einmal wieder eine eingezäunte Weide mit Kühen. Oh nein! Nicht das schon wieder! Recht bald sah ich aber, dass sie anders drauf waren als die vorherigen. Sie waren offenbar noch müde, lagen nur am Weg herum und drehten bestenfalls die Köpfe. Ich hatte mich seelisch und moralisch schon auf einen neuen „Test“ eingestellt, war aber dann doch sehr froh, dass alles entspannt blieb.

Die erste Hälfte des Tages ging es durch schöne Täler und auf Hangwegen insgesamt gut sechshundertfünfzig Höhenmeter bergab, mit schönen Blicken auf Bergketten, das Inntal und auf Zirl. Dort hinten, zwischen den Bergen, lag nun also Innsbruck. Bis hierher hatte ich immer im Kopf: nur nicht den Mund zu voll nehmen mit meinem Wanderziel! Wer weiß, ob noch etwas dazwischenkommt. Lass mich erst mal nach Innsbruck kommen. Wenn das geschafft ist, dann ist Italien am Horizont und dann sind die Würfel gefallen. Und jetzt musste ich nur noch den Talhang hinabsteigen zum Inn und zur Stadt hingehen! Das war das erste richtige Zwischenziel!

Die zweite Hälfte des heutigen Weges verlief auf dem Inntalradweg. Der führte am Fluss und an der lärmenden Autobahn entlang, dann am Flugplatz vorbei, wo die landenden Flieger schon so tief sind, dass sie den Radfahrern fast die Haare streifen, und dann bis hinein in die Innenstadt. Meine Unterkunft, das „Haus der Begegnungen“, war leicht zu finden, da es auch am Fluss lag. Ich bekam für die nächsten zwei Tage ein sehr schönes Zimmer mit Blick auf die Berge.

Ein kleiner abendlicher Rundgang durch die Innenstadt machte Vergnügen, da in der schönen Altstadt ein buntes Treiben von Musikern, Artisten und Menschen aus aller Welt herrschte. Das Beste aber war, dass ich beim Aufsuchen eines Buchladens auf die vage Frage nach Kartenmaterial für Norditalien und der kurzen Andeutung, welchen Weg ich gehen wollte, vom Verkäufer auf einen Guide hingewiesen wurde, der genau meine Strecke beschrieb: „Der Pilgerweg nach Rom: Auf der Brennerroute über Padua und Assisi“ von Ferdinand Treml in der überarbeiteten Fassung von 2018! Und Startpunkt seines Weges war Innsbruck. Treml führte von hier aus die Via Romea auf neuen Strecken weiter und verknüpfte sie mit dem Antoniusweg über Padua und dem Franziskusweg über Florenz nach Assisi. Was wollte ich mehr? Nun sah ich zum ersten Mal konkret, wie mein gesamter Weg verlaufen könnte.

Noch am Abend vertiefte ich mich in die Lektüre. Die Gesamtstrecke war sehr übersichtlich in Tagesabschnitte unterteilt. In allen Orten unterwegs waren Adressen und aktuelle Telefonnummern für Unterkünfte angegeben. Auch Hinweise auf die wichtigsten Sehenswürdigkeiten gab es und natürlich Hintergründe zu historischen Personen und Orten. Anhand der einzelnen Etappenorte konnte ich nun endlich einen genaueren Zeitplan machen und die Tage abzählen, die ich bis Assisi brauchte. Selbst mit einigen Ruhetagen würde ich also, so Gott will, spätestens Ende Juli ankommen.

SONNTAG, 17. JUNI 2018

Ruhetag in Innsbruck

Nicht weit entfernt von meiner Unterkunft befand sich die evangelische Christuskirche. Also ging ich morgens in den Gottesdienst. Die Pfarrerin predigte über Schuhe, kleine und große, Babyschuhe und Wanderschuhe, die sie auf das Pult stellte beziehungsweise hochhielt. Anlass dafür waren Jubiläen, die in dieser Gemeinde offenbar besonders hervorgehoben wurden: vom zehnjährigen Taufjubiläum bis hin zu runden Geburtstagen aller Altersgruppen.

Ich konnte gut zuhören und mir dabei meine eigenen Gedanken machen. Zum Beispiel hatte ich in den letzten Wochen beinahe ein inniges, ja zärtliches Verhältnis zu meinen Füßen bekommen. Nach jedem Duschen balsamierte ich sie sorgfältig mit meiner ätherischen Pferdesalbe ein und freute mich, dass sie mich bisher nicht im Stich gelassen hatten. Und ja, das Unterwegssein war etwas Glauben Stärkendes! Ich merkte, wie es mir gut tat, allein in Kirchen zu sitzen, zu beten und zu singen. Es erfüllte mich geradezu mit Ruhe und Zuversicht.

Nach dem Gottesdienst war noch Kirchenkaffee und Sektempfang. Ich stand etwas abseits und betrachtete vielleicht zehn Minuten lang die sich begrüßenden und schnell in Gespräche kommenden Gemeindeglieder, natürlich mit der leisen Hoffnung, von jemandem angesprochen zu werden. Aber ich stellte fest, dass zu einem abseits Stehenden niemand kommt, abgesehen von einigen rumänischen Bettlern, die der Gemeinde offenbar ziemlich zusetzten. Kurz vor dem Ende des Gottesdienstes hatte der zweite mitwirkende Pfarrer ausführlich über den derzeitigen Umgang mit den Bettlern berichtet. Mit sorgsam gesetzten Worten, jedoch ziemlich klar, dabei weder unsympathisch noch abfällig. Aber entgegen aller Vorgaben mischten sie sich doch unter die Leute beim Sektempfang und sprachen sie an. Im Garten stand eine Bank, auf die ich mich kaum gesetzt hatte, als sich ein Mann mittleren Alters gleich neben mich platzierte und sich erkundigte, woher ich käme. Für einen Moment dachte ich, es würde ihn wirklich interessieren. Aber noch während meiner Antwort fragte er mich, ob ich nicht etwas Geld dabei hätte. Diese vordergründige, verzweckte Freundlichkeit, für die das Gegenüber völlig unwichtig und austauschbar war, ödete mich jetzt an. „Nein“, bellte ich ihn laut und schroff an, so dass er erschrocken zurückwich und auf stand.

Ich ging dann heran an die herumstehenden Gruppen aus der Gemeinde und kam mit einer fünfzigjährigen Jubilarin ins Gespräch. Sie hatte eine Rose aus dem Gottesdienst in der Hand und sagte gottlob selbst ihr „Jubiläums“-Alter. Wir kamen nach kurzer Vorstellung sehr intensiv ins Reden und sie erzählte über Burnout, Krankenstand, Gehirnbluten und ähnliche Katastrophen in ihrem Leben. Zurzeit hatte sie eine Klage gegen das Arbeitsamt am Laufen, das ihr das Krankengeld streichen wollte. So richtige Jubiläumsstimmung kam da bei ihr nicht auf. Und bei mir auch nicht. Ich schaute mich noch mal nach anderen Gesprächspartnern um, auch nach den Pfarrern. Aber alle waren intensiv miteinander im Gespräch. Vielleicht war es auch ein abwegiger Gedanke, dass Gemeindemitglieder oder Pfarrer zu Fremden, die nur einmal zu Gottesdienst und Kirchenkaffee kommen, ein paar freundliche Begrüßungsworte sagen oder sich irgendwie für sie interessieren. Ich spürte jedenfalls, dass mir so etwas gutgetan hätte. So verabschiedete ich mich so unbemerkt, wie ich gekommen war, und ging.

Am Nachmittag spazierte ich noch etwas im schönen, in der Nähe gelegenen Hofgarten herum. Ging dann zum Public Viewing am Ufer des Inn und musste die schmähliche und verdiente Niederlage der deutschen Mannschaft gegen Mexiko miterleben. Und das auch noch unmittelbar in der Nähe einer kleinen Gruppe mexikanischer Studenten, die immer lauter und begeisterter jubelten, Fahnen schwenkten und sangen. Höchststrafe! Das wird das Andenken an Innsbruck für immer eintrüben!

6. WOCHE
18.–24. Juni 2018

Von Innsbruck zum Kalterer See

MONTAG, 18. JUNI 2018

Innsbruck — Pfons/Matrei (21 km)

Recht schnell kam ich aus der Innenstadt von Innsbruck raus in die Natur. Schon in der großen Leopoldstraße laufend, sah ich die Bergisel Sprungschanze, um die ich laut Karte herumlaufen würde. Mein neuer Pilger-Guide erwies sich wirklich als überaus nützlich. Die Wegbeschreibungen waren sehr präzise und klar formuliert. Gerade am Stadtrand von Innsbruck hätte ich mich ohne diese Hinweise unweigerlich verlaufen. Später erfuhr ich, dass es anderen, die diesen Guide nicht hatten, genauso ergangen war. Ich machte mich so an einen langen Aufstieg, wobei ich zunächst auf gleiche Höhe mit der Schanze kam, die ich eben noch weit über mir gesehen hatte. Und wieder eine Stunde später schaute ich schon von weit oben auf sie und Innsbruck hinab.

Überhaupt überraschte mich der Weg. Das Brennertal war sehr weit. Die bekannte Autobahn verlief am rechten Rand des Tales. Meine Route dagegen verlief am linken Halbhang, mal unterhalb, mal oberhalb der Autobahn, aber immer auf schönen Wegen mit weiten Ausblicken ins Tal. Dank der detaillierten Wegbeschreibungen ging ich sehr sicher Wege, die selten markiert und doch immer richtig waren. Dann und wann gab es heute sogar wieder Via-Romea-Zeichen, aber nie an kritischen Stellen, wenn man sie zur Orientierung gebraucht hätte, sondern meist irgendwo mittendrin. Wahrscheinlich zur Bestätigung dafür, dass man trotz fehlender Markierung den Weg dennoch gefunden hat.

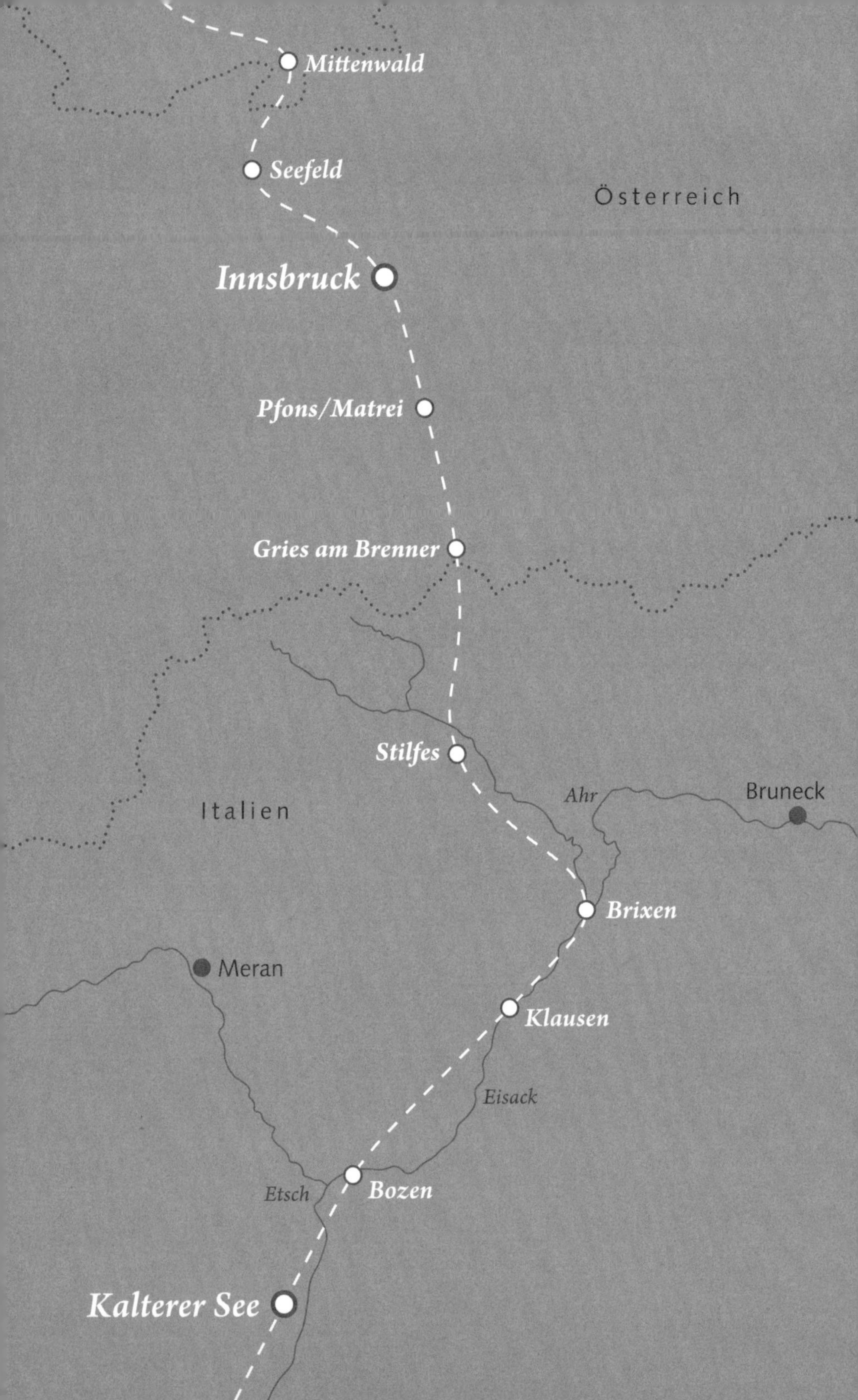
Mittenwald
Seefeld
Österreich
Innsbruck
Pfons/Matrei
Gries am Brenner
Stilfes
Ahr
Bruneck
Italien
Brixen
Meran
Klausen
Eisack
Etsch
Bozen
Kalterer See

Untergekommen war ich in der idyllisch gelegenen, modernen katholischen Bildungsstätte St. Michael in Pfons bei Matrei.

DIENSTAG, 19. JUNI 2018

Pfons/Matrei — Gries (18 km)

Die Bildungsstätte St. Michael war sehr gediegen und sogar mit einem Pilgerangebot ausgestattet: Übernachtung mit Halbpension, also inklusive Abendessen und Frühstück, für fünfzig Euro, nicht schlecht!

Das Haus lag am Hang, schon auf der Höhe der vorgeschlagenen Wege. Die Beschreibung in meinem Guide, das ließ mich immer noch jubeln, war unschlagbar präzise! So lief ich in gelegentlich unübersichtlichem Gelände sicher und ohne Irritationen auf schönen Wald- und Wiesenwegen auf der der Autobahn gegenüberliegenden Talseite weiter.

In einem Hohlweg ergab sich unerwartet wieder eine „tierische" Mutprobe. Links und rechts des Weges ging es nicht nur steil hoch, sondern es gab zudem Zäune. Und vor mir, mitten auf dem Weg, standen vier Pferde und ein etwa einjähriges Fohlen, die mich musterten. Nach kurzem Innehalten und Luftholen ging ich auf sie zu und zwischen ihnen hindurch. Ein Pferd war etwas neugierig, wandte mir den Kopf zu, den ich tätschelte, und blieb aber stehen. Ohne Schwierigkeiten kam ich durch, wohlmerkend, dass mir doch im Laufe des Lebens die natürliche Beziehung zu größeren Tieren etwas verloren gegangen war. Und dass solche Begebenheiten durchaus nützlich waren, sie wiederzuerlangen. Obwohl ich noch einmal kurz zusammenzuckte, als die kleine Herde plötzlich, nachdem ich schon einige Minuten weitergegangen war, im donnernden Galopp hinter mir auftauchte. Ich drückte mich an den Zaun und ließ sie vorbeigaloppieren. Sie hatten kein Interesse an mir, sondern an anderen Pferden, die am Ende des Hohlweges auf einer Wiese hinter einem Zaun standen und wieherten.

Am Vorabend hatte ich nur mit Mühe eine Unterkunft bekommen. Das Tagesziel war eigentlich der Brennerpass gewesen. Bei meinen Anrufen auf Italienisch – zuerst hatte ich den Mann am Telefon gefragt, ob er Deutsch spricht, und er hatte auf Italienisch geantwortet, ob ich Italienisch spreche – stellte sich heraus, dass die beiden einzigen Herbergen auf dem Brennerpass, das Hotel „Olimpia" und die Albergo „Al Lupo" (Zum Wolf), beide am Dienstag Ruhetag hatten. Unfassbar! Ich konnte das gar nicht glauben! Spinnen die oder haben sie es nicht mehr nötig? Mit etwas Glück hatte ich in einem Ort vor dem Brenner, nämlich in Gries, ein Zimmer bekommen.

Unterwegs, an einer Kapelle, an der ich gerade Mittagspause machte, traf ich eine ältere Dame. Guten Tag und guten Weg, mehr tauschten wir nicht aus. Eine Stunde später traf ich sie, sitzend auf einer sonnigen Bank, wieder und wir kamen ins Gespräch. Sie wohnte in Gries und ich wollte nach Gries. Sie fragte mich, wo ich denn übernachten würde? „Im ‚Gasthof Spörr'", antwortete ich. „Spörr? Den gibt's doch gar nicht in Gries!" Ich hatte aber im Internet genau unter der Adresse Gries 30 diesen Gasthof gefunden und gebucht. Sie wehrte ab: „Gries 30? Das ist meine Adresse! Und glauben Sie mir: In meinem Haus ist kein Gasthof!" Ich war verblüfft. „Die Leute, die früher einen Gasthof namens Spörr betrieben haben, wohnen jetzt im Nachbarort, in Obernberg. Das ist aber acht Kilometer von Gries entfernt." Das beunruhigte mich nun doch ziemlich, und ich rief unter der entsprechenden Nummer noch einmal das Gasthaus an und – richtig: Es stand in Obernberg am Brenner! Ich meldete mich wieder ab. Einen Acht-Kilometer-Abstecher würde ich heute nicht mehr schaffen. Aber zugleich war mir bange, ob ich nun noch etwas anderes in der Brennergegend finden würde.

Die Dame aus Gries jedoch war ganz entspannt. „Wie wollen Sie denn jetzt weiterlaufen?" Ich zeigte ihr meine Karte und las ihr die Wegbeschreibung vor. „Na sagen Sie mal! Die wollen Sie ja jetzt noch einmal richtig den Berg hochschicken, und wenn Sie oben sind, müssen Sie gleich wieder runter! Also ich gehe einfach die Bundesstraße zurück. Dann bin ich in einer Dreiviertelstunde in Gries. Sie brauchen mindestens zwei Stunden für Ihren Weg, mindestens! Kommen Sie doch einfach mit, dann frage ich für Sie in der nächsten Pension gleich nach einem Zimmer. Ich kenne jeden in Gries." Natürlich machte ich das.

Also liefen wir auf der durchaus stark befahrenen Brenner-Bundesstraße nach Gries. Bei der ersten Pension, der „Rose", trafen wir den Wirt vor der Tür. Sie erzählte ihm gleich alles, und ruckzuck hatte ich mein Einzelzimmer für einundvierzig Euro inklusive Frühstück. Ich bedankte mich ausgiebig bei ihr, und wir verabschiedeten uns herzlich.

Am Abend im Biergarten der Pension traf ich ein Ehepaar wieder, das schon in der Bildungsstätte St. Michael neben mir am Nachbartisch Abendbrot und Frühstück eingenommen hatte. Als ich von einem Spaziergang rund ums Dorf zurückkam, hatte einer der Biergartengäste wegen meines weißen Bartes gewitzelt: „Draußen geht gerade der Weihnachtsmann vorbei." Und sie hatten geantwortet: „Den kennen wir!" Jetzt winkten sie mich heran, wir kamen ins Gespräch, und es stellte sich heraus, dass sie auch nach Assisi pilgerten. Wir tauschten uns aus, insbesondere was die Beherbergungsmöglichkeiten in Kirchgemeinden betraf, und hatten quasi dieselben ernüchternden Erfahrungen gemacht.

MITTWOCH, 20. JUNI 2018

Brennero — Stilfes (23 km)

Die Wegbeschreibung in meinem Pilger-Guide für die Strecke von Gries bis zum Brenner hieß: „Die letzten 2,5 Kilometer, von fünf, sind unmittelbar auf der Bundesstraße zu laufen." Das wollte ich mir nicht noch einmal geben. Also fuhr ich morgens mit der S-Bahn von Gries nach Brennero. Den Ort am Brenner muss man nicht gesehen haben. Ausflügler waren fokussiert auf einen großen Markt mit unzähligen Tinnef-Ständen. Ansonsten hatte der Ort nichts zu bieten. Auch die Kirche war verschlossen. Also nichts wie los auf einem Radweg, der auf einer alten Bahntrasse verlief, auch durch Tunnel. Dann ging es weiter bergab über schöne Waldwege und Bergpfade mit herrlichen Ausblicken.

Nach Gossensass mit einem wunderbar grünen Friedhof und zwei interessanten, burgähnlich wirkenden und eng nebeneinanderstehenden Kirchen, die leider verschlossen waren, lief ich nach Sterzing. In der Kirche am Markt waren gut erhaltene, mittelalterliche Fresken zu bestaunen. Und in einer großen hellen Pfarrkirche am Ende des Ortes, die mit farbenfrohen Deckengemälden geschmückt war, stand ich länger betrachtend vor vier überlebensgroßen weißen weiblichen Heiligenfiguren. Das Ungewöhnliche war: Sie waren nicht erhöht auf Absätze gestellt, sondern standen auf dem Boden, sozusagen auf Augenhöhe! Das wirkte sehr menschlich und kommunikativ, und ich hatte beinahe Lust, sie anzusprechen.

Das letzte Stück des Weges von Sterzing nach Stilfes – zwischendurch hatte ich immer mal wieder das Ehepaar von gestern getroffen, und in Sterzing hatten wir in einem Café zusammen etwas getrunken – war weniger romantisch. Ich marschierte immer an der Autobahn entlang. Nur den letzten halben Kilometer, hier traf ich wieder mit den beiden zusammen, gingen wir gemeinsam und abseits von der Autobahn auf einem Feldweg in den Zielort. Es stellte sich heraus, dass sie ein Bestattungsinstitut betrieben hatten, und dies durchaus mit einem geistlichen Anspruch, was aus einigen Erzählungen deutlich wurde. Ich outete mich als Pfarrer und war für den Bereich Bestattung immerhin auch so etwas wie eine „Fachkraft" mit einem gewissen Hintergrundwissen vom Bestattungswesen. So kam es schnell zu einem gleichermaßen ernsten wie heiteren Erfahrungsaustausch. Sie hatten vor Kurzem ihr Unternehmen an eine Mitarbeiterin verkauft und waren auf dem Pilgerweg unterwegs, um in diese neue Situation hineinzufinden. In den vergangenen Jahren hatten sie auch ihre Ehe beinahe vollständig über ihren Arbeitszusammenhang definiert. Nun wollten sie pilgernd Abschied von ihrem Beruf nehmen und sich gleichzeitig in ihrer Ehe wieder ein Stück neu gegenseitig entdecken und finden.

DONNERSTAG, 21. JUNI 2018

Stilfes — Brixen (27 km)

Beim Frühstück saß ich wieder in der Nähe der beiden Ex-Bestatter. Sie erzählten mir, als gute Katholiken erst noch einmal auf die andere Talseite gehen zu wollen zu einer Wallfahrtskirche. Das interessierte mich als Evangelischen nicht, und ich ging aus dem kleinen Ort heraus in Richtung meiner im Guide empfohlenen Straße. Eine Stunde später sah ich die beiden kurz hinter mir, wartete auf sie und wir fotografierten uns gegenseitig. Sie waren von ihrem Vorhaben wieder abgerückt, weil die Wahrscheinlichkeit hoch war, dass sie dann den Weg weiter an der Autobahn hätten gehen müssten. Nach den Fotos boten wir uns gegenseitig das „Du" an und gingen gemeinsam weiter.

Der Weg führte leider bald aus dem Wald heraus an die Straße. Immerhin konnten wir fünf Kilometer auf einem gerade neu eröffneten

1. WOCHE · 14.–20. Mai 2018

Von Eisenach nach Schweinfurt

1 Glasfenster in der Wehrkirche zu Walldorf **2** Erste Markierung der „Via Romea" – komplettiert mit „meinem" Aufkleber **3** Bad Neustadt: die im klassizistischen Stil mit prächtigen korinthischen Säulen ausgestattete Pfarrkirche Mariä Himmelfahrt

2. WOCHE · 21.–27. Mai 2018

Von Schweinfurt nach Schillingsfürst

4 Würzburg: Blick von der alten Mainbrücke hinauf zum „Käppele“ mit Pilgerherberge **5** Auf dem Radweg im „lieblichen Taubertal“ **6** Raus aus Rothenburg o. d. T., hinaus auf den einsamen Pilgerweg

3. WOCHE · 28. Mai–3. Juni 2018

Von Schillingsfürst nach Donauwörth

7 Mittelalterliche Stadtansicht von Dinkelsbühl **8** Die Versuchung war zu groß: Der rote Untergrund lud zu meinem Aufkleber ein **9** Fremdingen: Schwester Lieselotte in ihrer Kräuterküche **10** Fronleichnamsaltar vor dem Kloster in Fremdingen **11** Blick auf Schloss Harburg

4. **WOCHE** · 4.–10. Juni 2018

Von Donauwörth nach Rottenbuch

12 Asch: rastender Christus in einer kleinen Grotte am Eingang zur Kirche **13** Die Mesnerin von Asch mit ihrem Mann **14** Erster Blick auf die Alpen kurz vor Schongau **15** Rottenbuch: Der Evangelist Lukas als lebensgroße Figur an der Kanzel der Augustiner-Klosterkirche **16** Die überbordend ausgestattete Augustiner-Klosterkirche von Rottenbuch

5. WOCHE · 11.–17. Juni 2018

Von Rottenbuch nach Innsbruck

17 Alte Holzkapelle bei Saulgrub **18** Der Chorraum der evangelisch-lutherischen Kirche in Oberammergau **19** Blick ins Inntal, von Seefeld kommend **20** Der Weg führt rund um die berühmte Bergisel-Skisprungschanze **21** Weihnachtsbild mit Wegmarkierung an einer Scheune vor Oberammergau

VIA
ROMEA
GERMANICA

6. WOCHE · 18.–24. Juni 2018

Von Innsbruck zum Kalterer See

22 Im ausgedehnten Brennertal: Weit weg ist der Verkehr **23** Am Brenner: angekommen in Italien **24** Irmgard und Franz **25** Unterwegs nach Brixen **26** Im Vordergrund die Erdpyramiden in der Nähe der Wallfahrtskirche Maria Saal

7. WOCHE · 25. Juni – 1. Juli 2018

Vom Kalterer See nach Bassano del Grappa

27 Abendliches Posten einiger Fotos auf Instagram **28** Gut erhaltene, eindrückliche Abschnitte der antiken Via Claudia kurz vor Levico Terme **29** Wandern durch liebliche Weindörfer beim Abstieg in's Etschtal **30** Pilgern durch das wunderbare Valsugana

8. WOCHE · 2.–8. Juli 2018

Von Bassano del Grappa nach Brisighella

31 Camposampiero: Kapelle an der Stelle, wo der Nussbaum stand, auf dem der Heilige Antonius seine letzten Lebenswochen verbracht hat **32** Etappenziel Padua nach 991 Kilometern **33** Padua: Basilica di Sant' Antonio **34** Brisighella: Kurz vor der Ankunft ein grandioser Blick auf den Ort von oben **35** Modigliana: Mittelalterliche Ponte della Signora

9. WOCHE · 9.–15. Juli 2018

Von Brisighella nach Caprese Michelangelo

36 Corniolo: Pilgerkreuz mit Jakobsmuschel am Dorfeingang **37** Corniolo: Zugang nur mit Code in's „Casa de Pellegrini" **38** Hauptkamm des Apennin: Blick in die Toskana **39** Camaldoli: Luisa und Lionello, die freundlichen Herbergseltern in der Pilgerherberge „Forsthaus Meteleto".

10. WOCHE · 16.–22. Juli 2018

Von Caprese Michelangelo nach Assisi

40 Caprese Michelangelo: Taufkapelle von Michelangelo Buonarroti (geb. 1475) **41** Einsiedelei Montecasale: „Sitzender Franziskus" (1982) auf der Mauer des Klosterhofes **42** Einsiedelei Montecasale: Ein winziger, idyllischer romanischer Kreuzgang lädt zum Verweilen ein **43** Citta di Castello: Unterwegs auf typisch umbrischen Alleestraßen.

ANKUNFT · Sonntag, 22. Juli 2018

Assisi

44 Assisi: Angekommen! Gott sei Dank! Nach 1.368 Kilometern zu Fuß in knapp zehn Wochen **45** Der obere Teil der Basilika San Francesco am Abend **46** Abschiedsabend mit Nikhil, Lucca, Marco und Corrado (von links) **47** Unverwüstlich bis zum Schluss – meine beiden Paar „Luthersocken“ **48** Der Kreuzgang des Klarissinnenklosters San Damiano am Stadtrand

49 Blick von der Rocca (Burg) über die Basilica San Francesco in die weite Ebene vor Assisi. Rechts der bewaldete Hang, durch den ein einsamer Pfad zum Platz vor die Oberkirche der Basilika führt.

Radweg neben der Straße gehen – bis zum letzten Jahr mussten die Pilger auf der stark befahrenen Bundesstraße laufen! Wahnsinn! Plötzlich zog ein heftiges Gewitter auf, und wir schafften es geradeso, uns in einer Bahnunterführung unterzustellen. Nicht weit entfernt sahen wir einen Zeltplatz, eilten durch den Regen dorthin – denn nach einer halben Stunde war es in der zugigen Unterführung ziemlich kühl geworden – und erbettelten uns trotz Ruhetages einen Kaffee unter dem Dach der Campinggaststätte. Die muntere und lebenslustige zweiundachtzigjährige Wirtin, die über ihre eigenen Geschichten herzhaft und schallend wie ein junges Mädchen lachte, hatte uns gesehen und eingeladen und uns den Kaffee gebracht. Übrigens im Gegensatz zu ihren beiden zwanzigjährigen Enkelinnen, die wir zuerst gefragt hatten. Sie hatten an den Kaffeemaschinen herumgeputzt und unsere Bitte mürrisch und wortkarg abgelehnt.

Der Regen hörte nach einer Weile auf und wir wanderten durch wunderbare Eichenhaine in Richtung Brixen. In der Nähe des Domes fanden wir schnell unsere Jugendherberge und verabredeten uns für später zum Abendessen in einer Pizzeria. Es wurde ein unterhaltsamer, weinseliger Abend.

FREITAG, 22. JUNI 2018

Brixen — Klausen (17 km)

Irmgard und Franz hatten mir gestern Abend angeboten, auch die nächsten zwei Etappen gemeinsam zu laufen. Nach einem eher sparsamen Frühstück – die Italiener legen offenbar nicht allzu großen Wert darauf, denn es gab nur Marmeladen und Pasteten in kleinen Döschen – schlängelten wir uns aus der Stadt, vorbei an drei direkt nebeneinanderliegenden Klöstern.

Der erste Anstieg mit etwa vierhundert Höhenmetern hatte es in sich, bescherte aber wunderbare Blicke in das herrliche Tal, vor allem aber auf ein imposantes Dolomitenmassiv. Das begleitete uns den ganzen Tag und zeigte sich, je länger wir am Berg unterwegs waren, immer wieder mit neuen, beeindruckenden Anblicken.

Irmgard fragte mich, als wir uns über unsere Familien austauschten, wie denn meine Frau hieße. Ich antwortete: „Diotima." Sie fragte: „Wie noch mal?" „Diotima. Wie man's spricht." Irmgard wunderte sich: „Das ist aber ein ungewöhnlicher Name. Den habe ich noch nie gehört. Aber er klingt eigentlich schön." „Das finde ich auch", erwiderte ich. „Aber es stimmt schon: Außer meiner Frau kenne auch ich niemanden, der so heißt. Eigentlich ist Diotima ein griechischer Name und bedeutet übersetzt so viel wie ‚die Gottesfürchtige'" Irmgard fragte nach: „Hat deine Frau denn griechische Eltern?" „Nein. Den Namen gibt es aber an einigen Stellen in der Literatur. Zum Beispiel beim alten Platon in seinem ‚Gastmahl'. Da kommt eine Priesterin namens Diotima vor. Oder bei Robert Musil im ‚Mann ohne Eigenschaften'. Vor allem aber bei Hölderlin! Und ihre Mutter war wohl eine große Hölderlin-Verehrerin und hat ihre jüngste Tochter dann nach einem Buch so benannt." Irmgard war neugierig: „Gefällt denn deiner Frau der Name?" „Inzwischen schon", sagte ich, „aber als sie jünger war, hat es sie schon genervt, wenn sie bei Vorstellungen immer wieder gefragt wurde: Hä? Wie heißt du? Oder wenn der Name immer falsch wiederholt wurde und ihn sich keiner merken konnte. Da hatte sie mitunter gar keine Lust mehr, ihren Namen zu sagen. Aber heute trägt sie ihn, glaube ich, gerne." „Und du hast dann wohl, als du sie kennengelernt hast, erst mal alle Bücher gelesen, in denen ihr Name vorkommt, was?", scherzte Irmgard. „Von wegen", entgegnete ich, „ich kannte den Namen nur aus den Büchern! Und würde sie ihn nicht tragen, hätten wir uns wahrscheinlich nie kennengelernt!" „Ach", bohrte Irmgard weiter, „das ist ja interessant! Wie habt ihr euch denn kennengelernt?" „Das ist eine Geschichte", sagte ich lächelnd, „bei der ich dazu neige, etwas weiter auszuholen. Das würde zu lang werden." Irmgard empörte sich spielerisch: „Wir laufen den ganzen Tag zusammen und haben alle Zeit der Welt. Es gibt doch gar keinen besseren Anlass, als sich gegenseitig auf dem Pilgerweg Geschichten aus dem eigenen Leben zu erzählen, oder?" „Ja doch, du musst mich gar nicht drängen", wehrte ich ab, „ich will dich nur nicht langweilen. Denn eigentlich erzähle ich das auch gerne." „Dann bitte!", gab sie den Startimpuls und lief schweigend weiter. Franz hatte sich die Diskussion, einige Meter weiter vorn laufend, schweigend angehört, hielt kurz an und lief nun mit uns gemeinsam.

„Mit einundzwanzig Jahren, kurz nach der Armeezeit, war ich unglücklich verliebt." Ich hielt kurz inne und prüfte mit einem Seitenblick, ob die beiden anfingen zu schmunzeln. Machten sie aber nicht. Also fuhr ich fort: „Die Beziehung ging, kaum dass sie richtig begonnen hatte, wieder zu Bruch, und ich war ziemlich deprimiert. Ich hatte überhaupt keine Lust auf eine neue Freundin und vergrub mich in Bücher. Liebeskummer, Weltschmerz und Selbstmitleid beförderten in mir die Überzeugung: Die ideale Liebe kann nur platonisch sein! Kein Wunder, dass mir irgendwann auch Hölderlins ‚Hyperion' in die Hände fiel. Darin sind fiktive Briefe des Eremiten Hyperion an seine Angebetete namens Diotima zu finden, die genau meinen Nerv trafen. Hölderlin verarbeitete in dem Buch seine eigene tragische Liebesgeschichte. Er war als mittelloser Schriftsteller in Frankfurt zu einer gut dotierten Hauslehrerstelle für die Kinder des reichen Kaufmannes Gontard gekommen. Aber leider verliebte er sich in die Hausherrin Susette und die sich in ihn. Das war natürlich eine hoffnungslose Konstellation, die bei allen Hochgefühlen und Glückseligkeiten mehr und mehr Schmerz, Verzweiflung und Elend über die Beteiligten brachte. Hölderlin legte seine Gedanken und Empfindungen in die Briefe des Hyperion an Diotima, meinte aber nur sich und Susette. Ziemlich lange war das mein Lieblingsbuch. Selbst beim Trampen hatte ich nicht wie andere die üblichen Kultbücher ‚Steppenwolf' von Hesse, ‚On the Road' von Kerouac oder Travens ‚Das Totenschiff' dabei, sondern meinen ‚Hyperion'. Heute wundere ich mich beim gelegentlichen Lesen des Buches, dass ich damals darin meine gedankliche Heimat hatte und mich dort am ehesten verstanden sah. Jedenfalls war dieser Name ‚Diotima' für mich der sehnsuchtsvolle Inbegriff für wahre Liebe und Leidenschaft.

Zugleich war es eine Zeit des Suchens und persönlichen Orientierens. Ich hatte zwar Abitur, wollte aber nicht studieren, sondern lieber arbeiten. Erst war ich einige Monate in Brandenburg als Hilfspfleger in einem kirchlichen Heim für Kinder und Jugendliche mit Behinderungen. Dann ging ich nach Heiligenstadt ins katholische Eichsfeld und lernte in einer Druckerei Schriftsetzer. Aber das sagt sich heute so einfach: Ich ging von dort nach dort! Man brauchte ja erst mal eine Wohnung. Und die gab es nicht, beziehungsweise die wurden von kommunalen Wohnungsämtern zugeteilt. Das konnte mitunter Jahre dauern. Aber mein künftiger Betriebsleiter hatte sich umgetan und ein Zimmer für mich aufgetrieben. So lebte ich zwei Jahre bei einer alten Dame in einem acht Quadratmeter großen Zimmer mit Bett, Schrank und Stuhl – mehr passte nicht rein –, dafür aber ohne Heizung. Nach zwei Jahren wurde in der Nachbarschaft der Druckerei in dem Haus, wo sich der Verlag Cordier befand, eine Wohnung frei. Dort zog ich gemeinsam mit meinem jüngeren Kollegen Hilbert ein, und wir waren fortan eine Wohngemeinschaft."

„Das ist wirklich eine längere Geschichte", streute Irmgard ein, als ich eine kurze gedankliche Pause machte. „Keine Angst", entschuldigte ich mich, „ich komme gleich auf den Punkt!" „Irmgard, bring ihn doch nicht aus dem Konzept", mischte sich nun Franz ein. „Nein, nein, ist schon gut. Ich meinte nur so", sagte sie und legte den Zeigefinger wie ein Versprechen auf die geschlossenen Lippen.

„Ein paar Monate später", fuhr ich nun weiter fort, „ fragte mich Hilbert, als wir abends zusammensaßen: ‚Gehst du zur Betriebsfeier?' Ich sagte: ‚Ich denke schon.' ‚Das ist gut. Ich komme auch und bringe eine Freundin mit, sie heißt Diotima!' Ich dachte, mich trifft der Schlag. ‚Wie bitte?', fragte ich ungläubig, ‚Sie heißt Diotima?' Hilbert wunderte sich etwas: ‚Was denn? Kennst du sie?' ‚Nein', erwiderte ich nun wieder etwas besonnener, ‚ich bin ihr jedenfalls noch nicht begegnet.' Ihr könnt euch vorstellen, wie langsam die Tage bis zur Betriebsfeier vergingen. Denn ich war nicht nur neugierig, sondern ziemlich angespannt. Endlich war der 8. Dezember 1978 da. Am Abend lief ich aufgeregt ins Heiligenstädter Kulturhaus zum adventlichen Zusammensein der Belegschaft der Druckerei samt Tanzvergnügen. Ich betrat mit Herzklopfen den Tanzsaal und ließ den Blick langsam über die Anwesenden schweifen. Dann noch mal zurück, und noch mal hin. Bis klar war: Diotima ist nicht dabei! Ich setzte mich ziemlich enttäuscht an einen Tisch, unterhielt mich halbherzig, tanzte auch ein paarmal mit Kolleginnen, aber hauptsächlich betrank ich mich gemächlich. Gegen Mitternacht, die Betriebsfeier lag schon in den letzten Zügen, ging ich zu Hilbert, der mit jüngeren Kollegen am Tisch saß und fragte ihn: ‚Was ist denn eigentlich mit deiner Diotima? Warum ist sie denn heute nicht mitgekommen?' Er sah mich verständnislos an und meinte: ‚Wieso denn nicht mitgekommen? Da sitzt sie doch!'

Da saß also Diotima! In Ermangelung von alterstypischer Kleidung, sie war seit einigen Wochen Musikstudentin in Weimar und fand zu

Hause nichts Passendes, hatte sie sich von ihrer Mutter eine buntgestreifte Kakadu-Bluse mit entsprechender Hose ausgeliehen. Das hatte entschieden ihre Identifikation verhindert. Aber diese äußeren Dinge ließ ich jetzt beiseite, ging zu ihr und stellte mich vor. Wir kamen schnell ins Gespräch, was leichter gesagt als praktiziert war. Jetzt bereute ich, dem Wein so reichlich zugesprochen zu haben. Trotzdem bildete ich mit schwerer Zunge Schachtelsätze, um Intellekt zu zeigen und Eindruck zu machen. Wie auch immer, es war nicht erfolglos! Nach dem Fest brachten sie Hilbert und ich gemeinsam nach Hause. Und ein paar Wochen später gab es unser erstes Rendezvouz ‚auf eine Brause' in einer Kneipe in Heiligenstadt. Denn sie war erst siebzehn. Und dieses Kennenlernen jährt sich in diesem Jahr zum vierzigsten Mal. Punkt."

„Vielen Dank", sagten Irmgard und Franz gleichzeitig. Und Irmgard: „Das ist eine schöne Geschichte! Aber es ist wirklich verwunderlich, dass du deine Diotima in dem kleinen Heiligenstadt getroffen hast. Vermutlich gibt es nirgendwo noch eine andere mit diesem Namen. Das kann man doch nur als Fügung verstehen, oder?" „Ja", sagte ich: „wie sonst?"

Wir gingen an diesem Tag noch weiter auf schönen Wegen mit spektakulären Ausblicken und kamen oberhalb von Klausen zum burgähnlich gelegenen Kloster Säben. Franz hatte recherchiert, dass im Kloster zwölf Pilgerbetten vorgehalten würden, und warb Irmgard und mich, doch mal – obwohl wir unten in Klausen eigentlich Zimmer bestellt hatten – zu versuchen, ob wir vielleicht hier im Kloster unterkommen würden. Das wäre doch auch ein ganz besonderer Ort und bestimmt ein Erlebnis. Wir willigten ein und Franz betätigte am verschlossenen Tor die Wechselsprechanlage! Auf ein kurzes „Bitte?" trug Franz unser Anliegen vor, erklärte, von wo wir kamen und dass es für uns eine Freude wäre, hier zu übernachten. Aus dem Lautsprecher knarrte nur ein harsches „Nein!". Wir lauschten etwas verdutzt, ob vielleicht noch ein „Tut mir leid!" oder „Wir haben leider kein Bett mehr frei!" oder „Versuchen Sie es doch anderswo!" käme. Aber es folgte nichts bis auf das Knacken der Anlage, die das Ende des „Gespräches" anzeigte. Solch ein rüder Ton war schon erstaunlich. Und das Signal war klar: Die Benediktinerinnen wollten uns nicht. Das hätten wir gut ausgehalten. Aber dass sie so dermaßen unfreundlich waren, das war überraschend. Wir gingen ziemlich ernüchtert den steilen Weg nach unten. Für manche Klöster macht es auch Sinn, dass ihnen nach und nach das Personal ausgeht!

SAMSTAG, 23. JUNI 2018

Klausen — Bozen (20 km)

Der Aufenthalt im „Parkhotel Post" war teuer. Allerdings war es das einzige Haus, das noch freie Betten hatte. Bei mehreren anderen Nachfragen hatten wir Absagen erhalten. Nach dem Abendessen im Freien vor dem Hotel waren wir noch länger sitzen geblieben und ins Erzählen und Weintrinken gekommen. Entsprechend war die „Frische" am Morgen. Aber das Frühstücksbüfett war ein Ereignis. Feigen, Pfirsiche und alle erdenklichen Obstsorten, aber auch an allem anderen herrschte Überfluss. Wir füllten uns die Taschen mit Obst, Eiern und belegten Broten.

Die ersten fünf Kilometer dieses Tages verliefen unmittelbar am Eisack. Dann aber ging es in die Höhe. Aber wie! Einen Kilometer steil bergauf. Aber wirklich steil: dreihundertdreißig Höhenmeter auf einen Kilometer. Irmgard und Franz hatten ein anderes Tempo drauf, ich ging langsamer, aber doch stetig aufwärts, ohne außer Puste zu kommen. Das genoss ich und spürte eine große innere Befriedigung, vor allem auch im Erinnern daran, dass ich schon Zeiten hatte, in denen mein Herz bei ähnlichen Herausforderungen einfach gestreikt hatte. Vor vier Jahren war ich mit Diotima in Peru auf drei Inka-Trails unterwegs, um mir endlich meinen Jugendtraum von einer Wanderung zum Machu Picchu zu erfüllen. Der erste Trail allerdings führte mehrere Tage durch den Colca-Canyon im Süden von Peru, nicht weit von Arequipa. Die Tage im Canyon waren, trotz großer Hitze, von der Landschaft her umwerfend, und unser Guide Rolando, eine junger, sportlicher Indio, hatte uns die steilen Wände des Canyons auf verschlungenen Pfaden und Maultierwegen mehrmals hoch- und wieder runtergescheucht. Am letzten Tag ging es dann nach einer Übernachtung in der im Tal des Canyons gelegenen Oase Sangalle etwa neunhundert Höhenmeter steil wieder hoch zum Ausgangsort Cabanaconda. Ich hatte schon in der Nacht schlecht geschlafen, weil ich auf einmal Herzrhythmusstörungen hatte. Sie waren auch am Morgen nicht weg. Deshalb sah ich dem Aufstieg, zu dem wir noch im Halbdunkel starteten, mit gemischten Gefühlen entgegen. Die waren, wie sich schnell zeigte, auch berechtigt. Ich war im Unterschied zu den vorigen Tagen völlig kraftlos, der Rucksack wog auf einmal doppelt so viel, ich hatte schon nach zwanzig Minuten kalten Schweiß auf der Stirn und musste ständig stehen bleiben, um nach Luft zu schnappen. Nach einer knappen Stunde konnte ich nicht mehr. Rolando organisierte per Handy einen Bekannten, der von unten mit einem Maultier kommen sollte, um mich aus dem Canyon zu kriegen. Bevor er mit Diotima weiter aufstieg, schärfte er mir ein, auf Fernando zu warten, und jeden, der mich ansprach, erst nach diesem Namen zu fragen. Ich saß vielleicht eine halbe Stunde auf einem Felsbrocken und wartete. Ein Indio mit Frau und drei Maultieren kam und fragte mich, ob ich nach oben reiten wollte. Ich fragte – offenbar mental nicht ganz auf der Höhe – keineswegs nach Fernando, sondern handelte mit ihm einen Preis aus und bestieg, nachdem der Bauer das Gepäck umverteilt hatte, eines der Maultiere.

Es wurde ein sehr spezieller Ritt. Der Pfad, der in Serpentinen nach oben führte, war vielleicht einen knappen Meter breit. In den Kehren lag jeweils zum Tal hin noch etwas Geröll, und daneben war, direkt am Abgrund, ein zwei Hufe breiter Trampelpfad für die Mulis. Das leuchtete mir sofort ein. Sie waren zu groß, um die Kehren innen zu gehen, und nahmen immer die Außenbahn. Die ersten Male schaute ich in den Kehren noch nach unten und sah dabei keinen Boden mehr, sondern den mehrere hundert Meter tiefen Abgrund. Ich werde doch wohl jetzt nicht mit diesem Gaul abstürzen! „Tod in den Anden!“ Das wäre immerhin eine schöne, romanreife Überschrift in der Kirchenzeitung „Glaube und Heimat“. Außerdem war der Weg nicht sehr eben, gelegentlich mussten halbmetergroße Felsstufen überwunden werden. Es war besonders „unterhaltsam“, wenn mein Muli in einer Kurve zu solch einem Sprung direkt in Richtung Abgrund ansetzte.

Als ich nach einer Stunde Diotima und Rolando überholte, funkelte der mich ziemlich grimmig und kopfschüttelnd an, ohne etwas zu sagen. Oben angekommen, waren die Herzrhythmusstörungen wie weggeblasen. Ich war definitiv auf dem Rücken des Mulis anders fokussiert. Das war die gute Seite des Unternehmens. Die andere Seite bekam ich dann von Rolando serviert. Er stauchte mich wütend zusammen, was ich mir denken würde, mit einem x-beliebigen Bauern mitzureiten! Die Tiere, die im Canyon zum Reiten zugelassen waren, brauchten alle ein Zertifikat für Touristen. Das Muli, mit dem ich geritten war, hätte auch bocken oder mich einfach abwerfen können. Nur er, Rolando, würde letztlich dafür verantwortlich gemacht, wenn mir etwas passieren würde. Mal abgesehen davon, dass sein Geschäftspartner Fernando ziemlich sauer war, weil er mit seinem Maultier umsonst unterwegs war. Mein Verhalten hätte seine Glaubwürdigkeit untergraben. Ich war ziemlich kleinlaut, weil ich wusste, dass er in allem Recht hatte. Meine Unbedachtheit hatte einen ziemlichen Schatten auf die wunderbaren vergangenen Tage geworfen und unser Miteinander für diesen letzten Tag getrübt. Aber eigentlich waren ja nur die lästigen Herzrhythmusstörungen schuld!

Seinerzeit in Peru waren sie nicht wieder aufgetreten. Vielleicht auch deshalb, weil ich mir zur Sicherheit für den nächsten Trail zum Machu Picchu ein „Emergency-Horse“ gemietet hatte, dass ein junger Indio an den Zügeln mitführte. Immerhin konnte ich mein Gepäck auf das Pferd laden und manchmal auch aus Spaß ein Stündchen reiten. Vor allem mein indigener Pferdeführer war völlig verständnislos, dass ich trotz Pferd lieber laufen wollte, trottete kopfschüttelnd hinter mir her und fragte mich häufiger, ob er denn statt meiner reiten könnte. An seinem spöttischen Lächeln beim Aufsteigen sah ich, dass er mich für ziemlich bescheuert hielt. Aber sowohl in den Anden als auch hier in Südtirol ging es darum, mit eigener Kraft die Anstiege zu meistern. Keine Bangigkeit mehr vor einem Berg! Her mit dem nächsten Aufstieg! Wunderbar!

In der Kirche von Barbian sangen wir gemeinsam ein paar Gesangbuch-Lieder, später auch noch im Berg an einer Kreuzwegstation. Franz hatte ein kleines Liederheft dabei, dass er extra für die Pilgerreise zusammengestellt hatte. Das Singen tat uns gut und wir freuten uns aneinander.

Der Aufstieg hatte sich in jedem Fall gelohnt, denn wir wurden mit herrlichen Weitblicken belohnt. Gleichwohl hatten wir vier ordentliche Anstiege zu bewältigen. Zuletzt auf der Straße nach Langstein und dann noch einmal zur Wallfahrtskirche Maria Saal. Dort oben angelangt, belohnten wir uns immerhin mit ein paar Kugeln Eis in der benachbarten Gaststätte.

Tagesziel war Klobenstein. Dort wollten wir eine Schmalspurbahn erreichen und damit nach Oberbozen fahren. Und dann anschließend mit der Seilbahn bergab nach Bozen, direkt vor die Tür der Jugendherberge. Die Alternative war, in Klobenstein zu übernachten und dann am nächsten Tag in vier Stunden die neunhundert Höhenmeter nach Bozen hinunterzulaufen. Das aber wollten wir nicht. Ich merkte auch immer mal bei Abstiegen meine Knie und scheute mich, es bei einem langen Abstieg drauf ankommen zu lassen. Als wir in Klobenstein am Bahnhof eintrafen, stand gerade ein Zug auf dem Gleis und fuhr fünf Minuten später ab. Gutes Timing! So waren wir eine Stunde später in der Jugendherberge, die keine hundert Meter von der Seilbahnstation entfernt gelegen war.

Ich bezog mein Vierbettzimmer, war aber als Zweiter da und konnte mir noch ein gutes Bett unten aussuchen. Wir verabredeten uns für den Abend, suchten dann eine Schenke für das Abendessen und landeten – was ich zu spät merkte – bei einem Inder! Ein indisches Restaurant hätte ich eigentlich nur kurz vor dem Verhungern aufgesucht, weil ich mich nach meinen letzten drei Besuchen von indischen Restaurants entweder übergeben hatte oder mir wenigstens schlecht geworden war. Irmgard und Franz aber kannten sich aus, sie hatten eine indische Schwägerin, die auch gut kochte. „In Indien müssen alle Speisen in getrennten Schüsselchen auf den Tisch gestellt werden. Der Gast muss sehen, was auf den Tisch kommt. Wer etwas zu Brei verarbeitet, hat etwas zu verbergen." Das konnte ich sofort nachvollziehen. „Ich war vor einigen Jahren einmal mit meinen Leitungskollegen der Diakonie in der Mittagspause einer Klausur bei einem Inder in Leipzig. Wir hatten verschiedene Gerichte bestellt, und dann standen vor uns Teller jeweils mit einem Klumpen Brei, nur in verschiedenen Farben. Die hatten definitiv in der Küche etwas zu verbergen, denn uns allen war hinterher schlecht." Wir waren also ziemlich gespannt, was sich hier zutragen würde. Das gesamte bestellte Essen kam in diversen Schüsselchen und schmeckte köstlich! Ich hatte Rindergulasch mit Kartoffeln und Gemüse – und war begeistert.

Wir hatten vor dem Essen noch etwas zu trinken gekauft, sahen uns anschließend im Clubraum der Jugendherberge die Zitterpartie Deutschland gegen Schweden an und saßen dann noch ein bisschen zusammen. Das war unser letzter gemeinsamer Abend. Morgen würden sich unsere Wege wieder trennen. Irmgard und Franz waren genauso überrascht wie ich, dass wir an den vergangenen drei Tagen so gut miteinander ausgekommen waren. Wir hatten das nicht für möglich gehalten. Und wir freuten uns darüber!

SONNTAG, 24. JUNI 2018

Bozen — Kalterer See (25 km)

Das Frühstück in der Jugendherberge war schlicht. Immerhin gab es Brot, auch guten Kaffee. Aber anstelle von Wurst hatten sie auch hier in Döschen abgepackte Pasteten verschiedenster Sorten, die aber alle nach Kalbsleberwurst schmeckten. Was wiederum, mit frischem Brot, nicht der schlechteste Geschmack war.

Wir frühstückten am Morgen zusammen, obwohl Irmgard und Franz am Sonntag nicht laufen wollten und einen Ruhetag machten. Am Montag waren sie mit einem Freund in Meran verabredet. Dort wollten sie zwei Tage bleiben und dann nach Florenz mit dem Zug fahren. Ihr Pilgerrestprogramm hieß: den Franziskusweg von Florenz nach Assisi gehen, danach wieder in den Zug und nach Rom fahren. Der Abschluss in Rom hatte einen besonderen Grund! Dort gab es im Vatikan ein Büro, das stellte für Pilger, die einen Pilgerausweis mit entsprechenden Stempeln vorlegen konnten, „Ablassbriefe" aus! Wie bitte? Ja, ab dreihundert gepilgerten Kilometern gab es sogar einen Generalablass für alle Sünden! Den wollten sie sich natürlich abholen. Wer weiß, wofür es gut ist? Schaden kann's nicht! Katholisch sein heißt auch immer pragmatisch sein.

Nach dem Frühstück galt es, Abschied zu nehmen. Wir überhäuften uns gegenseitig mit Freundlichkeiten, dann brachten sie mich noch in die Innenstadt bis zum Dom. Dort verabschiedeten wir uns umarmend, und ich zog wieder, gar nicht so fröhlich, allein meines Weges. Auch heute führten die ersten fünf Kilometer raus aus Bozen wieder auf dem Radweg am Eisack entlang, vorbei an der von Reinhold Messner zum Burgmuseum umgebauten Ruine Sigmundskron. Dann ging es durch ein kleines Tal hinauf in die Weinberge.

Den ganzen Vormittag ließ mich die Sache mit den Ablassbriefen nicht mehr los. Vermutlich gibt es viele Pilger, die zu diesem Büro gehen und sich ihren Ablassbrief holen, zur Sündenvergebung. Aber für wen ist dieser Stempel relevant? Ich kam immer mehr ins Grübeln. Vor einem göttlichen Richterstuhl in der jenseitigen Welt haben wahrscheinlich die Wenigsten abgestempelte Papiere dabei. Wenn es überhaupt einen Zusammenhang gäbe zwischen Pilgerkilometern und Sündenvergebung, dann müsste Gott die Pilgerleistung auch ohne beglaubigtes Papier bekannt sein. Denn Sünde ist das, was den Menschen von Gott trennt bzw. ihn von ihm entfernt. Und die Vergebung der Sünden ist dann ein Akt, der dem einzelnen Menschen wieder einen Zugang zu Gott eröffnet oder ihn Gott näherbringt. Im Evangelischen wird diese Vergebung auch durch ein Gegenüber, eine Pfarrerin oder einen Kirchenältesten oder einen anderen Menschen zugesprochen, weil man sich nicht selber die Sünden vergeben kann. Aber zuletzt ist es ein geistlicher Vorgang unmittelbar zwischen Gott und Mensch.

Das scheint mir im Katholischen anders zu sein. Die Vergebung der Sünden wird institutioneller verhandelt. Die Kirche hat hier das Heft des Handelns stärker in der Hand. Ohne die amtliche, abgestempelte Beglaubigung kann sich der Gläubige nicht auf die zugesagte Vergebung verlassen. Aber so hat er etwas in der Hand, weil jetzt und hier die Kirche selbst im „Auftrag Gottes" die Vollmacht hat, „Sünden zu vergeben". In dem Moment, in dem der Stempel auf die Urkunde gedrückt wird, ist die Vergebung „amtlich". Das hat schon was.

Ob dieser Vorgang wirklich zu Gott „durchgestellt" wird, der das dann zuletzt beim jüngsten Gericht in seinem großen Buch wiederfindet und dem ehemaligen Pilger hoch anrechnet, ist gar nicht so entscheidend, jedenfalls vorerst nicht. Denn der wieder gereinigte vormalige Sünder soll ja jetzt und hier nach der anstrengenden Pilgerreise sein Leben mit „weißer Weste" fröhlich weiterleben. So eine abgestempelte „Generalablass"-Urkunde hat auf die Psyche des Pilgers und vermutlich sogar auf seinen Glauben mit Sicherheit einen positiven Effekt. Bei mir wären das bei vermuteten tausendfünfhundert insgesamt zu laufenden Kilometern fünf (!) „Generalablässe", die zusammenkämen. Das hätte eine gewisse Faszination. Aber so unmittelbar nach dem fünfhundertsten Reformationsjubiläum fand ich diesen Gedankengang dann doch unpassend. Und nach Rom in die Nähe dieses Büros würde ich ja sowieso nicht kommen.

In Girlan angekommen, stimmte ich in der Kirche wieder einige Choräle an und kam auf andere Gedanken. Später passierte ich am Ortsausgang das Trainingsgelände der Deutschen Fußball-Nationalmannschaft beim Luxushotel „Weinegg". Von hier war sie erst vor ein paar Tagen zum Turnier nach Russland aufgebrochen. Ich lief die meiste Zeit im Schatten eines Waldes nach Kaltern. In einem uralten Gasthof, der offenbar öfter im Fernsehen als Kulisse benutzt wird, trank ich ein Radler, für das der Kellner erschütternde vier Euro fünfzig haben wollte, wohl gemerkt für nur null Komma vier Liter! Auch in Brixen hatten wir schon ein Radler getrunken, für das der Kellner sogar fünf Euro verlangte. Aber das war immerhin ein halber Liter gewesen. Wir hatten trotzdem sofort das Trinkgeld verweigert.

Von Kaltern aus ging's dann nur noch bergab zum Kalterer See und zur Herberge. Da Google Maps ohne Internet nicht funktionierte, drehte ich am See einige Runden, bis ich herausfand, wo sich der Gasthof „Kalterer See" befand. Freundlich aufgenommen, fand der Abend mit einem zarten Kalbsbraten und köstlichem Weißburgunder ein gutes Ende.

7. WOCHE
25. Juni – 1. Juli 2018

Vom Kalterer See nach Bassano del Grappa

MONTAG, 25. JUNI 2018

Kalterer See — Cadino (25 km)

Ausgesprochen schmackhaftes, frisches Brot verleitete dazu, zwei richtig große Mittagspausenbrote zu belegen und einzupacken. Überhaupt, am Morgen draußen in der Sonne zu sitzen und zu frühstücken, mit Blick auf die Berge und den See, war schon ein rechtes Vergnügen.

Bereits am gestrigen Abend hatte ich im Haus „La Ferrata“ wegen eines Zimmers angerufen und hatte das Gespräch nach meinem Empfinden so beendet, dass ich am Ende dieses Tages eine Unterkunft sicher hätte. Also machte ich mich optimistisch auf den Weg. In den Bergen lagen noch dunkle Wolken und ich bekam ein paar Regenspritzer ab. Aber das war schnell vorbei.

Das erste Zwischenziel – der Weg führte am See entlang und dann durch Wein- und Obstplantagen – war Tramin, der Ort, an dem der Gewürztraminer kreiert wurde. Dort wie auch in den folgenden Dörfern am Weinhang des Etschtales waren überall uralte sogenannte „Ansitze“ zu sehen. Das waren Bauernhäuser, die eine jahrhundertealte Geschichte hatten und mit ihren mittelalterlichen Mauern, Torbögen und stattlichen Gebäuden wirkten, als wären sie ursprünglich Burgen, Schlösser oder Herrensitze gewesen.

An einer Bar, es war zwar erst elf Uhr, konnte ich nicht an mich halten und musste einen kühlen Gewürztraminer trinken. Köstlich! Es war sehr heiß! Also trank ich nach dem einen Glas Wein noch einen Liter

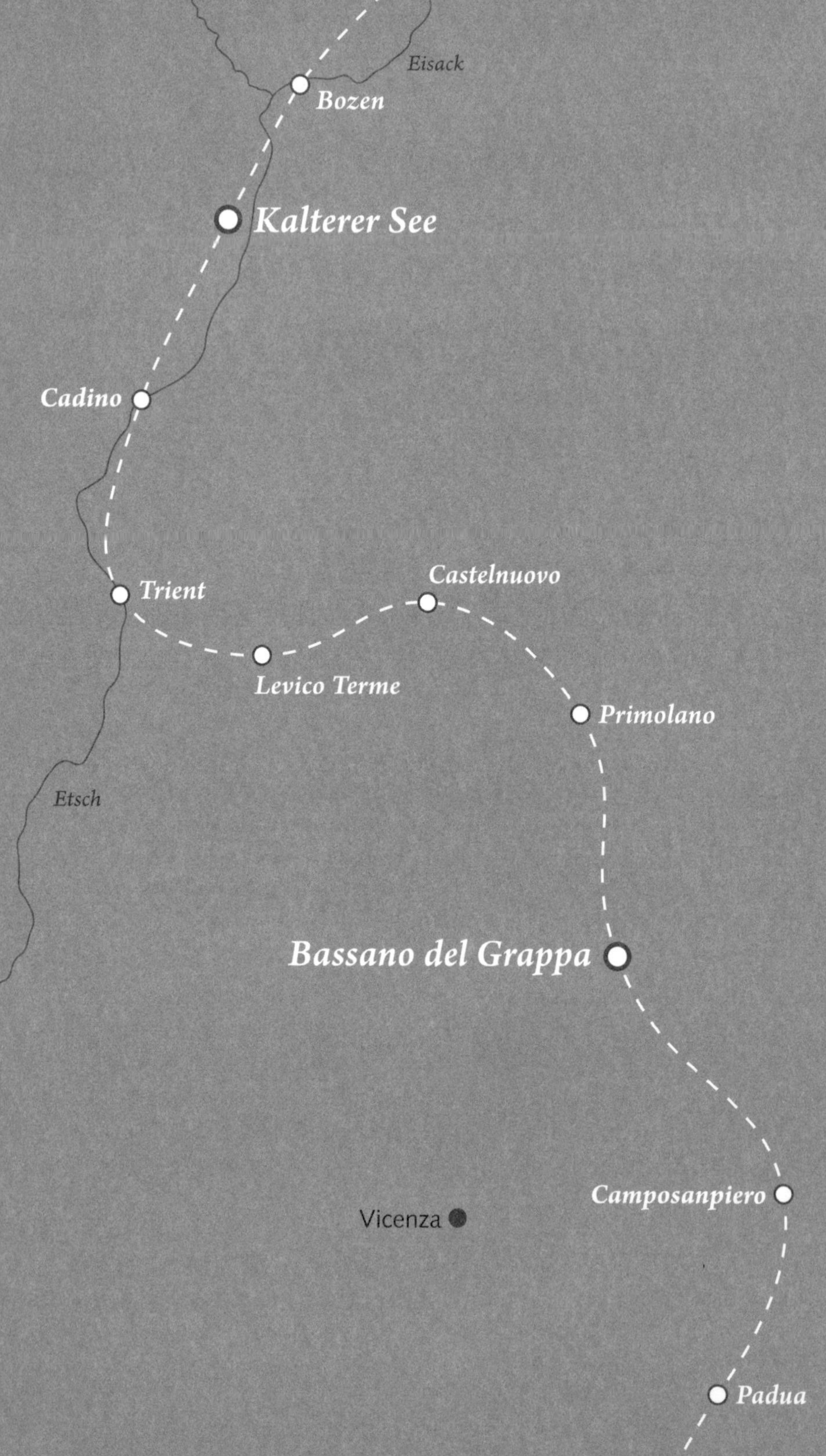
Eisack
Bozen
Kalterer See
Cadino
Trient
Castelnuovo
Levico Terme
Primolano
Etsch
Bassano del Grappa
Camposanpiero
Vicenza
Padua

Wasser. Das war gut so und hielt mich auf den Beinen. In der kühlen Kirche von Tramin hielt ich mich etwas länger auf, sang ein paar Choräle, ohne zu merken, dass jemand in die Kirche gekommen war. Mit dem Ehepaar aus Württemberg, das im Reformationsjahr 2017 viele Lutherstätten in Ostdeutschland besucht hatte, unterhielt ich mich länger über die Gründe der Säkularisierung in Ostdeutschland. Schnell wurde aber auch klar, dass dies kein ausschließlich ostdeutsches Phänomen ist. Denn beim Betrachten der eigenen Kinder und deren Haltung zu Fragen von Glauben und Kirche wurde deutlich: Auch in den eigenen Familien beantworten sich die Glaubensfragen – Eltern hin oder her – nicht von selbst im Sinne des Übernehmens christlicher Werte! Auch nicht in Württemberg!

Der heutige Weg verlief zu zwei Dritteln durch Weinberge und faszinierende kleine Orte. Das letzte Drittel – nach dem Abstieg aus den Weinbergen, dem Durchqueren des Etschtales, über Autobahn und Etsch hinweg – war auf einem scheinbar endlosen Radweg zu gehen. Das Gehen wurde mechanisch und langweilig und zog sich mühsam werdend immer länger hin. Ich hatte eine kürzere Strecke im Kopf gehabt und war froh, dass endlich gegen achtzehn Uhr der ersehnte Abzweig erreicht war.

Mit der Empfangsdame, der ich gestern am Telefon mit meinem Italienisch ein Zimmer abgetrotzt hatte, unterhielt ich mich vergleichsweise gut. Ich sagte ihr, sie sei die erste Italienerin, mit der ich italienisch spräche. Sie fragte mich, wie das sein könne und wo ich denn Italienisch gelernt hätte? Ich erwiderte: „Nur mit dem Buch!" Sie war platt: „Das ist genial! Man versteht, was Sie wollen. Das ist sehr gut!" Das machte gute Laune und war natürlich ein sehr ermutigender Impuls für weitere künftige sprachliche Herausforderungen. Dieser positive Auftakt war auch insofern wichtig, da ich nunmehr beim Übertritt von Südtirol ins Trentino auch die Sprachgrenze überschritten hatte. Ab jetzt, so hieß es, würde ich kaum noch auf deutsch sprechende Menschen treffen. Damit war klar: Ich musste meine rudimentären Kenntnisse optimal einsetzen, vor allem am Telefon! Wäre der erste Versuch hier und heute in die Hose gegangen, hätte mich das sicher verunsichert. Aber so wollte ich auch künftig den Hörer mutig in die Hand nehmen und sehen, wie ich zurechtkäme! Und abends etwas im Lehrbuch auffrischen könnte auch nicht schaden.

Ich bezog also fröhlich mein Zimmer, obwohl ich sehr kaputt war. Die Herbergswirtin meldete mich für sieben Uhr in der Pizzeria gegenüber an und ich ließ mir eine ausgezeichnete Pizza samt einem großen Bier und einem halben Liter Hauswein schmecken.

DIENSTAG, 26. JUNI 2018

Cadino — Trient (20 km)

Es sollte wieder ein sehr heißer Tag werden. Schon beim Frühstück trank ich, noch am Büfett stehend, gleich zwei Gläser Apfelsaft und holte noch mal zwei nach. Unter den kritischen Augen der stets anwesenden Wirtin, die ein eher karges Frühstück serviert hatte, konnte ich mir leider auch keinen Mittagsimbiss vorbereiten.

Dann also wieder auf den Etsch-Radweg. Nach einer halben Stunde sprach mich unterwegs ein Weinbauer an, der auf seinem Feld arbeitete und, als er mich sah, winkend zu mir gelaufen kam. Wir unterhielten uns. Er war freundlich, zugewandt und neugierig und wollte genau wissen, woher ich kam und wohin ich wollte. Die wichtigsten Erklärungen konnte ich mit meinem Italienisch liefern, und wir verabschiedeten uns herzlich und mehrmals mit Handschlag. Eine Stunde später kam mir ein Mann entgegen, der mich sofort ansprach und sich als ehemaliger Pilger nach Santiago outete. Ich gab ihm nach einem kurzen Austausch meinen Aufkleber, den ich gelegentlich am Weg an markanten Stellen hinterließ. Er hatte mich gefragt, ob ich bei Facebook etwas posten würde. Am Abend folgte er mir schon auf Instagram. Ich war überrascht, wie interessiert mir hier die Menschen begegneten. Das hatte ich so auf meiner bisherigen Reise durch Deutschland und Österreich nicht erlebt.

Der Weg verlief lange links und rechts der Etsch, immer dem Radweg folgend, und machte nur mal einen kleinen Abstecher – natürlich mit Anstieg – in das Dörfchen Pressona. Dort legte ich eine ausgedehnte Mittagspause ein. Es war heiß geworden, kein halbwegs normaler Italiener war auf dem Dorfplatz zu sehen. Es herrschte Mittagsruhe.

Dann ging es wieder ins Tal und einige Kilometer entlang der viel befahrenen Nationalstraße bis an den Stadtrand von Trient. Hier bog ich in einem Vorort von der Hauptstraße ab und ging sechs durchaus mühsame Kilometer durch ruhigere Bezirke, aber immer an Straßen, bis ins Zentrum und zur Jugendherberge. Da unbedingt mal wieder ein Ruhetag angezeigt war, hatte ich für zwei Tage ein Einzelzimmer gebucht.

An diesem Tag habe ich wahrscheinlich so viel getrunken wie in meinem ganzen Leben noch nicht an einem einzigen Tag: zwei Liter Wasser im Gepäck, einen Liter aus einer Quelle, einen Liter Apfelsaft aus einem Supermarkt, einen halben Liter Radler und in der Jugendherberge noch einen halben Liter Cola! Also mindestens fünf Liter Flüssigkeit! Und beim Schlafengehen hatte ich immer noch ein Durstgefühl.

Der Ruhetag war zudem nötig, weil ich seit zwei Tagen merkwürdigerweise zum ersten Mal und an beiden Fersen Blasen bekommen hatte. Ich behandelte sie mehrmals am Tag mit meinem Blasenstick, so dass sie mich bisher nicht beeinträchtigt hatten. Aber beunruhigend und unschön war es schon. Und eine Erklärung, warum es nun nach sieben Wochen Laufen plötzlich Blasen gab, hatte ich auch nicht.

MITTWOCH, 27. JUNI 2018

Ruhetag Trient

Als ich in Brixen das erste Fünf-Euro-Radler serviert bekam, war ich über den Preis noch bestürzt. Inzwischen war das normal geworden. Es gab nirgendwo mehr ein Bier oder ein Radler – das in Norditalien übrigens auch so heißt und weiter im Süden dann „birra limona" (Zitronenbier) genannt wird – unter fünf Euro. Es schien hier auf den ersten Blick doch alles etwas teurer zu sein als zu Hause. Das hielt aber die Trentiner nicht davon ab, Cafés, Bars und Restaurants aufzusuchen. Ob am Morgen, mittags oder abends, immer saßen die Menschen, ob Studenten oder alte Herren, zusammen und aßen und tranken.

Ich ließ es nach dem dürftigen Frühstück langsam angehen, schrieb meinen Reisebericht weiter und schlenderte danach durch die Stadt. Zunächst zum schönen romanischen Dom, der innen allerdings halb abgesperrt war. Ich nahm an einem kurzen Mittagsgebet teil, mit einem Priester in vollem Ornat und uns vier Gläubigen. Danach wanderte ich kreuz und quer herum, kaufte mir als Tagesration auf einem von vielen kleinen Obst- und Gemüsemärkten ein Kilo Aprikosen und kam schließlich zur alten Burg, der ehemaligen bischöflichen Residenz. Sie stand der in Würzburg in nichts nach, war nur wehrhafter und trutziger. In der Trienter Ahnengalerie las ich einige von Thuns. Das machte mich neugierig und ich sah bei Wikipedia nach, ob diese etwas mit dem Schauspieler Friedrich von Thun zu „tun" hatten. Und tatsächlich, Letzterer ist ein Graf von Thun und Hohenstein und Spross eines Adelsgeschlechtes, das die Geschichte Trients und der Region Trentino über Jahrhunderte mitbestimmt und auf der Bühne der Weltgeschichte mitgespielt hatte.

Im sehr romantischen Innenhof der Burg machte ich eine Mittagspause. Lohnenswert war noch ein kurzer Abstecher in einen Park in Bahnhofsnähe. Dort stand ein imposantes, hohes Denkmal von Dante Alighieri, dem Schöpfer der „Göttlichen Komödie". Bald war es Zeit, einen Biergarten für das Fußball-Gruppenspiel der deutschen Mannschaft ausfindig zu machen. Ich fand den Biergarten, den ich bei der Ankunft in der Stadt gesehen hatte, und bekam meinen Platz in der ersten Reihe. Aber es wurde, wie jeder weiß, kein schöner Nachmittag: 0:2 gegen Südkorea! Seit wann genau wird da überhaupt Fußball gespielt? Ein Trauerspiel!

DONNERSTAG, 28. JUNI 2018

Trient — Levico Terme (22 km)

Am Morgen war es bewölkt und angenehm frisch. Das war sehr hilfreich, denn es standen noch in der Stadt sechshundert Höhenmeter an, die auf fünf Kilometern zu bewältigen waren. Der Weg führte über den Cimirlo-Pass, der zwar nur siebenhundertzwanzig Meter hoch, aber ausreichend schweißtreibend war. Dann stieg ich auf der anderen Seite wieder runter in eine Region, in der großflächig Obst und Gemüse angebaut wurde. Ich lief durch riesige Kirschplantagen – und es war genau die Erntezeit. Überall waren die Obstbauern dabei, das Obst zu pflücken. Aber sie konnten im weitläufigen Gelände nicht überall sein … So viele Kirschen habe ich in meinem ganzen Leben noch nicht auf einmal gegessen und vor allem nicht so große, knackige, süße und saftige! Das war einfach grandios! Erst als ich langsam Bauchschmerzen bekam, hörte ich auf. Natürlich erinnerte ich mich an ein Schild, das ich am Kalterer See in einem Weinberg gelesen hatte: „Dem Wanderer gehört die Landschaft, dem Bauern die Ernte!" Aber schon als Kind hatte ich verinnerlicht: Mundraub ist erlaubt!

Das letzte Stück des Weges nach Bad Levico ging es noch mal in die Hügel und in die Höhe, mit herrlichen Ausblicken auf die beiden Seen und die angrenzenden Berge und sehr gut erhaltenen Abschnitten der römischen Via Claudia, auf denen mich die antike Geschichte geradezu umfing. Im Geiste sah ich die zweirädrigen Holzkarrengespanne über das Pflaster poltern oder eine Gruppe römischer Soldaten auf Patrouille gehen. Sehr inspirierend!

Mein Hotel „Liberty" befand sich, wie sich zeigte, direkt im Kurbezirk mit anderen schönen Hotels, die dem Ort ein durchaus mondänes Bäderflair verliehen. Das verleitete mich dazu, am Abend mal wieder etwas gehobener zu speisen. So ließ ich mir als einer von wenigen Gästen drei Gänge von der freundlichen jungen Bedienung servieren und wählte zu jedem Gang den entsprechenden Wein. Festlich!

FREITAG, 29. JUNI 2018

Levico Terme — Castelnuovo (19 km)

Die Strecke heute sollte überschaubar werden. Ich ließ mir beim Frühstück Zeit und brach erst gegen halb zehn auf. Die fünfzig Euro Übernachtungspreis im Kurhotel hatten mich positiv überrascht. Für die Ankunft und Übernachtung im B&B in Castelnuovo musste ich vorher in Borgo Valsugana noch etwas fürs Abendessen einkaufen. Aber dafür war noch genügend Zeit. Die Sonne schien nicht allzu heiß und ich kam auf dem Radweg in Richtung Borgo gut voran.

Auffällig war, wie intensiv und mit welch moderner Technik überall die Grasflächen gemäht wurden: auf den Grundstücken sowieso, aber auch an den Straßen, den Radwegen, an den Feldrändern, zwischen den Feldern. Irgendwie kam es mir da in Deutschland vernachlässigter vor. Schon wie in Tirol und Südtirol die Bauern ihre steilen Bergwiesen gemäht hatten: mit Mähbuggies und Motorsensen, unterstützt von ihren in den Hängen herumkraxelnden Frauen und Kindern, die alles zusammenharkten – in Deutschland kaum vorstellbar. Hier fuhr nun ein junger Mann am Rande des Radweges mit einem Mähfahrzeug mit Gummiketten herum, das er mit einem Stick ferngesteuert manövrierte. Es war mir schon in Leipzig im Herzzentrum durch den Kopf gegangen: meine Herzoperation, die sogenannte Ablation, wurde vom Operateur vor dem Bildschirm mit zwei Sticks ausgeführt. Vielleicht ist es nun doch so, dass diejenigen Kinder, die viel Zeit vor ihrer Spielkonsole mit Autorennen und Ballerspielen zugebracht haben, plötzlich die besseren Berufschancen haben? Und vielleicht sogar die geschickteren Doktoren sind?

Dass sich das Herumlungern vorm Computer bei denjenigen, denen nichts anderes eingefallen war, als Informatik zu studieren, in der beruflichen Laufbahn in der Regel auszahlte, war sowieso schon erwiesen. Da haben es die kreativen Kinder, die ihren Eltern seinerzeit mit ihrer Computer-Abstinenz viel Freude und Stolz bereitet haben, deutlich schwerer. Schon bei der Wahl ihres Berufs- oder Studienwunsches, und dann noch viel mehr beim Einstieg ins Berufsleben. Denn nach dem interessanten Studium von Literatur, Kunst oder Orientalistik drängen sich mitnichten berufliche Wege wie von selbst auf.

Ich lief wieder die meiste Zeit auf einem Radweg. Obwohl noch Werktag war, waren schon viele Radfahrer unterwegs, eigentlich wie sonst nur am Wochenende. Und meist mit Rennrädern, vor allem junge Männer, aber auch Kinder sowie Frauen und Männer jeden Alters! Und alle, aber wirklich alle in gestylten Renntrikots und mit in den Pedalen eingerasteten Radschuhen, so wie man es von Radrennen her kennt. Dass es so viele waren, lag ohne Zweifel an der sehr schönen Strecke durchs Valsugana (Sugana-Tal). Eigentlich hatte ich angenommen, es hier mit viel Verkehr zu tun zu bekommen. Den gab es auch, aber ich hörte kaum etwas davon.

Gegen sechzehn Uhr, immer noch sehr früh, obwohl ich drei Kilometer mehr als zum vorgeschlagenen Ankunftsort gelaufen war, wurde ich am B&B „Da Monte" von meinen Gastgebern schon am Zaun herzlich begrüßt. Wir konnten uns mit einem Gemisch aus Italienisch und Deutsch gut verständigen, und ich bekam faktisch eine große Maisonette-Ferienwohnung für diese eine Nacht. Beim Eintragen der Personaldaten in den Meldezettel plötzlich der Schreck: Ich fand meinen Ausweis nicht mehr! Mist! Was nun? Meine freundliche Gastgeberin Annalisa rief sofort in meinem letzten Hotel an. Zum Glück: Die hatten ihn! Annalisa bot mir an, dass ihr Mann nachher mit mir zurück nach Levico Terme fahren würde. Gesagt, getan, und ich bekam meinen Ausweis wieder. Ich wollte meinem Gastgeber zwanzig Euro fürs Benzin geben, was er schroff ablehnte.

Abends saß ich auf meinem Balkon, mit einem Feierabendbier und fantastischem Blick auf die gegenüberliegende Bergkette. Ich saß bis in die Dämmerung und immer noch, als es schon dunkel geworden war.

SAMSTAG, 30. JUNI 2018

Castelnuovo — Primolano (22 km)

Annalisa und ihr Mann waren schon am Vorabend sehr zugewandt gewesen, und alles in der Wohnung war mit Liebe hergerichtet. Sie hatten mir Bier hingestellt, ebenso einen Obstteller, die Handtücher waren mit Schleifen umwunden, Blumen standen auf dem Tisch und mein Bett war halb aufgeschlagen. Was ich ahnte, traf ein: Das Frühstück war königlich! Der weiß gedeckte Tisch war voll mit Wurst, Käse (dessen Herkunft mir der Hausherr genau erläuterte), Brötchen, Kuchen, Plätzchen und Marmeladen verschiedenster Sorten. Und für meinen Wunschkaffee wurde heiße Milch geschäumt. Dazu lag verschiedenes Obst auf dem Tisch (Orangen, Aprikosen, Äpfel). Und ich befürchtete, dass die Übernachtung eher zu preiswert ausfallen würde. Nachdem ich – unter Nötigung – mehr als sonst gegessen hatte, die verschiedenen Joghurts habe ich noch gar nicht erwähnt, wollte ich gleich meine Rechnung begleichen. Ich rechnete damit, dass mir auch Annalisa kein Geld für das Holen des Ausweises abnehmen würde, wollte es aber versuchen. Und für den Fall, dass sie ablehnte, könnte ich es dann beim Verlassen des Zimmers einfach auf den Tisch legen.

Und so war es auch. Sie hob beide Hände abwehrend in die Höhe. Ich bat sie, es anzunehmen, da das Geld nichts im Vergleich zu den Unannehmlichkeiten wäre, die ich ohne Ausweis hätte. Sie sah fragend ihren Mann an. Der zuckte mit den Schultern und sagte etwas mit „culpa“. Es sah so aus wie: „Dann nimm es halt! Er will eben keine Schulden bei uns haben!“ Und es klang nicht fröhlich, sondern eher resigniert. Ich antwortete: „No culpa! Sono felice! Voglio dire grazie!“, was heißen sollte: Ich will einfach nur Danke sagen! Die Erstattung der Benzinkosten ist doch das Mindeste! Ich war doch mehr als froh, dass ihr Mann mit mir zurück zum Hotel gefahren war.

Wie zum Trotz sagte er dann: „Dann muss er uns aber auch segnen, uns und unser Haus! Schließlich ist er Pastor!“ Was war das wieder für eine Logik? Aber den Gedanken, beide zu segnen, hatte ich vorher selbst schon gehabt. Im Auto hatten wir, in aller sprachlichen Gebrochenheit, über vieles gesprochen: unsere Berufe, unsere Familien mit Frauen, Kindern und Enkelkindern, aber auch über Elisabeth und Franziskus und nicht zuletzt über den Zölibat. Und es beschwerte offenbar sein Herz, dass einer seiner Söhne nichts mit Gott anfangen konnte und seine beiden Enkelkinder nicht getauft waren. So war auch klar, dass dieser Segen ihm wichtig war.

Ich erklärte, nur meine Sachen zusammenzupacken und dann runterzukommen. Als ich fertig war, klopfte ich an ihre Tür, die sofort geöffnet wurde. Wir stellten uns im kleinen Kreis auf. Ich sagte: „Vogliamo pregare!“ Wir falteten sogleich die Hände und ich betete ein Dankgebet für die beiden. Dann ein Vaterunser, in das sie – auf Italienisch – einstimmten. Dann legte ich ihnen die Hände auf den Kopf und sprach den Aaronitischen Segen und noch ein Wort fürs Haus mit Kreuzzeichen im Sinne von: „Friede diesem Haus und allen, die hier gehen ein und aus!“ Er lächelte mich dankbar an, Annalisa kam auf mich zu und gab mir links und rechts einen Kuss. Dann gaben sie mir von den zwanzig Euro fürs Benzin zehn zurück. Das war ein guter Deal. Den vielen Kuchen, frisch und duftend, hatten sie mir eingepackt als „Paket“ und „Brot für den Weg“. Ich nahm beides, verstaute Geld und Essen, huckte meinen Rucksack auf, und Annalisa brachte mich zum Hoftor. Noch mal zwei Wangenküsse, kurzes Winken, und ich zog los.

Nach einer Weile fiel mir unterwegs ein, dass ich meine abendliche Flasche Bier gar nicht bezahlt hatte. Daran hatte ich wegen der ganzen Benzindebatte nicht mehr gedacht. Und im Kühlschrank hatte ich mein am Vortag gekauftes Obst und etwas Käse vergessen. Immerhin, das war ausgleichende Gerechtigkeit. An einem Brunnen füllte ich meinen Wasserbeutel mit frischem Quellwasser auf und war gut auf dem Radweg unterwegs. Nach anderthalb Stunden, ich war vielleicht sechs Kilometer von Castelnuovo entfernt, hielt neben mir ein Motorroller. Als der Fahrer den Helm abnahm, musste ich ausrufen: „Nein! Das darf nicht wahr sein!“ Es war mein Gastgeber. Er nahm einen Beutel, zog zuerst meine Tube „Rei“ heraus und zeigte auf meine Strümpfe. Dass ich die auch vergessen hatte, war mir natürlich überhaupt noch nicht aufgefallen. Ich nickte: „Molto importante!“ Dann meine Früchte und den Käse. Ich wies auf mein unbezahltes Bier hin: „Devo pagare una birra!“ Er winkte ab, wünschte mir eine gute Reise: „Buon viaggio e buon cammino!“, und stieg auf den Roller. „Fahren hier verboten!“, und weg war er.

Ich schaute ihm lange hinterher. Erstens war ich bestürzt, wie zerstreut ich die letzten beiden Tage war und was ich alles vergessen hatte. Und zweitens dachte ich: Wenn die beiden nur mit jedem zweiten Gast so viel Arbeit und Aufwand haben wie mit mir, wird es schwierig mit ihrem Geschäftsmodell. Also gut, weiter! Es sollte ein heißer Tag werden, hieß es.

Ich kam gut voran. Auch wenn der größte Teil des Weges auf dem Radweg verlief, fühlte ich mich doch abseits vom Verkehrstrubel und angeregt durch das bezaubernde Valsugana. Allerdings, da nun Wochenende war, vervielfachte sich der Radverkehr. Andauernd kamen Gruppen in ihren einheitlichen Trikots, manchmal Dreier- oder Vierergruppen im gemeinsamen Rennoutfit. Manchmal aber auch zehn, zwanzig und mehr Fahrer, so dass ich den Eindruck hatte, es wären ganze Fahrradclubs unterwegs. Die einen in blauen, die nächsten in gelben, die anderen in schwarzen Trikots. Und alle, aber wirklich alle, fuhren wie der Teufel, so, als ob es um Siegesprämien ginge. Ich musste immer an die Seite gehen, wenn wieder eine Gruppe auf mich zukam – aus Angst, einer von ihnen nähme den Kopf nicht hoch und führe mich über den Haufen.

So kam ich gegen fünf bei meiner gebuchten Albergo „Valsugana“ an, die – geschlossen war! Das hatte ich im Telefonat schon mitbekommen. Aber dennoch hatte mir die fröhliche Frau am Telefon – das war meine Meinung – ein Zimmer zugesagt, und wir hatten uns verabschiedet mit „Ci vediamo!“ – wir sehen uns – und einem herzhaften Lachen. Nun aber war alles verrammelt! Ich hatte mein Kommen gegen siebzehn Uhr annonciert. Aber es kam niemand. Ich klopfte an der Tür. Ein der Stimme nach kleiner Hund bellte innen wie wild, aber nichts Menschliches rührte sich.

Nach zwanzig Minuten entschloss ich mich weiterzugehen. Vielleicht in den nächsten Ort? So spät war es noch nicht. Aber dann fiel mir ein, dass in meinem Pilger-Guide noch eine zweite Herberge für diesen Ort angegeben war, ein kleines Hotel hinter der Kirche. Es war kurz vor sechs, Leute gingen in die Abendmesse und die Glocken läuteten, als ich den Gastraum betrat.

Paolo, ein schlanker Mann in meinem Alter mit wenigen, dazu sehr reparaturbedürftigen Zähnen begrüßte mich herzlich. Ich trug mein Anliegen vor, und er hatte ein Zimmer, sogar sehr preiswert. Als wir es aufsuchten und in den zweiten Stock gingen, sah ich, dass Paolo das Haus eher wie eine Galerie oder eine Bibliothek eingerichtet hatte. Überall waren gefüllte Bücherregale, verschiedene Plastiken standen im Gastraum, auf der Treppe oder in den Gängen. Mein Zimmer war schlicht eingerichtet – mit uralten Dielen, einem alten dunklen Bett mit ein Meter fünfzig hohem Kopfteil über der Matratze und dazu passendem drei Meter fünfzig hohem Schrank. Alles in allem sehr spartanisch. Und trotzdem hatte ich den Eindruck, in einem alten Palazzo zu übernachten. Dusche und Klo befanden sich passend dazu draußen auf dem langen Gang.

Paolo managte an diesem Abend alles allein. Es waren noch mehr Gäste da, und er bediente und kochte gleichzeitig. Und beides vorzüglich, unaufgeregt und freundlich. Er hatte erzählt, die meiste Zeit seines Lebens verschiedene Berghütten bewirtschaftet zu haben. Daher kam also das Organisationsvermögen. Als er sechzig wurde, war dies Leben ihm zu hart geworden. Er hatte sich vor nicht allzu langer Zeit diesen Gasthof gekauft und lebte nun – wie er sagte – im Tal ruhiger.

Am Abend kam noch ein junger Mann aus Wien ins Gasthaus. Wie sich herausstellte, auch ein Pilger, der in Innsbruck den Weg begonnen hatte. Joseph war neunundzwanzig, hatte mit einem Freund vor ein paar Jahren eine Firma gegründet und nebenbei erst seine Mutter und wenig später nach deren Tod auch seinen Vater gepflegt. Im letzten Jahr war ihm alles zu viel geworden, er begann, schlecht zu schlafen und unruhig zu werden. Also hatte er sich zum Pilgern entschlossen, seinem Compagnon Vollmachten gegeben und wollte nun sein Verhältnis zu sich, seinem Vater und seiner Arbeit klären. Er war an meinen Tisch gekommen, und wir unterhielten uns fast bis Mitternacht über all dies und vor allem auch über Glaubensfragen. Denn Joseph war auch aktiv im Gemeinderat seiner katholischen Pfarrei.

SONNTAG, 1. JULI 2018

Primolano — Bassano del Grappa (31 km)

Paolo hatte ein eher schmales Frühstück serviert, mit Brot, Käse und Marmelade, aber mit gutem Kaffee! Ich machte mich früher als Joseph, der eine deutlich schnellere Frequenz lief, auf den Weg, denn heute galt es, erstmals mehr als dreißig Kilometer zu laufen. Gegen neun Uhr war es schon ziemlich heiß, die Radfahrer waren auch schon wieder unterwegs und die Schweißausbrüche ließen nicht lange auf sich warten. Nach einer guten Stunde holte mich Joseph ein und zog rasant an mir vorbei.

An einem Sportplatz rief mir eine Männerrunde Fragen zu und winkte mich heran. Sie feierten den eben errungenen Sieg ihrer Enkelkinder in einem Fußballspiel mit Bier und Prosecco und boten mir auch etwas an. Ich lehnte die alkoholischen Getränke ab, ließ mich aber zum kalten, sehr lecker aussehenden und in Scheiben geschnittenen Braten überreden. Wir plauderten heiter und zwanglos eine gute halbe Stunde über mein Woher und Wohin. Mir wurde klar, dass die Italiener noch weniger mit meiner Heimatstadt Eisenach anfangen konnten als schon die Bayern und die Österreicher. Also gewöhnte ich mir an, erstmal von der Stadt zu sprechen, in der die Heilige Elisabeth gewirkt hatte. Das sorgte bei den meisten für verständnisvolles Kopfnicken, aber für nicht viel mehr. Dann wies ich als zweites auf Martin Luther hin, der auf der Wartburg die Bibel übersetzt hatte. Bei diesem Hinweis wechselten sich immer erstaunte Anerkennung und skeptisches Stirnrunzeln ab. Luther stieß hier auf geteilte Meinungen! Dann zog ich aber zum Schluss meine Trumpfkarte aus dem Ärmel: Eisenach ist die Geburtsstadt von Johann Sebastian Bach! Bei diesem Hinweis hellten sich immer die Gesichter auf: „Guter Mann! Gute Musik! Und aus dieser bedeutenden Stadt kommst du also? Da müsste man ja direkt auch mal hinfahren! Wo liegt das genau?“

Trotz meiner limitierten Sprachkenntnisse konnten wir uns gut verständigen und hatten vor allem viel Spaß miteinander. Sie packten mir noch zwei Flaschen Wasser ein, und nach einem gemeinsamen Gruppenfoto verabschiedeten wir uns herzlich.

Der weitere Weg am letzten Tag im Sugana-Tal ging gut voran, so dass ich trotz mehrerer kleinerer Pausen gegen achtzehn Uhr in Bassano del Grappa und der dortigen Jugendherberge ankam. Nach einem kleinen Spaziergang durch die schöne, von vielen jungen Menschen belebte Innenstadt ließ ich den Abend auf einer gemütlichen Piazza vor einer Osteria sitzend bei Pizza und Wein entspannt ausklingen.

8. WOCHE
2.–8. Juli 2018

Von Bassano del Grappa nach Brisighella

MONTAG, 2. JULI 2018

Bassano del Grappa — Camposanpierro (35 km)

Mit etwas Respekt war ich am Morgen losgegangen. Immerhin sollte dies die bisher längste Tagesdistanz werden. Ich war mir nicht sicher, ob ich einigermaßen in der Zeit bleiben würde. Denn ich musste spätestens um neunzehn Uhr in Camposanpierro im Franziskanerkloster sein. Bis dahin hatte nämlich die Rezeption geöffnet und so lange würde ein Herr Simone auf mich warten. Also hatte ich etwas früher gefrühstückt und war dann schon vor neun auf dem Weg. Bassano gilt als das Tor in die Poebene. So reichen die Berge des Valsugana bis an die Stadt, und der Fluss Brenta kommt stürmisch in sie hineingestürzt. Die Straßen am gegenüberliegenden Ende der Stadt führen in die platte Weite. So blickte ich nach einiger Zeit etwas wehmütig auf die schwindenden Bergketten zurück und lief doch vorwärts in die ungeliebte Fläche. Allerdings erwies sich der Weg als gar nicht so erschreckend. Es war zwar eine weite Strecke, aber die meiste Zeit ging ich am Fluss Muson entlang, vor allem im Schatten. Auch war es morgens noch bewölkt und damit nicht so heiß. Das änderte sich gegen Mittag. Obgleich ich immer noch am Fluss ging, stach die Sonne nun mehr und mehr, und die Hitze machte das Laufen immer anstrengender.

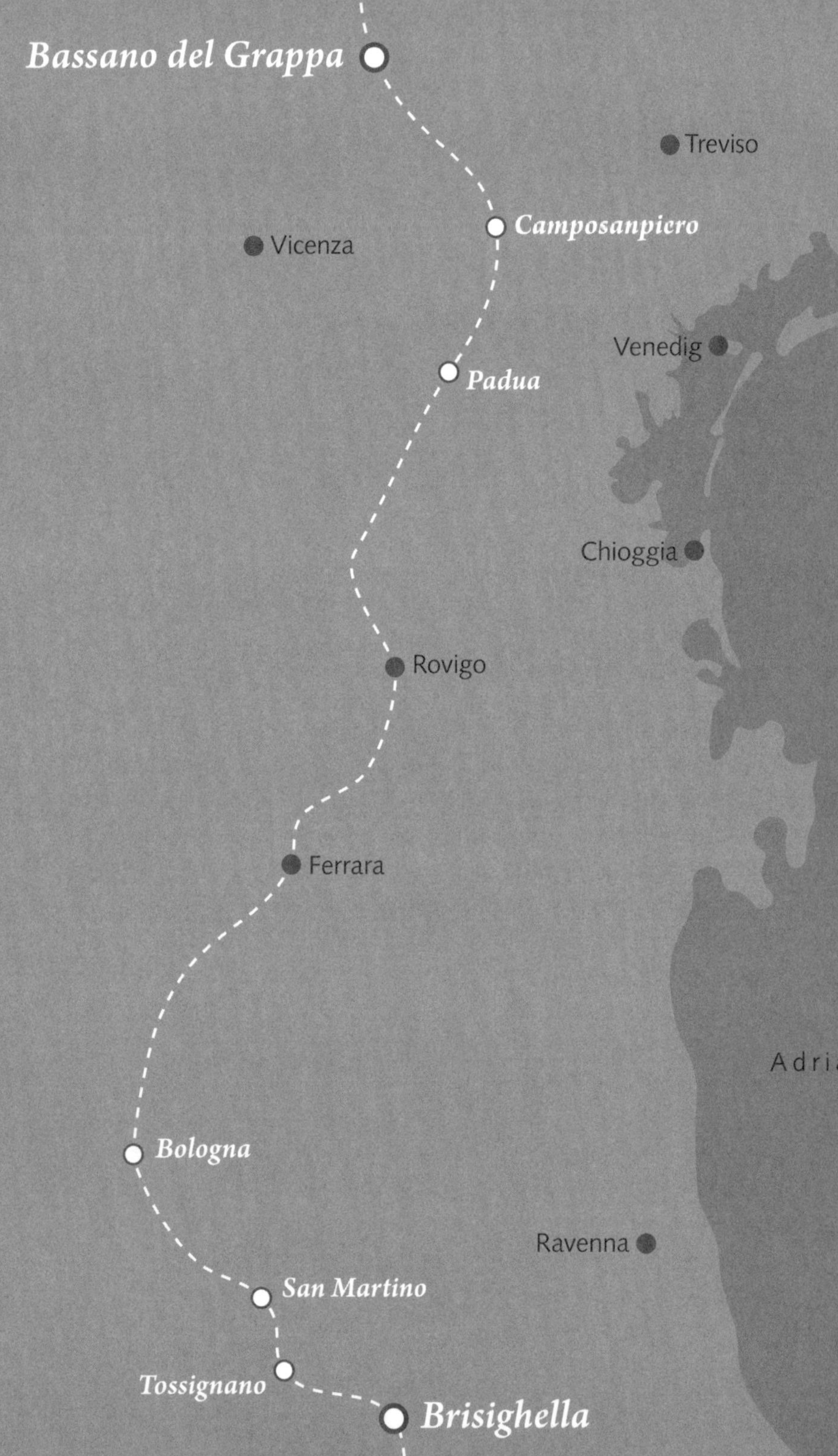
Bassano del Grappa
Treviso
Camposanpiero
Vicenza
Venedig
Padua
Chioggia
Rovigo
Ferrara
Adria
Bologna
Ravenna
San Martino
Tossignano
Brisighella

Ich musste viel trinken. Die zwei Liter aus meinem Wasserschlauch waren schnell weggetrunken, nach einem Kurzeinkauf in einem Supermarkt trank ich auf einen Zug einen Liter Apfelsaft, etwas später zum Mittagsimbiss einen halben Liter Radler. Abends in einer Bar auf dem Markt von Camposanpierro zischte ich mühelos noch zwei große Gläser Bier und anschließend im Kloster, beim Schreiben in mein Reisetagebuch, noch einen Liter Cola. Das waren zusammen fünfeinhalb Liter Flüssigkeit. Aber der Durst war immer noch da.

Ansonsten war dieser Tag nicht besonders abwechslungsreich: Ich war neun Stunden nur gelaufen, mit einem Schnitt von vier Kilometern in der Stunde. Dazwischen gab es drei kurze Pausen von jeweils zwanzig Minuten, so dass ich gerade so zehn Minuten vor neunzehn Uhr an der Klosterpforte stand. Die Unterbringung war aber sehr gediegen. In der Regel bekommt jeder Pilger in der „Casa de Spiritualita" ein Einzelzimmer mit Bad. Und dazu ein Frühstück. Das Ganze für elf Euro! Nicht schlecht!

DIENSTAG, 3. JULI 2018

Camposanpierro — Padua (25 km)

Sehr gut ausgeschlafen und nach einem vergleichsweise abwechslungsreichen Frühstück zeigte mir der junge Rezeptionist noch die Klosterkirche, die sehr schlicht und hell war und in der mir vor allem eine Statue des Franziskanerpaters Maximilian Kolbe auffiel. Leider war an Andacht nicht zu denken, weil außen am Gemäuer der Apsis jemand mit einem Presslufthammer am Werke war, was natürlich fürchterlich dröhnte. Also ging ich relativ schnell wieder hinaus und in den Park des Klosters, wo eine kleine Kapelle stand.

Camposanpierro ist der Ort, an dem vor allen anderen Franziskanern der Heilige Antonius verehrt wird. Das jetzige Klostergelände war früher der Landsitz eines Adeligen, der Antonius und seine Mitbrüder immer wieder bei sich aufnahm, damit sie sich von dem ständigen Herumziehen für eine Weile erholen konnten. Das gehörte eben auch zum weitgehend entbehrungsreichen Leben der Mönche. Sie waren dankbar für wohlwollende und vor allem wohlhabende Sympathisanten, die ihnen für einige Zeit Gastfreundschaft gewährten. So konnten sie sich in einem geschützten Raum wie in einer „Wanderprediger-Kommune auf Zeit“ wieder gegenseitig stärken und motivieren, An der Stelle, wo jetzt im Park die Kapelle ist, stand zu Zeiten des Heiligen ein Nussbaum. Auf diesen soll eines Tages Antonius geklettert sein, um von da aus zu den offenbar vielen hundert herangeströmten Menschen besser hörbar und sichtbar predigen zu können. Nach und nach war er immer öfter und länger auf dem Baum. Schließlich, so hieß es, hat er seine letzten Lebensmonate komplett im Baum verbracht. Er wurde zu seinen Lebzeiten bereits als begnadeter Prediger und Heiliger verehrt. Eine gewisse Verhaltensauffälligkeit war offenbar schon damals für die Popularität nicht nur nicht schädlich, sondern vermutlich sogar förderlich.

Vor dem Hauptgebäude, ich wollte gerade das Klostergelände verlassen, traf ich Joseph wieder. Er hatte auch hier im Kloster übernachtet und wollte sich nun vor dem Aufbruch noch einen Pilgerpass für den „Ultimo Cammino“ besorgen. Das ist ein kurzer Pilgerweg mit dem Start in Camposanpierro, einem Zwischenstopp in Arancella und dem Zielort Padua. Er gilt als nachgepilgerter letzter Weg des Heiligen zu seiner Begräbnisstätte in Padua, als vollgültig absolvierter Pilgerweg, was immer das hieß. Vermutlich hatte das wieder etwas mit einem bestimmten Ablass zu tun. Gleichwohl, ich schloss mich an und holte mir auch einen Pilgerpass für den „Ultimo Cammino“, meinen ersten. Denn bis jetzt war ich zwar mit einem Pilgersegen ausgestattet, aber ohne Pilgerpapiere! Joseph war kein Frühaufsteher und etwas später dran, wollte sich aber auch noch in Ruhe den Park und die Kapelle ansehen.

Heraus aus dem außerhalb des Klosters eher tristen Camposanpierro ging ich fünfundzwanzig Kilometer geradeaus an einem Kanal. Zunächst war der Himmel bedeckt und es ließ sich gut laufen. Ab Mittag aber brach wieder die Sonne durch und es wurde schwülheiß und beschwerlich.

Wichtiger Haltepunkt auf dem Weg war Arancella. In der Kirche traf ich einen Küster, der mir in meinen Pilgerpass den Stempel drückte. Eben brachte mich der Mann aus der Sakristei zurück in die Kirche, als Joseph mit demselben Anliegen auf uns zukam. Ich wartete eine Weile und setzte mich in die Kirchenbank. Antonius hatte schon sterbenskrank und das nahe Ende fühlend in Camposanpierro seine Mitbrüder gebeten, ihn nach Padua zum Sterben zu bringen. Sie legten ihn auf eine Trage und gingen los. Er schaffte es lebend aber nur noch bis Arancella. Als Sterbeort des Heiligen hatte die Kirche also eine besondere Bedeutung.

Als Joseph wiederkam, schlug ich ihm vor, die letzten Kilometer bis Padua gemeinsam zu gehen. Bei der Ankunft in Padua holten wir uns an der Antonius-Basilika unseren dritten Stempel und hatten somit die Bedingungen für das Zertifikat für den „Ultimo Cammino", den letzten Weg des Heiligen, der seine Ruhestätte in der Basilika bekommen hat, erfüllt. Und gleichzeitig ließen wir uns Pilgerpässe für den weiteren Antoniusweg ausstellen. Ich war überzeugt, dass das für den Pilgerstatus hier in Italien sehr angebracht war.

Für mich war Padua so etwas wie ein Zwischenziel. Ich hatte bis hierher neunhundertneunundneunzig Kilometer zu Fuß zurückgelegt. Von hier aus wollte ich bis Bologna mit dem Zug fahren, weil ich immer noch keine Begeisterung für die Poebene entwickeln konnte. Von Bologna aus war es dann möglich, mit nur einer Tagesetappe wieder in die Berge zu kommen. Joseph dagegen wollte weiter in der Ebene laufen.

Zwischenziel und Zertifikat – zwei gute Gründe, um erst einmal ein kühles Bier auf dem Platz vor der Basilika zu trinken. Das allerdings mit einem neuen Spitzenwert von sechs Euro für den halben Liter. Den zusätzlichen Euro konnten wir uns ganz einfach mit dem großartigen Blick auf die Basilika erklären, die mit ihren vielen Kuppeln und Türmen mehr byzantinisch als italienisch wirkte. Danach steuerten wir unsere gebuchte Jugendherberge an, die offenbar privat betrieben wurde und etwas heruntergekommen war, und bezogen ein Sechsbettzimmer mit Kasernencharme. Da es unser letzter gemeinsamer Abend war, gingen wir abends noch zusammen essen. Joseph steuerte gleich das erste Restaurant um die Ecke an und wir fanden uns – ganz unpilgerlich – in einem Gourmét-Restaurant wieder. Aber es war dort sehr gemütlich in entspannter Atmosphäre.

Joseph hatte ein ausgesprochenes Interesse daran, über Glaubensfragen und religiöse Themen zu diskutieren. Schon am Abend bei Paolo hatten wir uns über Gott und die Welt unterhalten. Heute tauschten wir uns auch über unsere Familien aus. Er hatte keine feste Beziehung, weil ihm die berufliche und familiäre Beanspruchung in den vergangenen Jahren dazu gar keinen Raum gelassen hätte. Das könnte ja künftig anders sein. Ich erzählte ihm jedenfalls, dass eine feste Beziehung und Kinder noch einmal einen ganz anderen Blick auf das Leben mit sich brächten. Und noch mal beglückender wäre es, Enkelkinder zu haben und Großeltern zu sein. Er erzählte von seiner Großmutter, die sehr betagt in den hohen neunziger Jahren gestorben sei. Obwohl sie sehr, sehr schwach war, wollte sie einfach nicht sterben – aus Angst, und zwar vorm Fegefeuer! Das fand ich sehr befremdlich!

Eigentlich ginge es doch darum, angesichts des eigenen Sterbens seinen Frieden mit sich, dem Sterben und mit Gott zu machen. Gerade um dann friedlich sterben zu können in der Hoffnung auf Gottes Gnade und die Auferstehung. Das wäre doch gerade die frohe Botschaft des christlichen Glaubens. Genau deshalb sagen wir ja auch: Ruhe in Frieden! Jedenfalls bis auf Weiteres. Welchen Sinn soll da ein Fegefeuer haben? Das hört sich doch eher nach Disziplinierung mittels Angst an. Ich hatte auch mit Erstaunen vor einiger Zeit ein frisch restauriertes Wegekreuz gesehen mit der Aufschrift: „Heilige Maria, Mutter Gottes, hilf uns und bewahre uns vor dem Fegefeuer!" War Letzteres noch aktuelles Glaubensgut?

Ich fragte Joseph, was er denn vom Fegefeuer hielte und ob er damit rechne. Ich merkte, dass er schon damit umging und es für sich nicht ausschloss. Für ihn wäre es so eine Art Läuterung und Reinigung, um Gott näherzukommen. Damit hatte ich Mühe. Weil das voraussetzte, dass die menschliche Seele auch nach dem Tode noch eine dynamische Entwicklung erleben müsste und in einer qualitativen Bewegung wäre, tiefer ins Fegefeuer und weiter weg von Gott oder raus aus dem Fegefeuer hin zu Gott! Und würde das vom eigenen Wollen abhängen? Oder wer sollte den Impuls für diesen Prozess geben?

Das war ja gerade der Hintergrund, weswegen Luther das Geschäftsmodell des Ablasshandels bekämpft hatte. Vor Gott gut dastehen, weil man für Geld einen abgestempelten Zettel gekauft hat? Mitnichten! Jetzt ließ ich den Protestanten raushängen: Entscheidend soll sein, ob jemand an Gott glaubt und daran, dass er durch den Glauben an Jesus zu Gott findet. Gerecht vor Gott allein durch Glauben! Damit hatte nach Luther der einzelne Mensch Zugang zu Gott ohne das Mittleramt der Institution Kirche mit dieser fragwürdigen Praxis. Zumal die

Kirche dann noch gieriger wurde und ab einem bestimmten Punkt den Ablass der Sünden nicht nur auf die Lebenden bezogen, sondern sogar auf die Verstorbenen ausgeweitet hatte. So kauften die Menschen aus Angst und Sorge nicht nur für sich, sondern auch für ihre verstorbenen Eltern, Großeltern oder sonstige Verwandten Ablassbriefe, mit denen ihnen – je nach der Höhe des Geldbetrages – entsprechende Jahre im Fegefeuer verkürzt würden. Aber was sollten zwanzig Jahre hin oder her angesichts der Ewigkeit? Und wie verhielte sich eigentlich das Fegefeuer zum Jüngsten Gericht, dem Tag, an dem Jesus entsprechend des christlichen Glaubens wiederkehrt und Gericht über Verworfene und Gerechte hält? Das wäre, so erklärte ich, für mich eigentlich der Zeitpunkt, wo mit Blick auf Himmel und Hölle Nägel mit Köpfen gemacht würden. Dann müsste das Fegefeuer, wenn man es jetzt schon fürchten müsste, so eine Art „Vorglühen“ sein?

Da hielte ich es lieber mit Luther. Für ihn waren die Toten tot und man konnte nach ihrem Tod nichts mehr für sie tun. Schon gar keine Ablassbriefe kaufen. Sie, oder besser ihre Seelen, befänden sich nach dem Tod aber nicht in einem Fegefeuer, sondern in einem Ruhezustand, im Stand-by sozusagen, oder in einem befriedeten Zustand. Und zwar bis zum Jüngsten Tag und zum Jüngsten Gericht. Aber zuletzt ging es bei dieser ganzen Ablassgeschichte gar nicht um Plausibilität, sondern um Geld! So oder so nahm ich mir vor, zu Hause dem Ganzen noch einmal theologisch nachzugehen und genauer zu verstehen, wie das Fegefeuer nicht nur in der Volksfrömmigkeit, sondern in der katholischen Theologie verortet ist. Bisher war ich nicht auf die Idee gekommen, dass dieses Thema noch so relevant sein könnte.

Wir redeten uns die Köpfe heiß und merkten, dass wir darüber unterschiedlich dachten und auf unseren Meinungen beharrten. Es war Zeit, zurück in die Jugendherberge zu gehen. Als der Kellner die Rechnung präsentierte, ich hatte Joseph eingeladen, dachte ich doch für eine Sekunde, dass etwas dran sein könnte am Fegefeuer! Gab es aber natürlich nicht zu! Später im Ostello, als irgendjemand wegen der Mücken in der Nacht das Fenster geschlossen hatte, wurde es immer wärmer und stickiger. An Schlaf war nicht zu denken. Irgendwie passte das auch zum Thema.

MITTWOCH, 4. JULI 2018

Padua — Bologna mit dem Zug

Die Jugendherberge in Padua war die unübertroffen scheußlichste Absteige dieses Übernachtungssegmentes. Den Vogel aber schoss das Frühstück ab. Es gab uralte, steinharte Brötchen mit Marmelade und Nusscreme. Hinter dem Tisch mit diesem Angebot stand aber nicht etwa jemand aus der Küche, sondern ein Mann vom Sicherheitsdienst. Der achtete darauf, dass jeder nur einen kleinen Minibecher Orangensaft und nur eine mickrige Tasse Kaffee trank und maßregelte die Gäste bei entsprechenden Zweitversuchen. Es war das mit Abstand schlechteste Frühstück seit zwei Monaten, und dann noch mit einem Aufpasser! Skandalös! Das regte mich furchtbar auf! Ich konnte mich nicht zurückhalten und musste ihn – aus psychohygienischen Gründen – erstmal so richtig anmosern! Und dann schimpfte ich auf Deutsch, mit Joseph am Tisch sitzend, immer noch gut hörbar weiter, den Mann immer mal wieder schmaläugig anblitzend, was ihn sichtlich verunsicherte. Aber geändert hat das nichts. Er ging nicht weg!

Nach diesem „Frühstück" verabschiedete ich mich von Joseph, besorgte mir am Bahnhof eine Fahrkarte und gab meinen Rucksack für den Tag in die Gepäckaufbewahrung. Denn schließlich wollte ich noch einen kleinen Gang durch die Stadt machen, vor allem noch die Antonius-Basilika mit dem Grabmal des Heiligen aufsuchen. Es war sehr prächtig, im Stile eines marmornen Säulenpavillons. Der Sarkophag erhöht mit einem Marmortreppenaufgang. Um ihn herum wachten viele dunkelbronzene Heiligenfiguren und Engel. Dazwischen leuchteten auf hohen kunstvollen Ständern meterhohe Kerzen. Ein königliches Grab für einen Franziskaner!

Die Stadt gefiel mir gut. Es gab viele verwinkelte Gassen mit einladenden Restaurants und Geschäften. Ideal zum Bummeln und Sich-treiben-Lassen. Ich besichtigte darüber hinaus die Kirche der Heiligen Justina, die noch größer war als die bereits sehr imposante Antonius-Basilika. Vor ihr befand sich ein großer Platz, auf dem ein kleiner Park von einem ovalen Kanal umfasst war, an dem rundherum eine Menge überlebensgroßer weißer Standbilder von Persönlichkeiten der Weltgeschichte aufgestellt waren. Schließlich fand ich auch das Palais, in dem gerade eine große Miró-Ausstellung gezeigt wurde, auf die in der Stadt zahlreiche Plakate aufmerksam gemacht hatten. So war die Zeit gut gefüllt und ich musste mich sogar noch etwas sputen, gegen sechzehn Uhr den Regionalzug nach Bologna zu bekommen.

DONNERSTAG, 5. JULI 2018

Bologna — Settefondi (20 km)

Das Ostello in Bologna befand sich nicht weit vom Bahnhof und war nach der heruntergerockten Absteige in Padua eine Erholung. Es war neu gebaut, die Zimmer waren geräumig und modern eingerichtet. Die Einzelzimmer waren aber alle belegt. So hatte ich ein Doppelzimmer, das ich mit fünfundfünfzig Euro auch als Doppelzimmer bezahlen musste. Das war schon viel für eine Jugendherberge. Aber ich wollte es so, nach der vergangenen, unerquicklichen Nacht im Mehrbettzimmer. Und ich schlief auf einer guten Matratze tief und fest bis zum Morgen. Diesem Niveau entsprach dann auch das Frühstück, ausgestattet mit Müsli, Obst, Toast, Wurst, Käse. Dazu Orangen- und Pampelmusensaft und Kaffee – und ohne überwachte Begrenzung.

Faktisch musste ich vom Bahnhof aus die halbe Stadt queren, um an den Stadtrand und an meinen Weg zu kommen. Ich sah nach, ob es sich einrichten ließ, die Grabkirche des Heiligen Dominikus, des Gründers des Dominikanerordens, aufzusuchen. Er ist, wie Antonius für Padua oder Franziskus für Assisi, der Stadtheilige für Bologna. Aber es hätte einen zu großen Umweg, um nicht zu sagen eine Strecke in die entgegengesetzte Richtung bedeutet. Also ließ ich es. So ist das eben beim Pilgern. Richtig Zeit zum Sightseeing ist da nicht. Obenan steht der Weg.

Bologna hat mich bei dem, was ich gesehen habe, nicht wirklich begeistert. Es gab zwar viele Arkaden an den breiten Straßen, aber die waren eher schmucklos, jedoch gut im Schatten zu laufen. Die großen Stadthäuser wirkten mächtig, hatten aber meist langweilige Fassaden. Da hatte mir das kleinere Padua mit seiner Altstadt mehr Freude und Lust zum Flanieren gemacht.

Gegen Mittag erreichte ich den Stadtrand und sah in ein paar Kilometern Entfernung die ersten Hügel des Apennin. Nun ging es wieder langsam und stetig bergauf. Beim Durchsteigen eines Weinberges sah ich über dem Tal ein dunkles Gewitter aufziehen, das schnell näher kam. Ich fand keine Unterstellmöglichkeit und musste mich also für den Regen präparieren. Ich zog mein gutes Regencape über mich und den Rucksack und wartete auf einer Bank sitzend auf den Regen, den ich so in aller Ruhe auf mich niedergehen lassen wollte. Das ging die ersten Minuten ganz unproblematisch, bis es zu hageln anfing. Bonbongroße Hagelkörner fielen auf einmal aus den Wolken, und ich sah zu, dass ich meinen Kopf aus der Schusslinie bekam. Ich duckte mich unter ein Gebüsch, hielt die Hände über den Kopf und ließ mir die Hagelkörner auf den durch den Rucksack geschützten Buckel prasseln. Eine halbe Stunde später war alles vorbei und die Sonne schien. Überraschenderweise hatte der Hagel keinen erkennbaren Schaden an den Weintrauben verursacht.

Leider machte ich kurz vor Ende des Tageszieles den Fehler, nicht genau meinen Guide zu lesen. An einer entscheidenden Stelle, einen Kilometer vor meiner Herberge, folgte ich in Gedanken (und wohl auch schon etwas abgeschlafft) dem ausgewiesenen Cammino. Genau das aber hatte der Guide hier nicht empfohlen. Also ging ich, obwohl ich nur einen Kilometer im Kopf hatte, drei Kilometer in die falsche Richtung, immer weiter in ein Tal hinunter, natürlich ohne dass der angekündigte Abzweig zu meinem B&B „Haus Claudia“ kam. Nach einigem inneren Rätselraten stoppte ich eine Autofahrerin, gab ihr mein Handy und bat sie, meine Herbergswirtin anzurufen. In der Überzeugung, dass sie beide nun wortreich miteinander geklärt hatten, wo ich mich befand, verabschiedeten wir uns. Ich sollte jedenfalls auf der Straße zurückgehen, um dann abgeholt zu werden. Nach zwanzig Minuten rief mich Donna Claudia, meine Herbergswirtin, an und fragte, wo ich denn nun eigentlich sei? Ich erklärte ihr mehr schlecht als recht, dass ich an der entscheidenden Kreuzung nicht nach links, wie eigentlich nötig, sondern dem Antoniusweg-Schild entsprechend nach rechts abgebogen wäre. Wir verabredeten, dass sie mich genau an diesem Schild abholen sollte. Das waren aber immerhin noch drei Kilometer zurück und wieder bergauf. Ich war ziemlich deprimiert, wie begrenzt in solchen Situationen mein Italienisch-Wortschatz war. Die Euphorie der ersten Tage war verflogen.

Jetzt war es schon achtzehn Uhr dreißig und ich war immer noch nicht angekommen.

Nach fünfzehn Minuten stoppte am halben Berg ein Auto. Es war der Mann von Donna Claudia, der sich zusammengereimt hatte, wo ich hingelaufen sein könnte. Das war schön und ich atmete erleichtert tief durch! Wir fuhren an dem besagten Schild vorbei, und er bedeutete mir, dass ich nicht der Erste sei, der ihre Pension wegen dieses Schildes verfehlt hatte. Er überlegte schon lange, es einfach abzureißen, hatte es sich aber noch nicht getraut. Es war ja, wenn auch geschäftsschädigend für sie, ein Zeichen für den Pilgerweg, der hier eine Alternativroute anzeigte.

Im „Haus Claudia" wurde ich herzlich aufgenommen. Meine nassen verschwitzten Sachen durfte ich in die Wäsche geben. Eine halbe Stunde später, gegen halb acht, war Essenszeit. Gemeinsam mit drei anderen ständigen Hausgästen und den Gastgebern saßen wir – ganz italienisch – draußen vor dem Haus an einem großen Tisch. Es gab gefüllte Zucchini. Nur ich als Pilger bekam vorher noch einen Teller mit Spaghetti Bolognese. Das Pilgermenü war im Preis inbegriffen. Wie natürlich auch das morgige Frühstück und ein riesiges Lunchpaket, mit dem ich noch das nächste Abendessen und Frühstück bestreiten würde. Und natürlich verschiedenes Obst wie Pfirsiche, Aprikosen und Pflaumen. Nach dem Essen saßen wir noch eine Weile beim Bier und plauderten, danach verzogen sich alle in ihre Zimmer.

FREITAG, 6. JULI 2018

Settefondi — San Martino (18 km)

Die Italiener mögen zum Frühstück gerne etwas Gebäck oder Kuchen. Also bot mir Donna Claudia ihren selbstgebackenen Rührkuchen an, der mir, obwohl ich kein großer Kuchenfreund bin, ausgezeichnet schmeckte. Dann gab es Toast, dazu wunderbare selbstgemachte Konfitüre, aber ohne Butter, versteht sich. Wer Wurst und Käse will, bekommt das natürlich. Aber auf dem Tisch steht davon erst mal nichts. Dafür aber Orangensaft, Obst und Joghurt. Man muss also nicht darben. Außerdem hatte sie mir – für den spottbilligen Preis von dreißig Euro für Übernachtung, abendliches Menü, Frühstück – noch besagtes Lunchpaket mit zwei riesigen mit Mortadella belegten Brötchen samt Obst gemacht.

Vor meinem Aufbruch wollte ich noch die Schlafstelle für den Abend organisieren und es mal wieder in einem Pfarramt, das eine Pilgerherberge haben sollte, versuchen. Ich erreichte Donna Morena, die Managerin dieser Wohnung, aber sie verstand mich nicht! Auf meine Anfragen und Erklärungen antwortete sie stets: „Pronto? Pronto?“ Immerhin hörte sie heraus, dass ich ein Pilger sei, und ich hörte heraus, dass eine Übernachtung möglich wäre. Aber da waren noch eine Menge Informationen, die mich überforderten. Nachdem ich also zugesagt hatte zu kommen, bat ich Donna Claudia noch einmal, dort anzurufen und meine Buchung zu bestätigen. Das war gut, denn wie sich zeigte, hatte Donna Morena mir dringend geraten, spätestens bis siebzehn Uhr da zu sein. Danach wäre es nicht mehr möglich, mich in die Wohnung zu lassen, warum auch immer!

Gut bepackt, marschierte ich los. Heute galt es also pünktlich anzukommen, trotz der beachtlichen Höhenmeter auf der Etappe. Gestern schon war ich in Richtung Settefondi lange auf einem wunderbaren Kammweg gelaufen. Links konnte ich in die unendliche Weite der Poebene blicken, und rechts von mir lagen lauter kleine Hügel und Berge als Vorläufer des Apennin, dessen Gipfel hier und da am Horizont sichtbar waren. Auch heute führte der Weg meist auf einem Kamm entlang. Eigentlich heißt das Bundesland Emilia Romagna, aber nach meinem Guide war ich gerade landschaftlich von der Emilia in die Romagna gewechselt. Nach Südtirol und dem Trentino war ich also nun in der dritten Region unterwegs. Bis nach Assisi würden noch die Toskana und Umbrien kommen.

Die Hügel waren ziemlich zerklüftet, aber auf dem Kammweg war so oder so eine herrliche Weitsicht zu genießen. Wieder zog ein Gewitter auf. Diesmal trieb es aber seitwärts an mir vorbei. Ich sah vor mir den dunklen Himmel, die Blitze und die in einen Regenschleier getauchten Hügel. Selbst aber ging ich in der Sonne und im Trockenen und konnte dem davonziehenden Gewitter entspannt nachblicken.

Gegen sechzehn Uhr, eine Stunde vor dem Limit, erreichte ich die Kirche, die samt Pfarrei als Zielort angegeben war. Allerdings war alles verschlossen. Ich klingelte an verschiedenen Türen. Es rührte sich nichts. In einem Nachbarhaus fragte ich einen jungen Mann nach Seniora Morena. Er kannte sie nicht. Also zückte ich mein Handy, wählte die entsprechende Nummer und drückte es mit dem Hinweis, dass mich Donna Morena nicht verstünde, dem jungen Mann in die Hand. Sie nahm ab, hörte offenbar erfreut, dass ich da war und sagte zu, gleich mit dem Auto zu kommen.

Zehn Minuten später fuhr sie an der Kirche vor, schloss die Türen auf und wir konnten uns, anders als am Telefon, sehr gut verständigen. Wie sich zeigte, war die Pfarrei gar keine Pfarrei mehr im Sinne, dass hier vielleicht jemand anzutreffen wäre. Nein, einen Pfarrer gäbe es hier schon seit siebzehn Jahren nicht mehr. Die Parochie sei zu klein. Alles machten seitdem Laien. Die Gottesdienste immerhin führten seit drei Jahren Kapuzinermönche durch, die aus einem fünfzig Kilometer entfernten Kloster kämen. „Aber die Pilgerwohnung", so Donna Morena, „die ist uns wichtig! Wir nutzen sie aber auch für Gruppen und Pfadfindertreffen. Wenn Sie nach Assisi kommen, beten Sie für uns!" „Ja", erwiderte ich, „das mache ich. Und das mache ich auch schon heute Abend!"

Im Guide hatte ich gelesen, dass eventuell das Hostel in Tossignano geschlossen sein könnte. Das bedeutete, bei einem Telefonanruf würde mir jemand wieder etwas ausführlich erklären, von dem ich kein Wort verstehen würde. Also bat ich, nach den guten Erfahrungen vom Morgen, Donna Morena um den Anruf. Sie war sofort und gerne dazu bereit, hatte auch in ihrem Smartphone die entsprechende Telefonnummer – identisch mit der in meinem Guide – parat. Aber es war jemand am Apparat, der offenbar nichts mit dem Hostel zu tun hatte und uns an jemand anderen verwies. Aber auch der war nicht auskunftsfähig, kannte aber den neuen Betreiber, einen gewissen Gabriele. Und er hatte dessen Rufnummer! Und tatsächlich: Das Ostello war in Betrieb und ich hatte ein Bett! Donna Morena reckte mit strahlendem Lächeln triumphierend beide Daumen hoch!

Für mich wären diese Gespräche unmöglich gewesen. Auf dieser Etappe des Weges gab es weniger Hotels, sondern schon mehr auf Pilger fokussierte Herbergen. Aber die wurden zum Teil vor allem mit ehrenamtlichen Kräften betreut. Das bedeutete: Am Telefon wurden ständig irgendwelche Umstände verhandelt, die in der professionellen Zimmervermietung von Gasthöfen und Hotels gar nicht vorkamen.

Ich entschloss mich, künftig die jeweiligen Wirtsleute zu bitten, meine Übernachtung für den nächsten Tag zu klären.

Bevor sich Donna Morena verabschiedete, erinnerte sie mich an den Stempel in meinem Pilgerpass und drückte ihn sorgfältig in das Dokument. Die ganze Etage überließ sie mir. Mit zwei großen Schlafsälen, Küche, Wohnzimmer und Bad. Sie gab mir die Schlüssel in die Hand, hatte noch Eier fürs Frühstück, Orangensaft und ein Bier für heute Abend im Kühlschrank verstaut und stapfte, mit ihren angeschwollenen bandagierten Beinen, fröhlich winkend davon. Das war Vertrauen! Wenn ich da an die verbarrikadierten Pfarr- und Gemeindehäuser in Deutschland dachte. Und das immer mit dem Hinweis: Der Herr Pfarrer ist gerade nicht da! Wir wissen auch nicht, wann er kommt! Aber ohne ihn können wir das nicht entscheiden und Sie ins Haus lassen. Und hier? Es gab auch keinen Pfarrer. Aber wo war das Problem? Die Schlüssel legte ich morgens auf die Treppe und zog die Tür zu!

Und dann war es auch noch idyllisch. Vor der Kirche standen eine Steinbank und ein Steintisch. Mit der Kirche im Rücken, beschattet von großen Linden, konnte ich mir mein Abendessen mit Blick auf ein in der Abendsonne geradezu goldglühendes Sonnenblumenfeld schmecken lassen. Nur dass dann am Abend zum ersten Mal Mücken kamen. Aber mit meinem griffbereiten Autan war ich schnell auf der sicheren Seite. Das ruhige einsame Sitzen am Abend, in dieser Idylle, war wohltuend. Das lag auch daran, dass die Kirche einen Kilometer abseits vom Ort San Martino lag. Rundherum waren parkähnliche Wiesen und vor mir eine Lindenallee mit dem riesigen Sonnenblumenfeld. Sich dann zurückzulehnen, tief durchzuatmen und genussvoll ein Glas Bier zu trinken – das war ein kleines Pilgerglück!

SAMSTAG, 7. JULI 2018

San Martino — Tossignano (19 km)

Donna Morena hatte mir am Vorabend Eier und Speck hingestellt. Also machte ich mir am Morgen Rührei, aß dazu das Brot aus dem Lunchpaket von Donna Claudia und trank neben einem Cappuccino auch noch fast einen Liter Pampelmusensaft. Gut gestärkt, brach ich früher auf als sonst und war schon gegen halb neun auf der Straße. Drei gute Steigungen waren angekündigt, darunter zweimal zwei Kilometer nur bergauf, und dass bei „erhöhter" Temperatur. Die Landschaft in der Emilia Romagna wurde von vielen Erdabbrüchen bestimmt. Die Italiener nennen sie Calanchi, die Amerikaner sagen „Badlands" dazu. Sie rühren von der gipshaltigen Erde her, die leicht wegbricht und eine zerklüftete Karstlandschaft entstehen ließ. Manche Häuser standen inzwischen an bedrohlichen Abgründen, was darauf schließen ließ, dass der Erosionsprozess bis heute im Gange ist. So richtig gefiel mir diese Landschaft nicht. Sie erinnerte mich, steinig, grau und sandig, vor allem an Kalihalden. Immerhin kam nach den Aufstiegen meist wieder eine Wegstrecke auf Kammwegen mit beeindruckenden, manchmal Dreihundertsechzig-Grad-Rundumblicken.

In Croare, einem Dorf, das oben auf dem Berg nur nach einem langen Aufstieg zu erreichen war, lief ich an der Kirche, bei der ein wichtiges Wegzeichen auf einen Abzweig hinwies, in Gedanken vorbei. Nach einem längeren Abstieg auf der anderen Seite war ich unsicher geworden über den Weiterweg und fragte eine ältere Dame, wo denn hier die Kirche sei. Sie saß vor ihrem Haus auf einer schattigen überdachten Terrasse und nähte etwas. Sie kam zum Gartenzaun und zeigte den Berg hinauf, den ich gerade hintergegangen war. Und nun sah ich sie auch, die Kirchturmspitze über den Baumwipfeln, ganz oben. Ich schlug mir theatralisch mit der flachen Hand vor den Kopf und erklärte ihr achselzuckend, dass ich nun wieder hoch müsste. Sie lachte und fragte mich, ob ich Durst hätte? Hatte ich! Sie bat mich auf die Terrasse, holte eine Flasche gekühltes Wasser und stellte mir eine Schüssel mit großen reifen Feigen hin! Wunderbar! Ob ich auch Wein trinken wolle? Das traute ich mich nicht, obwohl ich kurz überlegte. Aber es war Mittag und schon sehr heiß! Ein darauffolgender „Schlag auf den Kopf" wäre ziemlich sicher gewesen! Also ließ ich mir zwei dieser köstlichen Feigen schmecken, trank den Dreiviertelliter Wasser ruckzuck aus und machte mich dann dankend wieder auf den Weg. Oben bei der Kirche fand ich den Abzweig und ging von dort einen schönen Kammweg, immer am Abrissabgrund einer Hügelkette, der bis kurz vor den Zielort führte.

In Tossignano bezog ich im Hostel, das früher das Rathaus gewesen war, mein Mehrbettzimmer. Es war jetzt noch leer, nur später sollte noch jemand dazukommen. Gabriele hatte sich in einer kleinen Rumpelkammer eine Art Büro eingerichtet und nahm atemlos mein Geld entgegen. Er war auch gerade aus der Unterstadt den Berg hochgekommen, war ziemlich übergewichtig, saß auf einem viel zu kleinen Stuhl und schnaufte schwitzend. Ausdrücklich wies er darauf hin, dass er morgen früh nicht da sein könnte, aber noch heute Abend das Frühstück für morgen in der Küche deponieren würde. Ansonsten sollte ich beim Verlassen des Hauses einfach nur die Tür hinter mir zuziehen.

Beim Abendessen in der nahe gelegenen Bar, die sich abends in ein Restaurant verwandelte, kam ich mit zwei Ehepaaren aus Osttirol ins Gespräch. Sie wollten ebenfalls nach Assisi und morgen früh die erste Etappe in Angriff nehmen. Mit dreißig Kilometern und tausendeinhundert Höhenmetern war das ein anspruchsvoller Start. Dazu kam, dass sie zu viert zusammen noch nie gelaufen waren. Das versprach Spannung. Vorsichtshalber wollten sie zeitig losgehen und hatten ihren Start auf fünf Uhr festgelegt. Das wäre mir dann doch zu früh!

SONNTAG, 8. JULI 2018

Tossignano — Brisighella (30 km)

Ich wurde schon vor dem Handyklingeln wach, stand auf und warf vor dem Aufsuchen des Bades einen Blick in die Küche, was denn wohl der fettleibige Neubetreiber des Ostellos namens Gabriele als Frühstück bereitgestellt haben könnte. Ich fand im Durcheinander von Blechen mit geschnittenen Pilzen, die trocknen sollten, und Packungen und Büchsen mit irgendwas nichts, was für ein Frühstück vorgesehen sein könnte. Außer einem eingepackten Toastbrot. Im Kühlschrank waren angebrochene, unansehnliche Nahrungsmittel, bei denen nicht klar war, ob sie für die Allgemeinheit waren oder jemandem gehörten. Es gab eine Büchse mit Nescafé, aber ich fand keinen Anzünder für den Gasherd, auch keine Streichhölzer.

Nun war es also passiert! In diesem Ostello würde ich kein Frühstück bekommen. Die beiden Neubetreiber, Gabriele mit seinem jüngeren Bruder, wohnten in der Unterstadt und waren offenbar nicht imstande, für normale Verhältnisse zu sorgen. Sie waren morgens einfach noch nicht da. Ungefrühstückt auf den Weg gehen – das war stimmungsmäßig ein Dämpfer. Na ja, immerhin hatte ich ein Bett und ein Dach überm Kopf gehabt! Die Ansprüche wurden bescheidener.

Die Sonne war schon da, ich war um drei viertel acht bereits auf der Straße – so früh wie noch nie, die Frühstückszeit war ja weggefallen. Das war nicht schlecht! Denn heute standen rund dreißig Kilometer an, vor allem aber auch über tausend Höhenmeter. Und diese insgesamt drei Steigungen hatten es in sich. Ich hatte mir eine Schrittgeschwindigkeit angewöhnt, die sich bei richtigen Steigungen bis in eine Zeitlupenbewegung verlangsamte. Das bedeutete, dass ich beim Gehen bergauf eigentlich nie außer Puste kam. Auch der Herzschlag war nur wenig beschleunigt und selbst am Berg immer gleichmäßig. Das Einzige: Ich schwitzte umgehend – ich weiß gar nicht, wie ich es anders sagen soll – wie ein Schwein! Der Schweiß floss aus allen Poren, vom Kopf und Gesicht her bewässerte ich mit meinem Tropfenstrom ganze Wanderwege. Das hatte auch einen gewissen Lustgewinn. Ich badete praktisch stundenlang in meinem eigenen Schweiß und genoss es zugleich als Preis und Lohn für die körperliche Anstrengung. Das Merino-Shirt durchnässte rasant, trocknete aber auch wieder angenehm beim Abstieg oder bei ebenen Phasen. Es fühlte sich jedenfalls nicht wie ein nasser Waschlappen auf der Haut an, sondern blieb tragefreundlich und angenehm, als würde Seide die Haut umspielen. Und es roch nicht! Was für ein großartiges Material!

So kam ich gegen halb sechs in meinem Zielort an. Drei Viertel des Tages war ich in Wald und Schatten gelaufen. Es gab gelegentlich sehr schöne Weitblicke und zum Schluss einen grandiosen Blick von oben auf Brisighella. In der Stadt kam ich zufällig an der Touristinformation vorbei. Ich erkundigte mich nach meiner Herberge und bat den freundlichen Auskunftgeber gleich auch noch, die Übernachtung für den nächsten Tag zu buchen. Eigentlich wollte ich in einem Nonnenkloster in Modigliana übernachten. Er fand in mehreren Telefonaten heraus, dass dort der Pilgerbetrieb eingestellt worden war. Es lebte im Kloster nur noch eine Schwester, die das nicht mehr schaffte. Der nächste Versuch war auch nicht gleich erfolgreich. Wir warteten auf einen Rückruf. Der kam bald. Es klappte mit einer Unterkunft, aber sie war fünf Kilometer außerhalb. Das B&B in der Stadt war ausgebucht. Jetzt spielten mir die vier österreichischen Pilger womöglich übel mit, die immer schon viel früher da waren und dann auch früher die Herbergsfragen abklärten.

Mein Bett stand nun also fünf Kilometer außerhalb des Ortes. Aber ich sollte mich am Tabakladen beim Dom in Modigliana hinstellen und anrufen, wenn ich da sei. Das war doch wenigstens Service! Aber kaum war ich in meiner Unterkunft angekommen, rief ich die Herberge für übermorgen an. Da gab es im Guide nur zwei Übernachtungsmöglichkeiten: ein B&B mit dem Hinweis, dass es selten geöffnet sei, und eine Möglichkeit auf einem Bauernhof. Dann also der Bauernhof! Die Ansprechpartnerin Silvia hatte den Vermerk: Sie spricht gut Deutsch und Englisch. Also rief ich an und richtig: Sie sprach sehr gut Deutsch! Und sie hatte Platz. Also war damit der übernächste Tag sicher!

Am Abend ging ich noch mal ins Dorf. Ich hatte beim Kommen einen schönen Biergarten gesehen, der zum Sitzen einlud. Dort genoss ich ausgezeichnete Spaghetti Bolognese und stillte meinen Flüssigkeitsbedarf mit Bier und Aperol Spritz. Leider hatte ich in meiner Unterkunft keinen WLAN-Empfang, owohl er eigentlich da sein sollte! Aber mit dem Passwort, das mir der überforderte Rezeptionist gegeben hatte, funktionierte es nicht. Er vertröstete mich auf einen Spezialisten, der bald kommen sollte. Aber ich wollte hier weder was essen noch warten und ging. Schade! Sonntagabend wäre ein guter Zeitpunkt gewesen, um mal wieder „nach Hause (zu) telefonieren“, wie E.T. sagen würde.

Kontakt habe ich heute eigentlich nur mit einer Person gehabt: mit Francesco! Erst mal hatte er in der vergangenen Nacht im selben Zimmer wie ich geschlafen. Als ich es bezog, war ich noch allein. Am Abend, als ich aus der Schenke kam, lag er schon im Bett, und wir hatten nicht miteinander geredet. Auch morgens zum Aufstehen fiel nur ein müdes „Buongiorno!“ und mehr nicht! Als ich dann beim Aufbruch vorm Ostello stand und noch mal meinen Rucksack kontrollierte, kam er mit einem Espresso und einer Zigarette vor die Tür! Ich fragte ihn, ob er Streichhölzer gefunden hätte in der Küche. Natürlich nicht! Aber als Raucher hatte er ein Feuerzeug. Wir verabschiedeten uns.

Im nächsten Ort, neun Kilometer weiter, trafen wir uns wieder. Erst an einer Kreuzung und dann in der Bar, in der ich einen Cappuccino trank und ein Sandwich aß. Ich winkte ihn an meinen Tisch und wir unterhielten uns auf Englisch. Er stammte aus der Poebene nahe Milano, wohnte aber schon länger in Bologna. Er war dort am Freitag gestartet und wollte nur das Wochenende wandern. In Brisighella war er für den Abend mit Freunden verabredet. Dann würde es wieder mit dem Auto zurück nach Bologna gehen. Er erzählte von deutschen Städten wie Berlin oder Hannover, in denen er schon war. Und ich von italienischen Städten, die mir besonders gut gefallen hatten.

Er ging seinen Weg nach einer Wanderkarte, die eine andere Streckenführung hatte als mein Guide. Also verabschiedeten wir uns wieder und gingen in entgegengesetzte Richtungen auseinander. Eine halbe Stunde später, bei einem langen Anstieg, überholte er mich und wunderte sich, wieso ich schon hier sei. Denn er lief deutlich schneller. Offensichtlich war mein Weg optimaler. Zwei Stunden später, ich war bei einer Weggabelung ziemlich steil bergauf einem Weg gefolgt, der sich laut meinem Guide als falsch erwies. Nach einer halben Stunde schweißtreibenden Aufstiegs kehrte ich um und ging zurück. Aber wer kam mir von unten entgegen: Francesco! Ich sagte ihm, dass ich laut meinem Guide unten falsch abgebogen wäre. Das störte ihn nicht. Er ging nach seiner Karte, wunderte sich wieder, dass ich ihm entgegenkam, aber ließ sich von mir nicht vom Weg abbringen. Ich fand mich, nachdem ich unten an der Gabelung den anderen Weg eingeschlagen hatte, bestätigt und befand mich nun wieder auf dem Antoniusweg mit seinen Markierungen. Eine halbe Stunde später, an einer Wegkreuzung, sah ich zwanzig Meter über mir, durch die Bäume, jemanden seinen Rucksack packen. Natürlich war es Francesco. Also hatte auch sein Weg in die richtige Richtung geführt. Mir aber war das Risiko zu groß gewesen. Rufend verabschiedeten wir uns wieder für die nächste Stunde, aber dann habe ich ihn nicht mehr gesehen! Überhaupt nicht mehr! Alles Gute und noch ein schönes Leben für dich, Francesco!

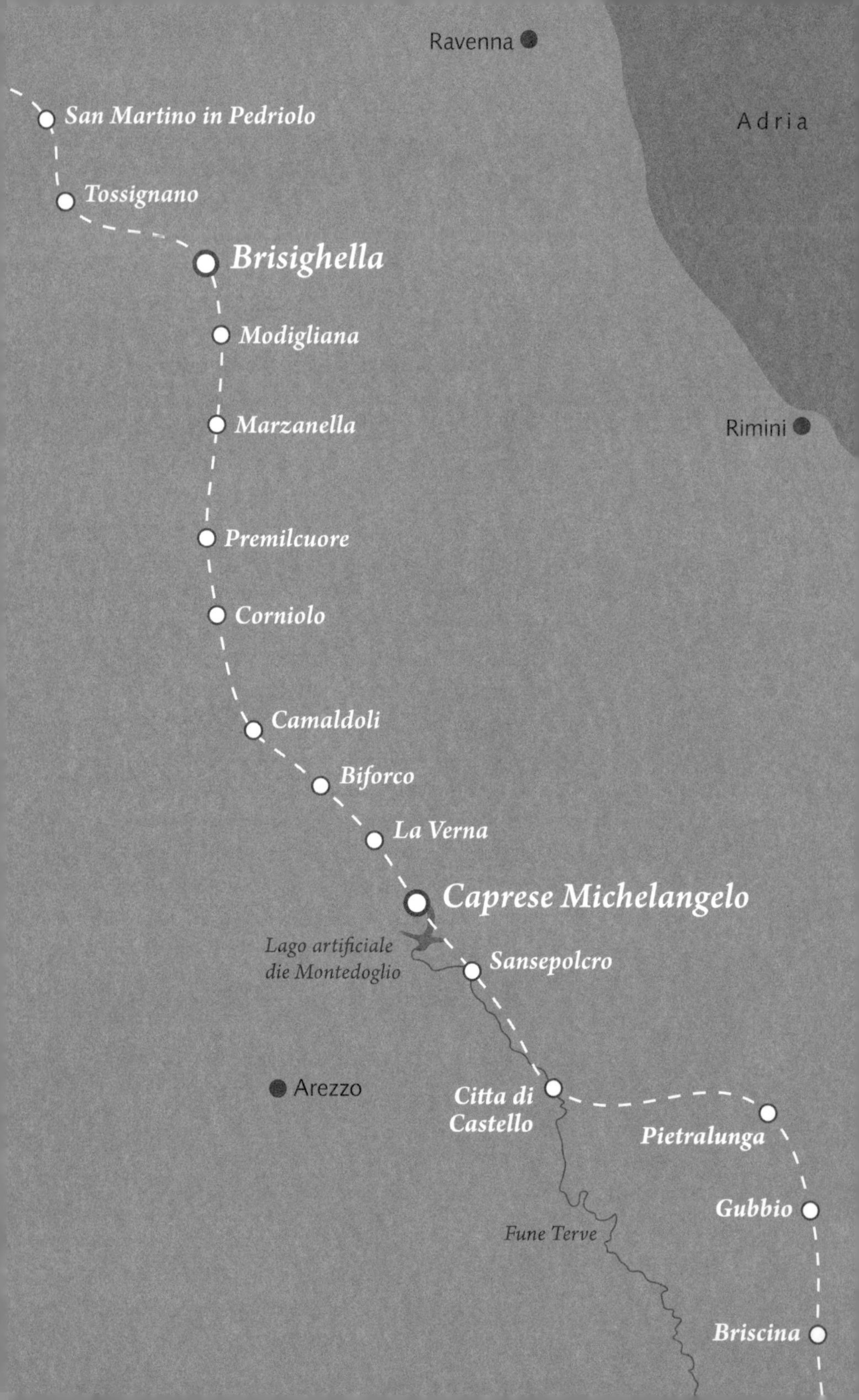

Ravenna

San Martino in Pedriolo

Adria

Tossignano

Brisighella

Modigliana

Marzanella

Rimini

Premilcuore

Corniolo

Camaldoli

Biforco

La Verna

Caprese Michelangelo

Lago artificiale
die Montedoglio

Sansepolcro

Arezzo

Citta di
Castello

Pietralunga

Gubbio

Fune Terve

Briscina

9. WOCHE
9.–15. Juli 2018

Von Brisighella nach Caprese Michelangelo

MONTAG, 9. JULI 2018

Brisighella — Modigliana (14 km)

Das Frühstück als Tagesauftaktereignis wurde immer belangloser, je weiter südlich ich kam. Ein guter Cappuccino zwar, aber einzeln verpackte trockene Zwiebackscheiben, die beim Öffnen auseinanderbröselten, dazu Marmelade. Immerhin ein frisches Croissant!

Der Streckenverlauf der letzten Tage hatte ein wiederkehrendes Schema: Die Gasthäuser, Hotels oder Herbergen waren meist im Tal. Also morgens als Erstes ein langer Aufstieg, dann etwas auf dem Kamm laufen und bald wieder runter ins Tal. Das passierte einmal, zweimal oder dreimal am Tag bis zum Zielort; heute, bei dieser kurzen Strecke von nur vierzehn Kilometern, nur einmal. Dafür zog sich der Aufstieg gut sieben Kilometer hin, und zwar bei ziemlicher Hitze. Echtes Highlight auf einem durchaus schönen Weg durch bewaldete Hügel war eine Nektarinen-Plantage, in der die Besitzer gerade anfingen, die Bäume abzuernten. Sie hatten damit am unteren Ende der Plantage begonnen. Ich hörte aufwärtsgehend noch lange das Kullern der noch nicht ganz ausgereiften Früchte auf dem Wagen. Als ich am oberen Ende des Feldes und sicher außer Blickweite war, probierte ich die rot leuchtenden Früchte. Sie waren noch etwas hart, aber gut essbar. Ich aß eine weitere und steckte noch ein paar in die Taschen. Das war nun mein Mittagsimbiss, denn in den Herbergen fiel beim Frühstück nichts mehr für den Tag ab.

Mit einem gemäßigten Schritttempo kam ich oben auf dem Pass an, machte eine ausgedehnte Nektarinen-Pause unter einem Baum und war dann schon gegen vierzehn Uhr in Modigliana. Der Tabakladen neben dem Dom war nicht schwer zu finden, aber es war noch zu früh, um mich abholen zu lassen. Was sollten die Leute mit einem anfangen, der schon am frühen Nachmittag herumsteht und mit dem man sich nicht wirklich unterhalten kann? Also ging ich erst mal in den Dom, der sehr dunkel und menschenleer war. Ich ruhte mich etwas von der Hitze aus, sang ein paar Lieder, deren Strophen ich zusammenklaubte, und schlummerte dann auch etwas ein. So verging die Zeit, und als ich dann das nächste Mal auf die Uhr sah, war es kurz vor fünfzehn Uhr. Es sollten im unteren Teil des Domes noch zwei von außen, von der Straße her zugängliche Kapellen sein. Beide suchte ich auf, wobei in der einen mit lebensgroßen Figuren eindrücklich die Grablegung Christi dargestellt wurde. Danach schlenderte ich zu einer Bar, trank durstig ein großes Bier und danach noch eins, was mich dann doch etwas beeinträchtigte. Aber das merkte ich erst später, als ich wieder in die knallige Sonne trat. Die Bar schien der Männertreff Nummer eins des Ortes zu sein. Ältere Männer diskutierten lauthals über Themen, über die Männer überall lauthals diskutieren. Aber es war auch viel Kommen und Gehen, auf einen Espresso oder eine Cola! Dann und wann kamen und gingen auch junge Frauen und ältere Damen. Solch eine Bar, als Treffpunkt der Leute, gibt es fast in jedem Dorf. Keine schlechte Einrichtung, um noch soziale Kontakte im Dorf zu haben. Dass dies funktioniert, dazu braucht es aber auch die italienische Lebensart. In einem deutschen Dorf würde solch eine Bar vermutlich ein kurzes Dasein haben.

Als es sechzehn Uhr war, lief ich dann anfangs doch etwas benommen zum Treffpunkt am Tabakladen beim Dom, rief an und wurde kurze Zeit später von Esther, der Betreiberin meiner Unterkunft, abgeholt. Das Agritourismo erwies sich als schmuckes, weitläufiges Anwesen und Esther als ausgezeichnete Köchin. Es traf sich gut, dass ich den ganzen Tag noch nichts Ordentliches gegessen hatte. Denn zuerst wurde eine ganze Platte mit verschiedenen Schinken- und Salamisorten sowie Käse nebst noch warmen Brotfladen aufgetischt. Dann gab es noch einen großen Teller Tagliatelle mit Fleisch. Und natürlich Wasser und einen halben Liter Rotwein aus der Region. Fürstlich!

Nach dem Essen setzte ich mich mit meinem Wein etwas abseits, denn nach und nach kamen noch mehr Menschen, ob Gäste oder Freunde, war nicht wirklich zu erkennen. Ich hatte bei Esther nachgefragt, ob sie denn nur allein für mich kochen würde? Nein, nein, es würden noch Leute kommen und dann würde man vielleicht gegen halb oder um neun oder noch später essen. Da hatte ich mich schon hingelegt. Der kurze Schreck im Bad, als mir ein kleiner schwarzer Skorpion zwischen den Füßen herumgelaufen war, konnte meiner Bettschwere nichts anhaben.

DIENSTAG, 10. JULI 2018

Modigliana — Marzanella (15 km)

Esther hatte zum Frühstück zwei große Toasts gemacht, die gut schmeckten und von denen ich einen noch zum Mittag einpackte, so groß waren sie. Dazu einen Cappuccino, einen ganzen Liter Orangensaft und eine Flasche Wasser. Schon morgens hatte ich Durst und trank alles weg, was zugänglich war.

Dann fuhr mich Esther wieder zurück ins Dorf auf den Domplatz. Von dort ging die Streckenführung weiter. Ich kletterte zunächst wieder hinauf zur „rocca", einer Burgruine. Durch das Burgtor verließ ich den Ort. Wieder ging es auf Pfaden oder schattigen Schotterwegen gemächlich und zuweilen auch sehr steil bergauf, insgesamt gut fünf Kilometer.

Oben angelangt, führte der Antoniusweg links weiter. Aber ich hatte mich entschieden, hier auf die Via di Assisi, den Franziskusweg, umzuwechseln und die letzte Etappe des Antoniusweges wegzulassen. Ansonsten hätte ich jetzt vierzehn Kilometer nach Dovadola hin und morgen früh wieder vierzehn Kilometer zurück bis genau wieder an diese Stelle hier gehen müssen. Nein, so wichtig war mir Antonius nun auch wieder nicht geworden.

Also nun weiter auf dem Franziskusweg. Der war aber auf diesem Abschnitt, im Vergleich zum sehr gut markierten Antoniusweg, nur sehr spärlich beschildert. Gegen Mittag machte ich eine zweistündige Rast, denn ich wollte nicht zu früh in meiner Unterkunft ankommen. Das war das Refugio „Campannina", ein Hof, der von der freundlichen deutschsprachigen Silvia gemanagt wurde.

So traf ich gegen sechzehn Uhr ein. Zwei Hunde, vor denen schon am entfernteren Eingangstor gewarnt wurde, sprangen mir bellend, aber auch schon altersschwach entgegen. Das war mehr Lärm als Bedrohung und ich blieb entspannt stehen. Kurz darauf kam Silvia aus der Haustür. Wir begrüßten uns, sie zeigte mir mein Bett in einer Holzhütte auf dem Hof. Es waren darin noch fünf weitere, unbelegte Betten und nebenan noch ein Container zum Wäschewaschen, Duschen und mit Klo. Alles deutlich gekennzeichnet für die Nutzung von Pilgern. Das galt auch für den Kühlschrank, aus dem ich mir eine große Flasche Bier nahm und mit Genuss austrank.

Zwar gab es kein WLAN – oder anders gesagt, ihr Mann als Hauptnutzer rückte das Passwort nicht raus und Silvia gab vor, davon keine Ahnung zu haben –, aber dafür gute Betten. Ich legte mich aufs Bett, las ein wenig in meinem Guide und schlummerte ein. Mit einer Glockenschelle wurde ich von Silvia zum Essen gerufen. Der Tisch war für mich allein übervoll gedeckt, die Familie würde später essen: eine Schüssel mit warmem Mangoldgemüse, eine andere mit dunklen Bohnen, ein Teller Tomaten mit Mozzarella, Reis, ein Omelett, Wurst und Käse, Brot, Wein und Wasser! Alles köstlich, aber für einen allein nicht zu schaffen!

Bei meinem Anruf für die Übernachtung des nächsten Tages stellte sich heraus, dass der anvisierte Gasthof endgültig geschlossen war. Ich bat Silvia um Unterstützung. Sie rief in Premilcuore eine Bekannte an, die dort die Pilgerherberge betreute. Vorher erzählte sie mir noch, dass ich mir dort auch einen Pass für den Franziskusweg besorgen müsste. Den würde ich auch von der Bekannten bekommen. Denn das war eine Besonderheit auf diesem Stück: Ohne Pilgerpass für den Franziskusweg würde ich in den Pilgerherbergen kein Obdach bekommen. Den Pass für den Antoniusweg würde dort keiner sehen wollen. Es hing offenbar damit zusammen, dass der Pilgerweg von einem Verein mit Ehrenamtlichen betreut wurde, die darauf großen Wert legten, weil sie in ihre Vereinsarbeit viel Zeit und Geld steckten …

Wie auch immer, ich hatte für morgen eine Unterkunft, schon mit dem entsprechenden Zahlencode zum Türöffnen und dazu die Telefonnummer von Cinzia. Sie würde dann kommen, die Sache mit dem Pilgerpass regeln und mir vor allem eine vollständige Liste mit Pilgerunterkünften geben. Keine schlechte Aussicht! Allerdings befürchtete ich, dass mit dieser Art Unterkünften auch mein bisheriges tägliches Posten von Fotos auf Instagram mehr oder weniger vorbei sei. Denn dass diese preiswerten Schlafplätze einen WLAN-Zugang hätten, erschien mir mehr als zweifelhaft. Zurzeit, das bestätigte auch Silvia, waren immerhin wenig Pilger unterwegs. Ich fand das gut. Das entspannte das Suchen und Finden eines täglichen Obdaches.

Rückblickend habe ich heute auf dieser beinahe kompletten Waldetappe keinen Menschen getroffen. Nach dem Verlassen des Trentino befand ich mich immer noch in der Emilia Romagna, die mich landschaftlich sehr an den Thüringer Wald erinnerte. Nur war es hier deutlich heißer. Demnächst würde ich, wie ich gelesen hatte, über den Hauptkamm des Appenin in die Toskana kommen. Das klang jetzt schon nach baldiger Zielankunft. Andererseits: zu Fuß in die Toskana? Das hätte ich mir vor ein paar Jahren gar nicht vorstellen wollen. So weit hatte ich den Weg zu unserem letzten Urlaub dort in Erinnerung – mit dem Auto!

MITTWOCH, 11. JULI 2018

Marzanella — Premilcuore (21 km)

Nachdem ich bei Silvia alle selbstgemachten Marmeladen und Kuchen durchprobiert hatte, die Marmeladen immerhin mit Butter auf dem Weißbrot, führte die erste Wegstrecke des Tages sofort wieder bergauf. Der Vormittag galt dem Aufstieg zum Monte Busca, einem Hügel mit sich lang hinstreckendem Dorf, und dann wieder bergab. Vorbei an einem Gehöft, hinter dem aus einem Steinhaufen eine „ewige Flamme" brannte. Die Einheimischen nannten den Fleck „Vulcano" oder „Loch des Teufels". Der Familie, die ursprünglich auf diesem Hof gelebt hatte, war offenbar die Nähe zum flammenden Gasaustritt zu unheimlich gewesen. Sie hatten ihren Hof aufgegeben, und jetzt verfiel alles.

Die Hälfte der heutigen Tagesetappe war im kleinen mittelalterlichen Ort Portico Romagna geschafft. In der Kirche sang ich um die Mittagszeit ein paar Choräle. Das tat gut! Die letzten zwei Tage waren alle Kirchen am Weg verschlossen gewesen. Neuerdings singe ich auch den Psalm 23, nicht wirklich richtig, aber mit „meiner" Version. Dann trödelte ich noch etwas durch den Ort, trank in der Bar ein „birra limona", ein Radler also, und kam schließlich durch kleine Gässchen zur „ponte maesto". Hier an dieser Stelle soll Dante Alighieri zum ersten Mal seine geliebte Beatrice getroffen haben. Grund genug, an der Brücke zu rasten. Silvia hatte mir empfohlen, die Füße in den kühlen Bach zu halten. Das würde ihnen guttun. Das machte ich, und meinen Füßen gefiel es.

Nun aber war klar: Es ging wieder an einen steilen Aufstieg. Vierhundertvierzig Höhenmeter vom Fluss bis hoch zum Monte Orlando. Erst auf einem uralten Pflasterweg und dann auf einer endlos sich nach oben schlängelnden Asphalt- bzw. Betonstraße.

Zwei Stunden später schaute ich, vollkommen nass geschwitzt, wieder in die Weite und einem Düsenjäger aufs Dach, der Talflüge übte. Dann wieder genauso lange ins nächste Tal in die Tabaccheria von Cinzia, die aber gerade nicht da war und von Franka vertreten wurde. Franka stellte mir gegen eine Gebühr meinen neuen Pilgerpass aus, kassierte meine Übernachtungskosten und klärte auf meine Bitte hin die Übernachtung für den nächsten Tag. Sie gab mir, als sie mit dem entsprechenden Mann telefonierte, zwar den Hörer, aber der erzählte schon wieder so viele Details – dass er erst um neunzehn Uhr da wäre, der Code für die Tür nur zwei Nummern hätte, dass ich ihn bei meiner Ankunft anrufen sollte und wer weiß, was noch – dass ich ihr zur Absicherung aller Informationen den Hörer zurückgab.

Dann suchte ich meine Herberge auf. Es war ein kleines Haus, nur für Pilger hergerichtet, mit zwei Zimmern und vier beziehungsweise acht Betten darin. Nach dem Duschen spazierte ich zur Bar, trank zwei Bier und schrieb ins Reisetagebuch.

Mir fiel seit ein paar Tagen auf, dass das ständige einsame Wandern auch ein Laufen in eine eigene Welt war. Ich war sehr bei mir und meinem Weg und merkte, wie sich über größere Zeiträume die Gedanken an Frau, Familie und Freunde etwas verflüchtigten. Das war es, was Diotima von Anfang an befürchtet hatte. Insofern war es gut, dass ich nun bald an das Ende meiner Pilgerfahrt kam. Denn ich wollte mich nicht von meinem bisherigen Leben lösen. Aber ich verstand plötzlich, was in Menschen vor sich ging, die länger als ein viertel Jahr unterwegs sind. Sie finden mitunter nicht mehr in ihr altes Leben zurück. Kürzlich hörte ich von einer Frau, die als ehemalige Managerin und Beraterin ihre Arbeit beendet hatte und auf Wanderschaft gegangen war und nicht mehr aufhören konnte – seit drei Jahren.

Ich war dagegen mit meinen Gedanken schon beim Finale – und fand es gut so! Dass aus diesem Erlebnis ein jährlich wiederkehrender Wunsch werden würde, bezweifelte ich. Dafür strengte es mich doch zu sehr an. Und manchmal tagelang – wie auch heute – ohne wirkliche Ansprache zu sein, war auch nicht schön.

Dennoch, insbesondere jetzt auf dem Franziskusweg, gab es eindeutig erfreuliche Aspekte, allein schon der Preis der Pilgerherberge von acht Euro! Franka hatte mir empfohlen, zum Abendessen in die örtliche Pizzeria zu gehen. Das tat ich natürlich. Vorgelegt zur Auswahl bekam ich eine Karte mit „Pilgermenü"! Ich wählte eine hervorragende Pasta mit Fleisch und Tomate aus, dann einen riesigen Teller mit Schinken, Salami, mehreren Käsesorten und Fladenbrot und schließlich einen ziemlich großen Salatteller. Dazu gab es als Bestandteil des Menüs noch einen halben Liter Wein und einen Liter Wasser. Nebenbei sah ich das Halbfinale zwischen Kroatien und England, das dann in die Verlängerung ging. Das hieß, noch mal zwei kleine Gläser Wein! So hatte ich also ein Drei-Gänge-„Pilgermenü" und eine ganze Flasche Rotwein konsumiert! Der Wirt wollte fünfzehn Euro fürs Menü und zwei Euro für die beiden zusätzlichen Gläser Wein, herrlich! Die Leute hier mögen die Pilger, und als Pilger hat man einen Status, und deshalb versorgen sie diese so preiswert! Wirklich nicht schlecht!

DONNERSTAG, 12. JULI 2018

Premilcuore — Corniolo (20 km)

An diesem Tag standen auf einer Strecke von fünf Kilometern fünfhundertfünfzig Höhenmeter an. Im Guide wurde der kilometerlange Aufstieg als „sehr steil" beschrieben, was auch stimmte. Da ich mir in der Pilgerunterkunft kein Frühstück gemacht hatte, nahm ich auf die Schnelle in der seit sieben Uhr geöffneten Bar einen Kaffee, das hieß einen Espresso, und ein Stück süßes Blätterteiggebäck ein. Das war in zehn Minuten erledigt. So war ich heute schon gegen halb acht unterwegs.

Die Luft war noch etwas kühl und angenehm. Vielleicht sollte ich für die morgige „Königsetappe“ auch etwas früher starten. Es lief sich gut. Nach zwei Kilometern am Fluss ging es dann wirklich steil und ununterbrochen bergauf, zweieinhalb Stunden am Stück. Aber gottlob immer im Schatten des Berges und durch den Wald. So war der Scheitelpunkt des Weges schon vor Mittag erreicht. Von nun an führte der Weg nur noch auf der Höhe entlang beziehungsweise bald wieder bergab. Heute kam ich mir wieder vor wie im Thüringer Wald. Die Wege ähnlich, ich hatte kaum Weitblicke, immer ging ich im Wald, mal durch reine Nadelwälder, mal durch Mischwald.

Im Nadelwald beunruhigte mich gelegentliches überlautes Brummen in der Luft. Ich hielt immer mal Ausschau nach einem Bienenschwarm. Es war aber keiner zu sehen. Dass nur Fliegen solch ein Brummen verursachen könnten, konnte ich kaum glauben.

Beim Abwärtsgehen auf einem Pfad zwischen Wald und einem Kornfeld, der Pfad war schmal und halb mit hohem Gras zugewachsen, schlängelte zwei, drei Meter vor mir eine gut einen Meter große, dicke dunkle Schlange vom Pfad weg in die Büsche. Das war natürlich ein für sie nahe liegendes Revier, denn in dem Kornfeld würde sie sicher regelmäßig ihre Mäuse fangen.

Nach langem Abstieg kam ich im Dorf Corniolo an. Gleich am Anfang, neben einer kleinen Kirche, stand ein Steinhaus mit der Tafel „Casa de Pelligrini“, meine heutige Unterkunft. Den Code für die Schlüsselbox hatte mir gestern Franka nach dem Telefonat mit Leonardo gegeben. Es funktionierte gut. Das Häuschen, wieder mit acht Betten ausgestattet, „gehörte“ schon wieder nur mir. An den Einträgen im obligatorischen Anwesenheitsbuch – Silvia hatte mir erzählt, dass dieses polizeilich vorgeschriebene Weitergeben der Daten zwar auch für statistische bzw. touristische Erhebungen genutzt würde, aber eigentlich aus Zeiten des Terrorismus in Italien, ähnlich der RAF, herrührte und einfach beibehalten wurde – war aber zu erkennen, dass alle paar Tage und manchmal auch täglich Pilger im Haus nächtigten.

Ich holte mir im „Alimentari“, der hier erst um fünf öffnete und um sieben schon wieder schloss, zwei Cola und ein Bier für den Durst heute und ein Brötchen mit Salami für den Hunger morgen. Denn auf der langen Etappe sollte es keine Einkehrmöglichkeiten geben.

Leonardo rief ich an und teilte ihm meine Ankunft mit. Er kam eine

Stunde später, um mich zu begrüßen und mir alles Notwendige zu erläutern. Vor allem aber sagte er mir zu, in der Refugio für morgen anzurufen und mich anzukündigen. Wir hatten ein munteres Gespräch (bei allen sprachlichen Hürden, denn Leonardo sprach weder Englisch noch Deutsch) und verabschieden uns sehr herzlich und verbindlich.

Allein bei der Wahl des Lokals für das heutige Pilgermenü – auch in Corniolo hatten Pilger in den beiden Restaurants des Ortes privilegierte Angebote – hatte ich mich vermutlich vertan. Mein Guide schlug „Giginos Albergo" vor, aber das „Pini" war gleich um die Ecke. Leonardo wollte keines von beiden favorisieren und empfahl beide.

Als ich ins „Pini" kam, verstummten die Gespräche an den wenigen Tischen. Ich lächelte in die Runde und sagte: „Buona sera. Sono un pellegrino tedesco!" Sollte heißen: Nur damit ihr nicht rätselt – ich bin ein deutscher Pilger. Das war's dann an Kommunikation. Leider wurde das Essen nur drinnen serviert, ich saß genau neben der quietschenden Eingangstür zur Küche. Es dauerte eine geraume Zeit, bis ich etwas zu trinken bekam und noch länger, bis die genervte Köchin, die gelegentlich im Gastraum aufkreuzte, mir etwas Essbares brachte. Das Pilgermenü war aber nicht schlecht, auch wenn ich keine Auswahl hatte. Wieder Pasta, nicht so gut wie gestern und wahrscheinlich nicht annähernd so gut wie bei Gigino, dann kurzgebratenes Rindfleisch mit Brot und einen schönen Salatteller. Also über das Essen konnte ich wirklich nicht meckern. Vielleicht hätte ich bei Gigino etwas mehr Ansprache gehabt. Immerhin, einige Gäste erkundigten sich, kurz bevor sie hinausgingen, über mein Woher und Wohin und wünschten mir einen „Buon Cammino!". Bei allem Herumgemaule am heutigen Restaurant (vielleicht hatte ich nur das vage Gefühl, bei Gigino etwas Tolles verpasst zu haben, was aber kompletter Unsinn sein konnte): Als ich die Rechnung bestellte, traute ich meinen Augen nicht! Ich hatte neben dem Essen, ausgehend davon, dass dies hier nicht zum Menü gehörte, noch extra eine Flasche Wasser „frizzante" und einen halben Liter Wein geordert. Aber auf der Rechnung stand nur: „Pilgermenü 12,– Euro". Das war neuer Tiefststand. Ich liebte Pilgerprivilegien! Ich gab dem Kellner fünfzehn Euro mit den Worten: „Dodici Euro – questo e quasi nulla!" Für diese üppige Bewirtung sind zwölf Euro praktisch nichts!

Von Irmgard und Franz bekam ich heute über WhatsApp die Nachricht, dass sie am Mittag Assisi erreicht hatten. Sie schrieben, sie seien „einfach nur glücklich!", nach tausenddreihundert Kilometern Wallfahrt „endlich am Ziel" zu sein. Ich selbst rechnete, wenn ich darüber nachdachte, eigentlich nicht mit Glücksgefühlen bei der Ankunft in der Stadt. Aber mit Glücksgefühlen tat ich mich ohnehin seit je schwer.

In diesen preiswerten „refugii" nutzte ich nun auch täglich meinen mitgeschleppten Schlafsack, der nur ein Schlafsack-Inlett aus Fleece war, aber vollkommen ausreichte. Denn Bettwäsche wurde nicht gestellt. Die ehrenamtlichen Betreuer mussten auch sehen, wie sie über die Runden kamen. Sowieso musste schon jemand regelmäßig sauber machen. Das machten morgens die Pilger nur „husch husch" mit dem Besen. Und von den acht Euro, die ich auch hier in die Kasse legen sollte, ließen sich keine große Aufwände abgelten. Hier zählte, wie in den meisten Ehrenämtern, vor allem Enthusiasmus.

FREITAG, 13. JULI 2018

Corniolo — Camaldoli (28 km)

Für den heutigen Tag, der Weg wurde im Guide als „Königsetappe" bezeichnet, war ich schon fünf Uhr fünfundvierzig aufgestanden. Die Strecke sollte achtundzwanzig Kilometer lang sein und tausendzweihundertsechzig Höhenmeter haben. Also machte ich mich möglichst früh auf die Beine. Gegen sieben Uhr kam ich gerade an der örtlichen Bar vorbei, die eben öffnete. So kam ich noch zu einem heißen Kaffee und einem Croissant.

Nach zwei Kilometern im Tal ging dann die Steigung langsam los und ich kletterte gut sechs Stunden bergauf, erst bis zum Passo Callo, und dann, schon auf dem Apennin-Hauptkamm, bis zu dessen höchstem Punkt mit einem grandiosen Rund- und Weitblick.

Blauer Himmel, Sonnenschein und Blick in die Welt! Ich setzte mich ins Gras und genoss den Augenblick. Mit Anstrengung, aber ohne Probleme war ich hier hochgekraxelt. Dass ich das erleben durfte! Es fühlte sich großartig an, wie der Körper alles mitmachte. Vor gar nicht allzu langer Zeit, als ich noch berufstätig war, hatte das ganz anders ausgesehen. Meine Arbeit war unverändert interessant und abwechslungsreich gewesen, aber auch unverändert anstrengend. Und ich war zunehmend erschöpfter. Plötzlich war ich häufiger krank, was ich jahrelang nicht kannte, hatte regelmäßig im Dezember eine schwere Bronchitis. Seit einiger Zeit machte mir das Herz Probleme. Ich war mein Leben lang gejoggt. Jemals Herzprobleme zu haben, damit hätte ich nicht im Entferntesten gerechnet. Jetzt bekam ich immer stärkere Herzrhythmusstörungen, dann kamen einige Herzstillstände dazu, die ich seinerzeit als solche gar nicht identifiziert hatte.

Es muss im Herbst 2013 gewesen sein. Auf der Synode hatte ich mich über vier Tage mit nicht endenden Herzrhythmusstörungen herumgequält und aschfahl bis Samstagabend auf meinem Platz gehockt. Am Montagmorgen kam ich ziemlich zerschlagen in die Dienststelle nach Halle. Zu Hause bleiben oder Arztbesuch kam nicht in Frage. Dafür standen in der Woche zu wichtige Veranstaltungen an. Am späteren Vormittag rief Lothar Adler an, damals noch Chef im Ökumenischen Hainich-Klinikum und als solcher vertrauter Gesprächspartner, und fragte neben anderem nach meinem Befinden! „Na ja, ich hänge etwas durch! Seit Donnerstag habe ich unablässig Herzrhythmusstörungen!“ „Wie bitte?“, ich hörte die Verärgerung in seiner Stimme. „Was denken Sie denn, wie lange das gut geht? Gehen Sie jetzt sofort ins Krankenhaus und lassen Sie sich dort untersuchen“, ordnete er an. „Das geht diese Woche nicht. Es liegen zu viele wichtige Termine an“, wehrte ich ab. „Aber ich kann ja heute in einer Woche mal zum Arzt gehen.“ Am anderen Ende war es für ein paar Augenblicke still. Dann sagte er sehr ruhig: „Entweder lassen Sie jetzt alles stehen und liegen und begeben sich umgehend in eine Herzklinik, oder wir sind geschiedene Leute und ich werde von heute an nie wieder ein Wort mit Ihnen wechseln. Das meine ich ganz ernst.“ Das saß! Ich sagte: „Gut, Professor! Ich hab’s verstanden. Ich mache mich sofort auf den Weg!“

Im Herzklinikum der Uniklinik in Leipzig wurde ich sofort an ein Dauer-EKG gehängt. Die Störungen hörten nicht auf. Ich lag schon vier Stunden da und es war nicht klar, wie es weitergehen sollte. Ich setzte mich kurz auf der Liege auf und betrachtete auf dem Monitor über mir die verschiedenen Zickzacklinien, die meinen holprigen Herzschlag dokumentierten. Auf einmal begann es laut zu bimmeln! Auf meinem Monitor sah ich anstelle von Zickzacklinien nur noch einen einzigen langen Strich. Das kannte ich bisher nur aus Filmen und fand es überhaupt nicht lustig! Gleichzeitig spürte ich, wie von unten aus den Beinen kommend eine starke Hitzewelle den ganzen Körper durchflutete und die Hitze in den Kopf stieg. Ich hatte auf einmal das Gefühl, dass mein Kopf glühte und leuchten müsste wie eine Laterne. Das Gehirn schlug offenbar Alarm wegen des ausbleibenden Sauerstoffs. Und vom Hinterkopf her zog eine Dunkelheit wie eine Decke immer weiter nach vorn übers Gesicht! Jetzt wurde es schummrig im Kopf, und ich merkte, dass ich gleich ohnmächtig werden würde. Da waren die Ärzte schon an mir, das Bimmeln hörte auf und die Symptome verflogen. So beiläufig würde es also passieren.

Es stellte sich heraus, dass meine Symptome und der Strich auf dem Monitor durchaus zusammenhingen. Ich hörte zu meinem Erstaunen, dass ich einen acht Sekunden langen Herzstillstand gehabt hätte. Solche „Ereignisse" gab es in den vergangenen Wochen immer schon mal. Aber ich dachte, das wären nur kurze Schwächeanfälle gewesen. Herzstillstand also! Alles war klar und deutlich mitgeschnitten und konnte dokumentiert werden. Das war wichtig! Ich hätte den Ärzten tagelang meine Symptome schildern können, das hätte nichts genützt. Sie brauchten es schwarz auf weiß, und solange sie das nicht gehabt hätten, wäre erst mal gar nichts passiert. Jetzt aber stand fest: „Morgen früh um sieben bekommen Sie einen Herzschrittmacher eingebaut! Damit können die Herzstillstände verhindert werden. Und auf die Herzrhythmusstörungen wird er sicher auch ausgleichend einwirken. Gut, dass wir den Moment am EKG heute so abgepasst haben. Wenn Sie schon mehrmals solche Stillstände hatten, können Sie froh sein, dass Ihr Herz jedes Mal wieder angefangen hat zu schlagen. Es hätte auch einfach stehen bleiben können."

Als ich einige Monate später Professor Adler wiedertraf, bedankte ich mich bei ihm und sagte, dass er mir mit seiner bedrohlichen Entschiedenheit seinerzeit vermutlich das Leben gerettet hatte. Er antwortete nur lässig: „Ich weiß!" Typisch Psychiater. So hatte ich also als verfrühtes Weihnachtsgeschenk einen schicken amerikanischen „Pacemaker" bekommen und eine neue Lebensqualität. Vor allem aber lebte ich und hatte wieder die Energie, um solche Berge hochzukommen. Gott sei Dank! Ich legte mich froh und wohlig ins warme Gras und träumte mit geschlossenen Augen vor mich hin.

Nach einer Weile verließ ich den Kammweg, der hier die Grenze zwischen der Emilia Romagna und der Toskana bildete, und machte mich an den Abstieg. Dabei hatte ich schon wieder eine unangenehme Schlangenbegegnung! Auf einem schmalen Pfad in einer kleinen, üppig begrünten Talsenke schoss plötzlich höchstens einen Meter vor meinen Füßen wieder eine dunkle Schlange aus dem hohen Gras von rechts nach links über den Pfad, ungefähr so lang wie mein Wanderstock, aber noch fetter als die letzte. Dort schlängelte sie sich in einen Graben und verschwand. Offenbar hatte sie mich erst spät bemerkt und sich erschreckt. Aber mich auch; das war jetzt doch etwas zu nah gewesen! Von nun an stampfte ich, wie ich es vor Jahren im brasilianischen Urwald gelernt hatte, beim Gehen durch hohes Gras schwer auf. Die Erschütterung kündigte mich dann früher an. Die anderen sich hier vermutlich noch aufhaltenden Schlangen sollten so mehr Zeit haben, sich zu verziehen.

Nach einem kleinen Halt in der Einsiedelei Camaldoli, in der auch Franziskus eine Weile gelebt hatte, kam ich am späten Nachmittag im Refugio in den Forsthäusern von Camaldoli an. Herzlich wurde ich von Luisa und Lionello („kleiner Löwe", wie mir der Namensträger gleich übersetzte) begrüßt. Sie hatten mit Leonardo telefoniert, und Lionello kaufte, als er hörte, dass ein Deutscher kommt, umgehend zwei große Flaschen Bier. Da hat man als Pilger schon das Gefühl, erwartet zu werden und willkommen zu sein. Als Zeichen meiner Dankbarkeit habe ich beide Flaschen am Abend ausgetrunken.

Kurz nach mir traf ein kanadischer Pilger ein, mit dem ich in dieser Nacht das Zimmer teilte. Er war höchstens dreißig und mir gegenüber etwas wortkarg und maulfaul. Luisa rief uns bald in die Küche, wo wir uns an den großen Tisch setzen sollten. Ich merkte, dass auch Lionello Mühe hatte, mit ihm ins Gespräch zu kommen, und nachdem er ihm einige Auskünfte geradezu aus der Nase ziehen musste, hatte er erkennbar die Lust an der Unterhaltung verloren. Zum gemeinsamen Abendessen kochte Luisa ein Drei-Gänge-Menü aus Pasta mit Fleisch, einem Omelett mit Kartoffeln und einem frischen Gurken-Tomaten-Salat. Alles zusammen und einschließlich der Übernachtung für achzehn Euro. Seit meinem Eintritt in den Pilgerverein wurde ich von Tag zu Tag intern telefonisch weiter gereicht. Das machte Spaß.

Nach dem Essen, der Kandadier hatte sich umgehend verzogen, haben wir uns noch zwei Stunden sehr gut unterhalten in einer Mischung aus Italienisch, Englisch und Deutsch. Beide waren vor einiger Zeit auch den Franziskusweg von Florenz nach Assisi gelaufen und hier in den Forsthäusern untergekommen. Dabei hatten sie sich in den Ort und die Umgebung verliebt und kamen in den Jahren danach immer mal wieder als ehrenamtliche Pilgerherbergseltern hierher. So auch dieses Mal. Aber morgen waren ihre zwei Wochen herum und sie würden wieder nach Hause nach Verona fahren. Sie freuten sich auf ihre Enkel, waren aber doch auch etwas wehmütig. Nicht nur selber pilgern sei schön, sondern auch Pilgern zu begegnen und sie zu betreuen. Wie schön, so etwas zu hören!

SAMSTAG, 14. JULI 2018

Camaldoli — Biforco (21 km)

Luisa und Lionello brachten mich nach einem süßen italienischen Frühstück bis zum Einstieg in den nächsten Berg. Wir verabschiedeten uns herzlich mit Segenswünschen für unsere Familien samt Kindern und Enkelkindern. Und ich begann schon wieder einen stundenlangen Anstieg. In meinem Guide war zum Trost vermerkt, dass dieser Tag heute der letzte mit langen steilen Anstiegen sei. Von hier bis nach Rom wäre es damit dann vorbei.

Aber heute eben noch nicht! Tausend Höhenmeter waren angekündigt, und so machte ich mich gleichmütig ans Werk. Auch heute führte der Weg die meiste Zeit durch schattigen Wald. Das war erst mal sehr angenehm. Es gab aber viele Meter durch sehr hohen Farn und Ginster. An manchen Stellen war der Weg kaum noch zu finden. Mir waren, wie ich merkte, diese Abschnitte unangenehm. Ich stampfte immer stark auf und hoffte, damit Schlangen zu vertreiben. Diese unübersichtlichen Wege beunruhigten mich jedenfalls, und ich war immer froh, wenn es wieder auf einfache Wald- oder Kieswege ging.

Lionello hatte sich eingehend nach den Schlangen erkundigt, denen ich begegnet war. „War es eine Viper?“ Ich hatte keine Ahnung. „Ich kenne keine Schlangen!“ „Nun, eine Viper erkennt man daran, dass sie einen platten Schwanz hat, der so geformt ist wie eine Speerspitze! Eine Viper ist gefährlich! Aber wenn die Schlange einen langen, spitz auslaufenden Schwanz hat, dann ist sie ungefährlich!“ Ich entschied: Meine Schlangen hatten definitiv lange spitze Schwänze, jedenfalls was ich davon in der Kürze gesehen hatte. Außerdem war mit der Gedanke lieber!

Irgendwie tat ich mich schwer auf dem Weg. Die Anstiege machten mir mehr zu schaffen als sonst, nicht von der Lunge her, sondern eher in den Beinen. So ging ich recht langsam, hielt öfter an und die Zeit verging. In einem Dorf kaufte ich mir mittags kalten süßen Tee und zwei Pfirsiche und machte eine längere Mittagspause. So kam ich erst nach achtzehn Uhr im Zielort Biforco an. Nach einem langen Abstieg aus den Bergen ging es zum Tagesabschluss, wieder einmal, noch einen Kilometer aufwärts. Die „Refugios“ müssen offenbar oben liegen, damit es die Pilger nicht zu leicht haben.

Erwartet wurde ich, so hatte es mir Lionello gesagt, von Fiorella. Ein schöner Name! Ich stellte mir eine junge Frau vor, die ich einschmeichelnd begrüßen konnte: „Fiorella, eine Name wie Musik!“ Sie sei die Chefin der örtlichen Bar und auch die Ansprechpartnerin für die Pilger.

Als ich schwitzend wie ein Lastesel an der Bar ankam, war das gerade ungelegen für Fiorella. Sie war eine ältere untersetzte Dame, die mit einer Zigarette im Mundwinkel gerade mit drei Männern auf der Terrasse vor der Bar Karten spielte. Sie warfen ihre Karten auf den Tisch und begleiteten insbesondere die Würfe der Mitspieler mit lautem Lamento! Als sie mich sah, fragte sie aufstehend, ob ich mein Zimmer sofort sehen möchte? Ich sah, dass es ihr lieber wäre, wenn nicht! Offenbar hatte sie ein gutes Blatt. Ich antwortete, dass ich lieber erst mal ein großes Bier trinken würde. Das hellte ihr Gesicht auf. Sie flitzte zum Tresen und holte eine Flasche Bier mit Glas. Beides drückte sie mir in die Hand, und zack saß sie schon wieder hinter ihren Karten am Tisch. Nach einer halben Stunde hatte ich mein Bier ausgetrunken. Also ging ich in die Bar zurück, sah mir die Auslagen an und stellte mit Rossana, der Tochter Fiorellas, mein Abendessen zusammen: Schinken, Salami, Käse, Brot, Bier! Das war, wie sich zeigte, ein guter Zeitpunkt für den Einkauf. Die Bar schloss nämlich um neunzehn Uhr. Rossana sah das Erstaunen in meinem Gesicht. „Wir öffnen aber wieder so gegen halb neun. In der Zwischenzeit gehen alle nach Hause und essen mit ihren Familien zu Abend!“

Das fiel an vielen Stellen auf. Läden, Restaurants, Institutionen machten über Mittag, manchmal von zwölf bis vier zu, um danach wieder zu öffnen. Für Pilger, die um vierzehn Uhr vor geschlossenen Lebensmittelläden stehen oder für Touristen ist das oft nervig. Aber diese Italiener nehmen sich mehr Zeit für ihre Familien, insbesondere für gemeinsame Mahlzeiten. Im Grunde ist das auch ein Spiegelbild des Stellenwertes der Familie. Für Deutschland eher eine unvorstellbare, aber manchmal sicher wünschenswerte Haltung. Bei uns sollen ja alle Geschäfte am liebsten bis spät in die Nacht und das ganze Wochenende geöffnet sein. Was das für die Familien der Beschäftigten in den Läden bedeutet, interessiert dabei kaum.

Mit der vorläufigen Schließung der Bar löste sich die Kartenrunde auf und Fiorella brachte mich zu meinem Zimmer. Das Refugio war sehr komfortabel. Ein Zimmer mit Doppelbett, nett eingerichtet wie ein Schlafzimmer, nicht wie zuletzt immer mit Doppelstockbetten. Und dazu ein schönes, großes sauberes Bad. Sehr angenehm!

Am Abend setzte ich mich noch in die Bar, trank etwas Wein und schrieb in mein Reisetagebuch. Draußen auf der Terrasse saßen Frauen und Männer aus dem Ort, erzählten und diskutierten lautstark. Am späteren Abend setzten sich Rossana und Fiorella an meinen Tisch, und wir plauderten noch ein Stündchen. Rossana übersetzte im Zweifelsfall, da wir uns auf Englisch ganz gut unterhalten konnten. Mit Fiorella aber versuchte ich italienische Konversation. Das machte so gute Stimmung, dass Fiorella bei einem Anruf mitteilte, gerade mit einem „sympathischen deutschen Pilger" am Tisch zu sitzen. So ändern sich die Dinge. Und zum Abschied sagte sie mir, das nächste Mal müsse ich ja nicht wieder hierher laufen, sondern könnte mit meiner Frau im Auto kommen und sie besuchen!

SONNTAG, 15. JULI 2018

Biforco — Caprese Michelangelo (19 km)

Leider machte die Bar sonntags erst gegen neun auf. Das war mir zu spät, um noch an einen Kaffee zu kommen. Also dann heute ein Start mit nüchternem Magen. Das musste auch mal gehen.

Nach dem einen Kilometer zurück ins Tal folgte wieder ein langer Aufstieg. Und der war so steil, wie ich es bisher noch nicht erlebt hatte, dabei mindestens zwei Kilometer lang. Im Guide standen für diesen Abschnitt sechshundert Höhenmeter. Nach und nach wurden mir die Beine schwer. Als Gehzeit vom Tal bis zum Klosterberg La Verna waren drei Stunden angezeigt. Fiorella hatte mir empfohlen, um elf Uhr am sonntäglichen Gottesdienst in der Klosterkirche teilzunehmen. Deshalb war ich gegen halb acht im Refugio gestartet. Aber ich merkte bald: Das war nicht zu schaffen für mich. Im „Himalaja-Schritt" kämpfte ich mich nach oben und musste öfter als sonst pausieren.

Besser wurde es dann auf einem Kammweg, jedenfalls vorübergehend. Denn das letzte Drittel dieses Weges zum Klosterberg führte wieder steil durch einen Wald. Der allerdings war wirklich besonders. Im Guide wurde er etwas überhöht – mit Blick auf Franziskus – als „mysthisch" beschrieben. Er unterschied sich tatsächlich von den bisherigen Wäldern und erinnerte mich sehr an den Harz. Überall lagen bemooste Steine und große Findlinge herum, und bizarre Felswände, ähnlich denen in der Eisenacher Drachenschlucht, säumten den Weg.

So kam ich nach einem letzten steilen Aufstieg auf einer Pflasterstraße in der beeindruckend auf riesigen Felswänden errichteten Klosteranlage an. Sie stand natürlich noch nicht zu Zeiten des Heiligen Franziskus und seiner Gefährten. Immerhin war ihnen vom damaligen Grafen Orlando, der offenbar Sympathie für die franziskanische Gemeinschaft hatte, dieser Berg geschenkt worden. Hier lebten sie alsbald in kleinen Hütten oder Höhlen. Einzig eine Kapelle, die heute noch steht, hatten sie als ihr geistliches Zentrum gebaut.

Nun aber standen dort viele Gebäude, viele kleine Kapellen und verschiedene Erinnerungsorte: Hier hatte Franziskus zu den Vögeln gepredigt, dort war er dem „Bruder Wolf" begegnet, an dieser Stelle hatte er seine Wundmale empfangen, an jenem Platz hat er geschlafen, dort hat er gebetet usw. So gesehen war La Verna ein wichtiger, wenn nicht sogar der zentrale spirituelle Platz für jemanden, der auf den Spuren des Franziskus unterwegs war. Aber an einen Moment meditativer Einkehr war gar nicht zu denken. Überall herrschte Gedränge und lautes Geschnatter!

Ich kam aus der Einsamkeit des Wanderweges plötzlich in einen Touristenrummel. Eben war gerade auch noch das Hochamt zu Ende.

Viele Menschen strömten über den Hauptplatz, und in jeder Kapelle, an jedem Ort war ein reges Kommen und Gehen. Nachdem ich eine Dreiviertelstunde in dem Menschenstrom mitgeschwommen war – Sonntag war offenbar der denkbar ungünstigste Tag für eine Ankunft an diesem schönen Ort –, saß ich etwas ratlos schon wieder am Ausgang. Ich konnte bisher mit alldem nichts anfangen. Aber mit diesem Grundgefühl jetzt wieder gehen? Dagegen sträubte sich auch etwas in mir. Im Guide hatte ich von einer Bar gelesen, aber bisher keine gesehen. Vielleicht sollte ich einfach noch ein Weilchen herumsitzen und zur Ruhe kommen? Also las ich noch einmal nach. Zur Bar war ein Weg mitten durch das Innere des Klosterkomplexes empfohlen.

Ich ging also durch Türen und durch Gänge, wo meist stand: „Durchgang verboten" oder „Nur für Hausgäste", und kam nach einigen Wendungen tatsächlich zu einer Bar! Es war aber nicht nur eine Bar, sondern auch eine Gaststätte. Kurzentschlossen ließ ich mir einen Tisch zuweisen und wurde in einen Raum gebracht, in welchem eine ältere Dame ihre Geburtstagsgesellschaft verköstigte. Alle saßen an einer großen Tafel. Mein kleiner Tisch, an dem ich allein Platz nahm, stand etwas abseits. So konnte ich das ausgelassene Familienessen in Ruhe beobachten. Aber es war auch etwas schade, nicht dazwischen zu sitzen. Spaß hätte ich bestimmt gehabt.

Es gab für alle ein festgelegtes Menü. So auch für mich. Die Kellnerinnen gingen mit großen Platten von Gast zu Gast: erst mit Pasta, dann mit Salat, danach mit verschiedenen Fleischsorten und Grillwürsten. Zum Schluss boten sie köstliches Pannacotta mit Erdbeersoße und Melonenstücke an. Dazu hatte ich mir einen halben Liter Rotwein bestellt. Wenn schon Festmahl, dann richtig! Ein Liter Wasser stand sowieso auf dem Tisch. Ich war nach dem Essen fröhlich. Das Ganze kostete überdies nur neunzehn Euro fünfzig. Und da ich noch nicht gefrühstückt hatte, fand ich das üppige Essen angemessen.

Aber als ich nach draußen in die Sonne trat, bei gefühlten fünfunddreißig Grad, musste ich mich doch etwas schütteln. Der Wein stieg mir zu Kopf. Aber immerhin störten mich nun die vielen Leute nicht mehr. Ich setzte mich noch eine halbe Stunde auf eine schattige Bank und genoss es, hier zu sein. Später, beim Hinuntergehen auf der steilen Pflasterstraße, munterte ich vergnügt eine auf halber Strecke heftig schnaufende, schwergewichtige jüngere Frau auf: „Immer schön langsam und Schritt für Schritt!", und zog gut gelaunt von dannen.

Gottlob ging es abwärts. Und das war die meiste Zeit des heutigen restlichen Weges so. Ich hatte mich für eine Abkürzung entschieden. Das bedeutete, zehn Kilometer auf der Landstraße bei ziemlicher Hitze nach unten in Richtung Caprese zu gehen. Ich war noch oben in den Bergen und konnte den Ort weit unten am Ende des Tales, durch das sich die Straße in Serpentinen schlängelte, schon sehen. Er lag auf einem Hügel. Das bedeutete, der letzte Kilometer ging wieder hoch! Als ich gegen achtzehn Uhr die Hauptstraße in Caprese entlanglief, hielt ein Auto neben mir. Es war Allessandro, mein Ansprechpartner und Wohnungsöffner. Wir waren für achtzehn Uhr verabredet und da wollte er schon mal gucken. Gutes Timing! Denn eigentlich hatte er viel zu tun, da er ein Restaurant betrieb, das demnächst öffnete. Er zeigte mir schnell die schöne, moderne Pilgerwohnung und war schon wieder auf dem Sprung! Aber noch in der Tür wies er darauf hin: Gegen acht gibt's in der Albergo Abendessen! Ich erkundigte mich noch schnell, wo ich für den ersten großen Durst ein Bier kaufen könnte. „Keine zweihundert Meter von hier, einfach geradeaus, ist eine große Bar! Alles klar? Tutto bene?" „Tutto bene!"

Ich ging gleich, verschwitzt hin oder her, zur Bar und kam gerade dazu, als Frankreich gegen Kroatien das vierte Tor schoss: 4:1! Immerhin. Kroatien Weltmeister? Ungewohnter Gedanke. Dann schnell zurück in die Unterkunft, duschen und umziehen. Und vor dem Restaurant noch das Geburtshaus von Michelangelo suchen. Es war zum Glück auf demselben Berg wie das Restaurant. Und es war – eine Burg! Klar, was auch sonst! Von dort hatte man einen totalen Rundumblick weit hinein in die Toskana. Geboren im Castello von Caprese. Daran hatte sich bis heute nichts geändert. Gute Startvoraussetzungen sind für jeden wichtig. Den weiten Blick auf die Welt hat hier das Kind Michelangelo jedenfalls einüben können. Dann ging ich unterhalb der Burg zu seiner Taufkirche – ein kleines, uraltes Kirchlein, aber leider abgeschlossen.

Von Allessandros Restaurant aus hatte man auch einen herrlichen Blick ins Land. Ich bekam wieder ein Pilgermenü kredenzt. Die zweite komplette italienische Mahlzeit heute. Das durfte nicht zur Gewohnheit werden. Sonst würde ich nach dieser Pilgerreise noch dicker zurückkommen, als ich losgegangen war. Das wäre wirklich ein eigenartiger Effekt.

Auf meine Bitte nach einem halben Liter Wein – der Liter Wasser stand wie immer schon auf dem Tisch – stellte mir die Kellnerin eine ganze Flasche hin: „Trinken Sie nur! Es kommt nicht so genau drauf an!" Pilgerfreuden! Ich verabschiedete mich von Allessandro. Wir hatten uns nach einigem Hin und Her für morgen früh halb acht zum Frühstück verabredet. Und dann sollte auch bezahlt und gestempelt werden. Also dann: „Buona notte!" und „Ci vediamo!" Wir sehen uns!

Nach dem Essen ging ich zurück zu meiner Unterkunft. Von der Bar her hörte ich noch laute Tanzmusik. Es war gegen halb zehn am Sonntagabend! Ich staunte nicht schlecht: Halb Caprese war hier noch auf dem weitläufigen Areal der Bar zu Gange. Die einen tanzten, andere saßen zusammen und unterhielten sich. Die jungen Leute spielten ausgelassen Tischfußball. Es war ziemlich was los. Ich hatte plötzlich auch keine Lust, wieder zurück in meine zwar schöne, aber „einsame" Pilgerwohnung zu gehen. Also setzte ich mich dazwischen und bestellte mir als Absacker des Tages einen Aperolspritz. Gemeinsam ist man eben doch weniger allein.

Weil von den Tanzenden so gute Stimmung herüberschallte, warf ich einen Blick durch den Eingang zur Tanzfläche. Ich war überrascht. Die ganze Tanzfläche war voll mit einer Formation wie beim Linedance. Es scheint in Italien einen Musiksender im Fernsehen zu geben, nach dem alle – junge und auch sehr alte Frauen und Männer (!) – die entsprechenden Choreografien einzuüben scheinen. Jedenfalls spielte die Band, ohne irgendwelche längeren Anleitungen zu geben, einen Titel nach dem anderen. Und zu jedem machten die Leute eine neue Choreo mit unterschiedlichen Schritten und dazu passenden Bewegungen mit Armen und Händen. Das hatte was! Und die Stimmung war entsprechend gut!

Heute war wieder ein Tag mit viel Flüssigkeitsbedarf gewesen. Im Rucksack hatte ich zwei Liter Wasser dabei. Die waren am Abend komplett weg. Dazu hatte ich zum Mittag und zum Abendessen je einen Liter getrunken. Zusammen also vier! Außerdem gab's zum Mittag- und Abendessen je einen halben Liter Wein. Und vor dem Abendessen in der Bar zwei halbe Liter Bier! Das waren also zusammen vier Liter Wasser, ein Liter Bier und ein Liter Wein! Und obendrein noch einen Aperol Spritz! Meine Güte! Das war bei mir in „normalen" Zeiten eine Wochenration an Flüssigkeit. Und über zwei Liter Alkohol klang am Ende des Tages auch nicht gerade gesund! Aber es hatte sich einfach so weggetrunken!

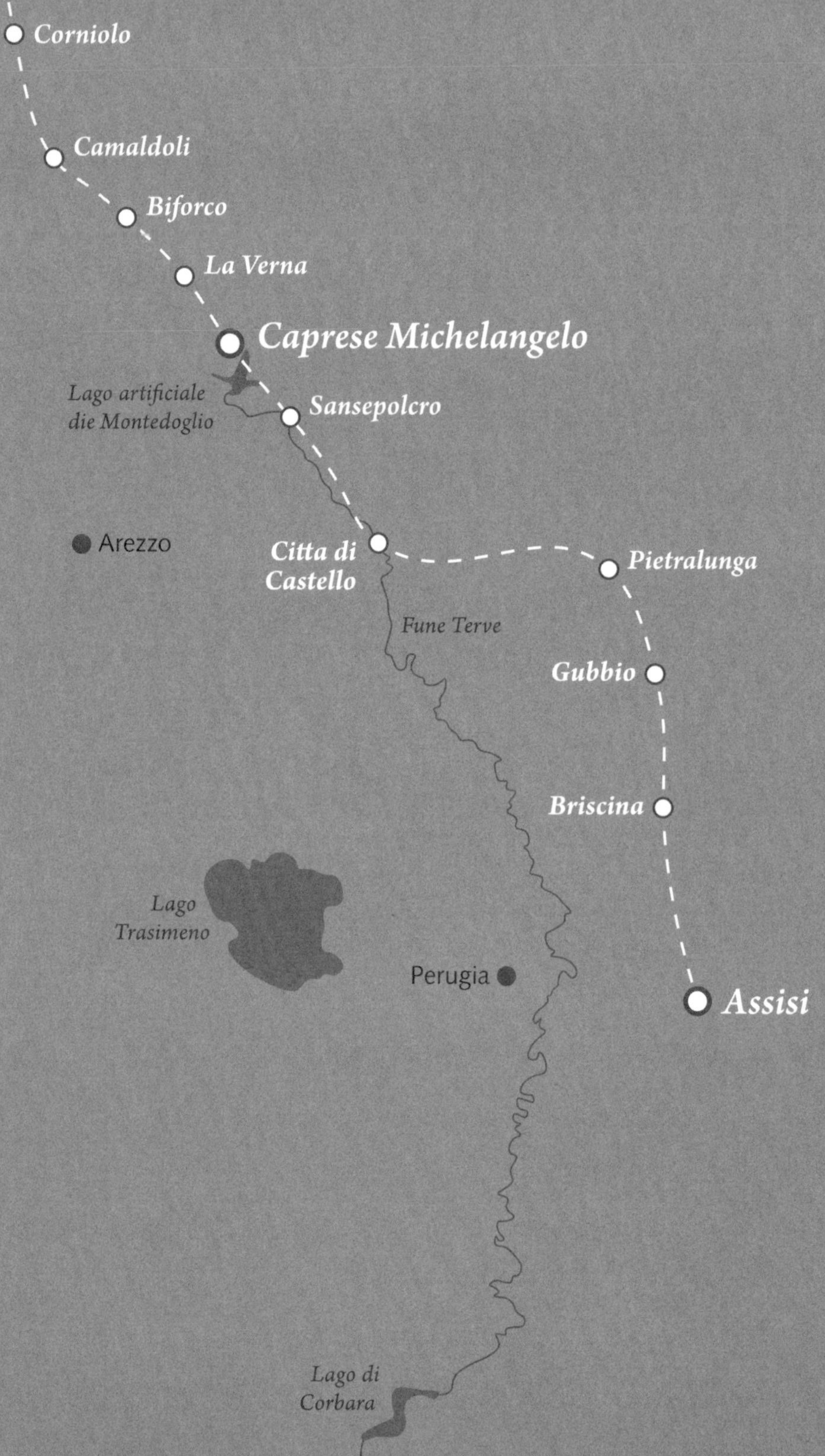
Corniolo
Camaldoli
Biforco
La Verna
Caprese Michelangelo
Lago artificiale
die Montedoglio
Sansepolcro
Arezzo
Citta di
Castello
Pietralunga
Fune Terve
Gubbio
Briscina
Lago
Trasimeno
Perugia
Assisi
Lago di
Corbara

10. WOCHE
16.–22. Juli 2018

Von Caprese Michelangelo nach Assisi

MONTAG, 16. JULI 2018

Caprese Michelangelo — Sansepolcro (26 km)

Nun hatte ich also auch „gefrühstückt“ wie ein Italiener: im Stehen und ruckzuck! Allessandro war gestern Abend bereits deutlich darauf aus, mein Frühstück, zu dem ich dann extra noch einmal in die „Albergo“ kommen sollte, nicht auf vor um acht zu legen. Ich hatte etwas die Stirn gerunzelt, und so verabredeten wir uns für „sette e mezzo!“, also halb acht. Dann wollten wir auch die ganzen Sachen mit Stempel und Bezahlung regeln. Immerhin hatte ich auch bei ihm gestern Abend einen „Pilgerspezialpreis“ für das Menü bekommen. Es bestand aus einer Portion Spaghetti Bolognese (die Italiener sagen „con ragout“), dann als „secondo piatti“ verschiedene Käsesorten mit Brot und einen Salat dazu. Den Liter Wasser „frizzante“ berechnete er mir nicht, dafür aber – anders als die Tage zuvor – den halben Liter Wein mit drei Euro. Alles zusammen für achtzehn Euro! Sehr entgegenkommend!

Heute Morgen aber, als ich pünktlich halb acht in der Tür stand, kam er mir mürrisch entgegen und bemühte sich immer mal wieder vergeblich um ein Lächeln: Es war ihm zu früh! Ich stand am Tresen und er fragte mich: „Cappuccino?“ „Ja, gerne!“ „Und gleich hier?“ „Warum nicht! Kein Problem!“ Allessandro stellte mir den Cappuccino hin. Seine Frau begrüßte mich schweigend mit einem kurzen „dienstlichen“ Lächeln, dessen schnelles Verschwinden noch vor dem Umdrehen gut wahrnehmbar war, schob mir zwei Stücke eines quietschsüßen Kuchens mit Marmeladendecke hin und verschwand. Selbst schuld, dass ich sie genötigt hatte, vor ihrer gewohnten Zeit im Gastraum zu sein. Das macht bei sensiblen Menschen eben schlechte Laune! Nebenbei gab ich Allessandro meinen Pilgerpass. Stempel schnell rein, bezahlen und zack – war er im Gastraum auf seinen Lieblingsplatz entschwunden. Er brauchte eben noch etwas Zeit für sich!

Ich blieb stehen, aß den Kuchen und genoss den Cappuccino! Und fertig: Das „Frühstück" war nach zehn Minuten beendet! Echt italienisch! Ich rief Allessandro ein „Ciao!" und „Grazie Mille!" zu, er antwortete, ohne dass ich ihn noch einmal zu Gesicht bekam, aus dem Gastraum mit „Buon Cammino!", und schon war ich wieder draußen auf der Straße und stieg vom schönen Bergdorf Caprese mit seiner interessanten Geschichte ab ins Tal! Zwei, drei Stunden später, nach einem langen Marsch auf der Landstraße und danach durch sanfte Hügel, sah ich noch öfter zurück auf die sich entfernende markante Silhouette von Caprese.

Sonst aber war es ein unspektakuläres Stück Weg. Raus aus den Hügeln an einen Stausee. Dann einige Zeit auf der Landstraße laufen und schließlich zehn Kilometer an einem Kanal entlang. Aber so öde, wie es im Guide beschrieben wurde, war es nun auch wieder nicht. Ich genoss es geradezu, mal wieder länger in der Ebene zu gehen, ohne schweißtreibende Anstiege. So liefen sich die Kilometer auch schnell weg, gegen sechzehn Uhr war ich schon in meiner Herberge und ruhte mich etwas aus. Abends ging's noch mal zu einem kleinen Rundgang durch die schöne mittelalterliche Stadt und zum Essen in eine Pizzeria.

DIENSTAG, 17. JULI 2018

Sansepolcro — Citta di Castello (20 km)

Schon gegen sechs war ich im Hotel „Orfeo" aufgewacht. Ein Arbeiter entblödete sich nicht, unweit des Hotels auf der Straße genau um diese Zeit für irgendetwas einen Presslufthammer einzusetzen. Trotz Ohrenstöpsel einfach nicht zu überhören! Und um sieben war der Krach dann zu Ende. Da wollte offenbar jemand das ganze Viertel an seinem Unmut über den frühen Arbeitsbeginn teilhaben lassen. Das „schmale" italienische Frühstück war trotzdem erst gegen halb acht zu haben. Immerhin wurde es draußen vorm Haus an der noch kühlen frischen Luft serviert: Zwieback mit Marmelade und ein Croissant. Dazu ein Cappuccino und – auf meinem Tisch ganz allein für mich – eine Literflasche Pampelmusensaft! Schon morgens hatte ich wie jeden Tag – Durst! Den Saft, das erste Highlight dieses Tages – trank ich komplett aus.

Aber allzu lange muss man sich eben mit dem Frühstück nicht aufhalten. Gegen acht zog ich los. Wieder sachte, aber stetig bergauf aus der Stadt hinaus. Über Feldwege, Steige und Asphaltstraßen. Schließlich an den bergigen Waldrand heran und dann auf einem schönen Waldweg immer aufwärts. Von wegen, lieber Guide, die Anstiege sind vorbei! Der Aufstieg zum eigentlichen Tagesziel, dem Kloster Montecasale, war noch einmal richtig anstrengend. Das Kloster lag mitten im Wald und war, weit oben und abgelegen, seit seinem Bau zu Zeiten des Franziskus, also vor achthundert Jahren, kaum verändert worden. Kirche und kleine Kapellen, alles noch uralt, mit Bruchsteinen. Der kleine, romantische Kreuzgang oder die Gänge zwischen den Gebäuden, alles hatte noch den Charme und die Ausstrahlung seiner Ursprungszeit.

Einen der drei Kapuzinermönche, die das Kloster noch halten, Bruder Francesco (!), traf ich, als er gerade mit dem Auto in den kleinen Klosterhof einparkte. Er befragte mich freundlich und nahm erstaunt zur Kenntnis, dass mich die Beziehung zwischen Elisabeth und Franziskus zu meiner Pilgerreise angeregt hatte, gratulierte mir noch zu meinem Weg – und war dann schnell weg. Es war Mittagszeit und die nahe Küche verströmte einladende Gerüche. Ein zweiter Mönch winkte mir später, als ich mich ausruhend neben eine weiße Franziskusfigur auf die Hofmauer gesetzt hatte, kurz zu und ging in die entgegengesetzte Richtung irgendwohin. Ich las, dass die Kapuziner ein Ordenszweig innerhalb der franziskanischen Gemeinschaft sind, der von Franziskanern gegründet wurde, die nicht mehr sesshaft in Klöstern leben wollten. Dreihundert Jahre nach Franziskus wollten sie wieder seinem Beispiel folgen und als Wanderprediger mit großer Nähe zum Volk unterwegs sein. Äußerlich unterschieden sie sich von den anderen Brüdern durch die spitzen Kapuzen an ihrem Gewand. Diese verstanden sie als Zeichen ihres radikalen Lebenswandels im Geiste des Franziskus. Sie waren also ihr Markenzeichen und bestimmten letztlich ihren Namen.

In meinem Guide hatte ich gelesen, dass es im Kloster eine sehr alte Pietà gab, die das Kind Michelangelo zu seiner Pietà inspiriert haben soll. Ich hatte sie noch nicht gefunden, ging also noch mal durch die engen Gänge, blickte hierhin und dorthin und manchmal auch schon in verdächtig privat aussehende Räume und entdeckte dann doch, nicht weit vom „Oratorium des Franziskus", seinem Gebetsraum, die Pietà. Ich fand sie sehr – geheimnisvoll! Vor allem diesen merkwürdig irritierenden Faltenwurf, der eher an Krakenarme oder Schlangen erinnert. So liebevoll die Figur vom Kopf Marias her wirkte, so verwirrend wurde sie nach unten hin. Daneben eine Kapelle in einem Tonnengewölbe, mit einem angestrahlten Christusbild, das den Zeugen Jehovas viel Freude bereiten würde ...: Christus im „Brautkleid"! Ich konnte es kaum ansehen! Trotzdem, das kleine Kloster Montecasale gefiel mir, verglichen mit La Verna, sehr gut! Vielleicht auch deshalb, weil ich allein dort war und endlich wieder Gelegenheit hatte, in einer kleinen, unspektakulären, aber sehr atmosphärischen Kirche zu singen und zu beten.

Dann nahm ich Abschied und lief raus aus dem Klosterhof, nah vorbei an einem dort liegenden großen Hund, der nicht angekettet war. Aber er wusste offenbar um die Friedfertigkeit des Ortes. Er blickte mich, sich aber sonst nicht weiter rührend, interessiert an und machte keinen Mucks. Ein waschechter Franziskaner-Hund!

Vom Kloster aus lief ich einen großen Bogen durch die Hügel und den Wald. Vorbei an mehreren Ruinen, die einmal stattliche, einsam gelegene Gehöfte gewesen waren oder, bei einem zumindest, wieder werden könnten. Um eine Ruine mit einem mehrstöckigen Wohnturm, wie sie sonst vor allem in San Gimignano zu finden sind, waren großflächig Bäume gefällt worden. Dadurch wurde offenbar Sichtfreiheit wiederhergestellt. Der Vorplatz war als Privatgelände abgesperrt. Es schien, als ob jemand den Versuch unternahm, das alte, zerrüttete Haus, das trotz allem immer noch eine ungeheure Faszination an diesem Ort und mit seiner sicherlich bewegten Geschichte ausstrahlte, wieder zum Leben zu erwecken.

Dann folgte ein langer Abstieg aus den Höhen des Waldes ins Tal nach Lama. Nach einer Denkpause in der Bar entschloss ich mich, die restlichen neun Kilometer mit dem Bus nach Citta di Castello zu fahren. Erstens schlug das der Guide selbst vor, wegen der Tristesse dieses Wegstückes. Zum anderen wollte ich etwas mit den Kräften haushalten.

Denn morgen sollte es eine Einunddreißig-Kilometer-Strecke geben. Also ab zum Bus, und eine Stunde später, gegen siebzehn Uhr, war ich schon in der Stadt.

Auch dies war ein schöner Ort. Das kleine Hotel „Umbria“ lag – strategisch günstig – gleich hinter dem Hauptplatz von Citta, der Piazza Matteotti. Die Pizzeria am gegenüberliegenden Ende des Platzes, die ich zum Abendessen aufsuchte, kochte zwar miserabel, aber dafür war in der Stadt eine Menge los. Noch abends um zehn – an einem Dienstag – ein Riesentrubel von Menschen! Überall waren Verkaufsstände von Kunsthandwerkern. Auf einer Bühne in einer Ecke der Piazza spielte eine professionelle Jazzband flotten Bebop. Jung und Alt waren unterwegs und genossen den milden Sommerabend. Dass auch viele Kinder dabei waren, muss nicht verwundern. In Italien dauern die Sommerferien drei Monate – Juni, Juli, August. Das ist zwar für die berufstätigen Eltern, wie ich gelegentlich hörte, manchmal nicht so einfach. Unterstützung gibt es aber bei der Kinderbetreuung aus der Familie und durch privat organisierte „Ferienspiele“, zu denen die Kinder tagsüber gehen können.

Gegen dreiundzanzig Uhr ging ich in mein Hotel. Aber damit gehörte ich zu den Ersten, die das Fest verließen.

MITTWOCH, 18. JULI 2018

Citta di Castello — Pietralunga (31 km)

Es war eine ziemliche Überraschung, das Frühstück im Hotel „Umbria“! Was stand da plötzlich neben den Kuchen, Plätzchen und Croissants auf dem Büfett? Schinken und Käse, gekochte „kalte“ Eier, dunkles Brot, Butter! Zum Staunen! Auch viel Obst und Obstsalat sowie mehrere Joghurtsorten. Kurzum: ein schönes abwechslungsreiches Frühstück, bei dem ich auch mit frischem Pampelmusensaft meinen allmorgendlichen Riesendurst ausgiebig löschen konnte.

Heute standen weite Strecken Asphaltwege auf dem Plan. Aus der Stadt raus, wieder in die Hügel. Aber nicht mehr so steile Anstiege, sondern Straßen mit gemäßigten Steigungen. Es ging ja jetzt schon durch die umbrische Landschaft. Viele Zypressen, die die Landschaft prägten. Und in Reichweite von Assisi mehr und mehr Pilger!

Ein Ehepaar aus Österreich traf ich, die auf Pilgerschaft mit dem Fahrrad waren. Das war manchmal sicher einfacher und schneller, besonders auf Straßen und Radwegen, aber auf den Steigungen des Apennin? Wie auch immer: Sie waren bis hierher durchgekommen und gut drauf! Sie kamen aus Salzburg, und wir unterhielten uns länger angeregt. Vorsorglich tauschten wir unsere Adressen aus, falls einmal jemand in die Gegend des anderen kommen sollte …

Später unterhielt ich mich mit drei jungen italienischen Burschen, denen ich danach noch mehrmals am Tag und auch am Abend in Pietralunga begegnet bin. In der Mittagspause an einem Brunnen schließlich saß ich länger plaudernd mit zwei italienischen Paaren zusammen.

Auch was die Markierung des Weges betraf, blieben nun keine Wünsche offen. Das schien damit zusammenzuhängen, dass ich auf der Zielgeraden nach Assisi war. Praktisch alle hundert Meter fand sich ein Zeichen.

Alles in allem: Die heutigen einunddreißig Kilometer liefen sich sehr gut. Die Anstiege waren nicht mehr so endlos wie im Apennin und das Laufen auf Asphalt war inzwischen Gewohnheitssache geworden.

Bei meiner Ankunft im Hotel „Tinca“ musste ich erst einmal zwei Bier trinken und ausdampfen. Nach der Regeneration unter der Dusche genoss ich nicht weit entfernt vom Hotel, auf dem zentralen Platz von Pietralunga, auf dem man wie von einer Terrasse aus einen weiten Blick ins Tal und auf die Hügel hatte, mein Abendessen.

DONNERSTAG, 19. JULI 2018

Pietralunga — Gubbio (27 km)

Auch im Hotel „Tinca“ gab es vergleichsweise wenig am Frühstück auszusetzen. Auch hier gekochte, kalte Eier, Schinken und Käse. Dazu verschiedene Toasts, Obst, Säfte und Croissants, auch abgepackte Marmelade und Nusscreme, einen guten Cappuccino und Joghurtbecher. Obst konnte ich mitnehmen für die Mittagspause.

Nach dem Begleichen der Rechnung ging es zum Einlaufen erst einen Kilometer abwärts, dann aber vier Kilometer dauerhaft ansteigend auf einem Schotterweg. Als Geschenk später von oben erwartete mich ein letzter schöner Blick auf Pietralunga. Der Weg verlief anschließend wieder – ganz typisch – nach unten in ein Tal und auf der gegenüberliegenden Seite nach oben.

Auch heute traf ich einige Pilger mehrmals: zuerst drei italienische Studenten, die morgens immer losliefen wie der Teufel, denen ich dann mittags begegnete, wenn sie ihre ausgiebige Mittagspause abhielten, und dann wieder abends beim Sitzen in einem Restaurant oder einer Bar. Immer grüßten sie erfreut und herzlich und jedes Mal gab es einen mehrminütigen englischen Small Talk über den Tag.

Auch drei jungen Frauen bin ich begegnet. Bei einem längeren Aufstieg hatte ich zwei Mal beinahe zu ihnen aufgeschlossen. Aber beide Male stürmten sie, kaum dass ich zwanzig Meter nahe gekommen war, weiter. Merkwürdiges Verhalten! Normalerweise grüßt man sich und tauscht sich kurz aus, aber rennt nicht kurz vor der Begegnung davon. Nach einer Weile überholte ich sie aber doch mit kurzem Gruß – ich war nun auch etwas gesprächsunwillig –, als sie erschöpft von ihrer Rennerei im Schatten eines Baumes saßen und alle paar Augenblicke ihre Wasserflaschen ansetzten.

Später, an einem schönen Plätzchen unter einem Feigenbaum neben einer Kirche, die drei Studenten hatten sich dort schon hingelagert, machte ich meine Mittagspause. Es gab einen Brunnen mit frischem Quellwasser und die reifen Feigen fielen mir, wie im Schlaraffenland, praktisch von selbst in den Mund. Bald danach kamen auch die Damen! Sie machten nur eine kurze Pause, so dass wir nahezu gleichzeitig wieder aufbrachen, ohne groß Kontakt miteinander aufzunehmen. Dabei sah ich, dass eine der drei – vermutlich hatte sie eine Blase – ziemlich humpelte. Sie gingen voran, aber einen Kilometer später, als ich eine Brücke über einen kleinen Bach passierte, saßen sie unten und kühlten die Füße im Wasser. Sie hatten offenbar im sportiven Eifer die Anzeichen der Blasenbildung im Laufe des Tages nicht ernstgenommen und waren nun schachmatt gesetzt. Auf dem Weg habe ich sie jedenfalls nicht mehr gesehen.

Schon raus aus den Bergen und in der Ebene kam mir aus Richtung Gubbio eine fröhlich singende Jugendgruppe von Sechszehn- bis Achtzehnjährigen entgegen. Sie waren aus Polen und wurden von einem jungen Mann angeführt, der – euphorisch gestimmt – mich fröhlich über den Weg nach Pietralunga ausfragte. Das sei ihr heutiges Pilgerziel. Es war jetzt schon vierzehn Uhr durch und ich war seit gut fünfeinhalb Stunden flott unterwegs. Und vor ihnen lag noch, um über den Kamm zu kommen, ein heftiger, stundenlanger Anstieg mit einigen steilen Stellen, bei denen ich schon abwärts aufpassen musste. Die meisten Jugendlichen hatten immerhin Sportschuhe an, aber nicht wenige nur einfache Sandalen. Die würden sich wundern.

Aber der Gruppenleiter war eindeutig nicht in der Stimmung, sich Bedenken anzuhören. Vielmehr lud er mich nach meinen getätigten Auskünften zum Gebet ein, das mit einem lauten Amen und einem vielstimmigen, jugendlichen Halleluja endete. Die vielleicht dreißig Personen umfassende Gruppe zog lachend an mir vorbei. Am Ende lief zu meiner Verblüffung, eingerahmt von zwei jungen Frauen, mit schleppendem Gang eine betagte Nonne in einer weißen Tracht. Sie stützte sich auf einen Gehstock, trug leichte Halbschuhe, und hatte offensichtlich geschwollene Fußgelenke, die mit Binden umwickelt waren. Ich hielt es für ausgeschlossen, dass sie über den Berg kam. Mir war es ein Rätsel, wie diese Truppe auf die Idee gekommen war, so spät noch – immerhin hatten sie noch fast zwanzig Kilometer vor sich – und in dieser Konstellation nach Pietralunga zu pilgern. Aber vielleicht versetzte ja ihr Glaube Berge …

Bis nach Gubbio musste ich noch etwa acht Kilometer laufen, was ziemlich eintönig und vor allem heiß war. Noch an der Stadtgrenze belohnte ich mich deshalb mit einer Cola und einem Schokoeis in der erstbesten Gelateria. Der Guide hatte Gubbio als eine der schönsten Städte Italiens gepriesen. Und dem konnte ich zustimmen. Natürlich sind alle Städte in den Randgebieten unschön zersiedelt, so dass sich solch eine Einschätzung meist auf den Stadtkern reduziert. Und da ist eben die Altstadt von Gubbio sehr reizvoll. Schon halb in den Berg gebaut, mit uralten Kirchen, riesigen Palästen und imposanten Steinhäusern. Man glaubt sofort, dass Gubbio als älteste Stadt Umbriens gilt. An diesem Platz sollen schon in vorrömischer Zeit Menschen gesiedelt haben. Eigentlich handelt es sich hier um ein Erdbebengebiet. Kaum zu glauben, wenn man vor dem Rathaus steht, das markant schon von Weitem sichtbar ist und wie ein mittelalterlicher Wolkenkratzer wirkt. Dazu viele urige Gassen, durch die man flanieren kann. Wirklich schön! Eines der besterhaltenen Amphitheater in Italien war auch hier zu finden, ich sah es beim Hineingehen in die Stadt, war aber zu schlapp, um da noch mal hinzugehen.

Meine Herberge „La Grotta“ hatte ich schnell gefunden. Nach der obligatorischen körperlichen „Runderneuerung“ durchstreifte ich noch etwas die Stadt, trank in einer Bar an einem belebten Platz ein Bier und schaute entspannt dem Treiben zu. Als ich am Abend wieder ins „La Grotta“ kam, die Rezeptionistin hatte mir beim Einchecken ein Pilgermenü angeboten, saßen dort Andrea und Wolfgang, zwei der vier österreichischen Pilger. So wurde es ein heiteres gemeinsames Abendessen, mit viel Gesprächsstoff aus den vergangenen Tagen. Am späten Abend setzte sich noch eine holländische Pilgerin namens Marlene zu uns, die beide unterwegs kennengelernt hatten.

FREITAG, 20. JULI 2018

Gubbio — Briscina (22 km)

Heute kam ich etwas später los, auch weil das „La Grotta“ Frühstück erst gegen viertel neun anbot. Aber es war, wie schon am Vorabend die Dame an der Rezeption warnend angekündigt hatte, ohnehin nur das kleine süße italienische Frühstück – und somit schnell erledigt.

Meine Herberge lag praktisch schon am Weg, den ich heute gehen wollte. Bei einem Obsthändler holte ich mir zwei Äpfel und eine Nektarine als Mittagessen, und schon ging’s raus aus der Stadt. Dabei kam ich in einem Park an einer Franziskus-Skulptur vorbei. Mir fiel ein, dass es zwar auch in La Verna einen Felsen gab, auf dem sich Franziskus gelegentlich mit einem „Bruder Wolf“ getroffen hatte. Aber die eigentliche „Wolfsgeschichte“ wurde in Gubbio angesiedelt. Ob es derselbe Wolf war? Keine Ahnung! Aber die Legende ist schön: Franziskus hatte gehört, dass die Einwohner von Gubbio von einem bösartigen Wolf tyrannisiert wurden. Das tat ihm leid und er wollte ihnen helfen. Also wanderte er nach Gubbio, suchte und fand in der Nähe der Stadt auch den Wolf. Er sprach ihn an, was der sich offenbar auch gefallen ließ, und machte ihm einen Vorschlag: Wie wär’s, wenn wir zusammen in die Stadt gingen? Ich rede mit den Leuten und du lässt sie künftig in Ruhe! Der Wolf war einverstanden und legte zum Zeichen dafür seine Pfote in die von Franziskus dargebotene Hand. Also gingen sie in die Stadt auf den Markt, und die Menschen sahen mit Entsetzen, dass Franziskus das gefürchtete Tier mitten in die Stadt führte. Als eine große Menge ängstlich um sie herumstand, machte Franziskus einen Vorschlag: Mein „Bruder Wolf" hat mir versprochen, euch künftig nicht mehr zu bedrohen! Als Gegenleistung müsst ihr ihm allerdings jeden Tag etwas zum Fressen hinstellen! Und zur Bekräftigung dieses Angebotes legte der Wolf wieder die Pfote in die Hand von Franziskus. Bei diesem Anblick brachen die Leute in einen großen Jubel aus. Von da an bekam der Wolf jeden Tag sein Fressen und lebte noch viele Jahre bis zu seinem Tod friedlich mit den Einwohnern von Gubbio zusammen. Aus diesem Grunde finden sich heute viele Franziskus-Skulpturen, die ihn zusammen mit einem Wolf zeigen, seinem „Bruder Wolf".

In der Ebene von Gubbio stand schon die Luft, obwohl es erst dreiviertel neun war. Ich merkte auch, dass ich etwas trödelte. Ich hatte nicht den üblichen Pilgerschritt drauf, der darauf aus war, voranzukommen. Es war angesichts der heutigen Distanz auch kein Druck da. Oft blieb ich auch stehen und schaute mich in alle Richtungen um. Das war es: Ich hatte den Wunsch, den vorletzten Tag meiner Pilgerreise noch etwas bewusster als sonst nicht nur zu gehen, sondern zu genießen.

Nach fünf bis sechs Kilometern in der Ebene führte die Route wieder in die bewaldeten Hügel hinauf mit dem Zwischenziel „Eremo San Pietro". In meinem Guide stand, dass diese Einsiedelei noch von einem Mönch bewohnt würde, aber nicht zugänglich wäre. Dies schien sich im Laufe dieses Jahres geändert zu haben. Denn von mehreren Pilgern hörte ich, dass sie entweder dort schon übernachtet hatten, mit gemeinsamem Kochen am Abend, oder dies noch vorhatten. Vor der Einsiedelei waren überall Willkommens- und Einladungsschilder! Hatte der eine Mönch jetzt seine eigentliche Aufgabe in der Pilgerbetreuung gefunden?

Als ich in den geschlossenen Hof trat, saßen Pilger an einem Tisch und tranken Kaffee. Ich ging aber erst in die, wie ich las, seit Kurzem wieder geöffnete schöne romanische Kirche, sang eine Viertelstunde und überließ mich dann für eine Weile gedankenlos in der Bank sitzend der Kühle und Schlichtheit des Raumes. Zum ersten Mal seit Langem empfand ich dabei einen inneren Seelenfrieden, der sich wie ein stetig größer werdender See ausbreitete. Am liebsten wäre ich nicht mehr aufgestanden und fortgegangen von diesem guten Ort. Als ich beglückt aus der Dämmerung des Kirchenraumes in den gleißend-sonnigen Hof zurückkam, saßen die Pilger immer noch am Tisch. Ich setzte mich zu ihnen. Sie kamen aus Frankreich und Belgien und machten Urlaub in der Gegend.

Nach einem längeren Gespräch ging ich nach draußen, um mich ein wenig in den Schatten eines Baumes zu setzen. Da lag schon Nikhil, ein fünfunddreißigjähriger Philosophielehrer aus Paris, der sehr gut Englisch sprach und mit dem ich mich eine Stunde lang über Gott und die Welt unterhielt. Er teilte mit mir seine Pflaumen und eine Orange, und wir hatten beide Spaß an der Unterhaltung. Für ihn war es seit sieben Jahren ein wiederkehrendes Ritual, im Sommer einen längeren Pilgerweg zu gehen – zum spirituellen Auftanken. Um auf diese Weise wieder die Energie zu haben, sich ein Schuljahr lang vor seine Schüler zu stellen. Wir verabschiedeten uns herzlich. Er blieb über Nacht in der Einsiedelei. Wir verabredeten uns nicht ausdrücklich für den nächsten Tag in Assisi, waren aber überzeugt: Wenn es passieren soll, dass wir uns noch mal begegnen, dann wird es auch geschehen.

Relativ spät kam ich im „Agrotourismo“ in Briscina an. Und was für eine Überraschung: Die drei italienischen Studenten waren auch da. Sie lümmelten an einem Pool – dem Highlight dieses Abends – herum und ich spöttelte etwas, wieso sie so plötzlich auf Luxus umgestiegen wären?

Im längeren Unterhalten stellte sich heraus, dass sie nicht drei Freunde, sondern drei Brüder waren: Corrado, Lucca und Marco! Zum ersten Mal waren sie gemeinsam für ein paar Tage unterwegs. Für das nächste Jahr planten sie nun, da das Miteinander offenbar gut klappte, auch mit ihren restlichen beiden Geschwistern, einer Schwester und noch einem Bruder, eine Fortsetzung dieses Projektes. Schöner Gedanke!

SAMSTAG, 21. JULI 2018

Briscina — Assisi (26 km)

Gestern hatte ich immer einmal wehmütige Anflüge ob des nun absehbaren Endes meiner Pilgerreise. Aber heute war ich heiter bei dem Gedanken, dass nun die letzte Etappe des Weges gekommen war. Alles war bisher gut verlaufen. Kleinere und vermeintlich größere Gefahren wie Schlangen oder Kuhherden waren schadlos vorbeigegangen. Auch hatte die Gesundheit mitgespielt. Weder Knie noch Herz oder Rücken hatten dauerhaft Probleme bereitet. Auch mit den Füßen hatte ich, im Unterschied zu manchem Mitpilger, überhaupt keine Not. Mein „Zauberstick", mit dem ich abends gerötete Stellen, beipielsweise an den Fersen oder leichte Blasenbildungen bestrichen hatte, löste diese über Nacht jedes Mal in Nichts auf! Also zusammengenommen: Die Reise war bis heute ausgesprochen gut gelaufen!

Dabei war sie zeitweise sehr anstrengend. Wenn ich nur an die stundenlangen steilen Aufstiege im Apennin dachte. Das war nicht nur Genuss, auch wenn der Umstand, dass ich es überhaupt geschafft hatte, zeitweise große Befriedigung auslöste. Trotzdem war es nun gut und an der Zeit, ans Ende zu kommen.

In Valfabricca bei einem Mittagsstop mit Obst und Cola in einer Bar, traf ich Marlene wieder, eine einundsiebzigjährige Dame aus Holland, der ich schon kurz in Gubbio im Restaurant begegnet war. Sie erzählte, seit zehn Jahren – seit dem Tod ihres Mannes – mindestens sechs Monate im Jahr wandernd irgendwo unterwegs zu sein. Das war ihre Alternative zum Alleinsein zu Hause in ihrem kleinen Haus. So war sie immer in neuen Regionen und hatte viele Begegnungen mit den unterschiedlichsten Menschen. Das liebte sie und bewahrte sie vor der Einsamkeit. Sie kannte natürlich alle nur erdenklichen Pilgerwege. Und sie war sprachlich sehr fit. Jahrelang hatte Marlene sowohl in England als auch in Deutschland gelebt, konnte so in den Sprachen locker umswitchen. Aber sie blieb jetzt in Valfabricca, da sie am Tag nicht so viele Kilometer machen wollte und sowieso keine Eile hatte.

Die letzten Kilometer, darauf hatte der Guide hingewiesen, waren eine allmähliche Annäherung an die Stadt von einer ungewöhnlichen Seite her. Auf einer Anhöhe konnte ich Assisi, zumindest Burg, Friedhof und Klosteranlage, das erste Mal schon aus zehn Kilometer Entfernung sehen. Und von Kilometer zu Kilometer entfaltete sich dieses Panorama mehr und mehr. Die wie auf eine Felskante gesetzten markanten Klostergebäude wurden immer imposanter. Am Fuße des Berges, die Basilika thronte oben, führte über eine alte Steinbrücke – abweichend von der offiziellen Beschilderung des Pilgerweges – ein unscheinbarer Pfad in den bewaldeten Hang. Hier und da standen ein paar Hinweistafeln, sonst nichts. Auch kein anderer Mensch war zu sehen. Im Guide war beschrieben, dass oben ein kleines Tor direkt auf den Hauptplatz vor der Basilika führen sollte.

Fast am Ziel angekommen, schon mit Blick auf die vor der Klostermauer stehende „Glocke der Religionen", begannen plötzlich die Glocken der Basilika zu läuten. Ich deutete es als ein besonders herzliches Willkommen in der Franziskus-Stadt, blieb stehen und genoss beim Klang des Geläutes den Augenblick. Und das war dann wirklich verrückt: Eben ging ich noch ganz allein auf einem Waldpfad, dann trat ich durch ein kleines Steintor und war mitten im Menschengewimmel auf dem Hauptplatz vor der oberen Basilika.

Ein paar Minuten stand ich etwas unentschlossen auf dem Platz. Ich hatte schon geahnt, dass mich keine Glücksgefühle überfluten würden. Das wäre vielleicht anders, wenn man solch einen Moment mit jemandem teilen kann. Ich überlegte, was mir jetzt guttun könnte. Das Herumstehen war es jedenfalls nicht! Dann warf ich kurzentschlossen meinen Rucksack ab, legte mich der Länge nach bäuchlings und mit ausgebreiteten Armen auf die Steinplatten, schloss die Augen und genoss die Bodenberührung. Jetzt hatte ich das Gefühl, langsam anzukommen. Als ich nach einigen Minuten wieder aufstand, sah ich natürlich in manch verwundertes, aber meist auch lächelndes Gesicht. Auch zwei bewaffnete Polizisten, die inzwischen auf jedem großen Platz zu finden waren, nahmen von meinem Verhalten nicht besonders Notiz. Vermutlich waren sie hier noch ganz andere, gar ekstatische Ausbrüche von Pilgern gewohnt. Einen jungen Mann bat ich um ein Foto, warf noch einen kurzen Blick in die Kirche – das konnte ich mir alles am nächsten Tag in Ruhe ansehen – und suchte dann mein kleines Hotel nicht weit entfernt vom Platz auf.

Nach einer Erfrischung im Hotel und dem Abendessen in einer Osteria gleich gegenüber ging ich noch etwas durch die Straßen und – traf die Brüder gemeinsam mit Nikhil vor einer Pizzeria sitzend und in den letzten Zügen ihres Abendessens. Sie luden mich zu sich an den Tisch ein, und es wurde noch ein längerer Abend, an dem wir ausgiebig mit Wein anstießen und das gute Ankommen in Assisi feierten. Mit den Brüdern gab es einen herzlichen Abschied, mit Umarmungen und guten

Wünschen. Nikhil blieb noch einen Tag in der Stadt, ich wollte auch noch zwei oder drei Tage hier bleiben, und so verabredeten wir uns für morgen zu gemeinsamen Unternehmungen.

SONNTAG, 22. JULI 2018

Assisi

Vormittags nahm ich in der Oberkirche an einem musikalischen Gottesdienst einer kanadischen Gemeinde aus Vancouver teil. Sie hatte ihren Jugendchor mitgebracht, der hingebungsvoll sehr sphärische Gesänge darbot. Die Eucharistiefeier zelebrierten mehrere Priester und Diakone. Zweifellos waren solche Gottesdienste in der Franziskus-Basilika, die man vermutlich Jahre vorher anmelden muss, nicht nur für diese Gemeinde spektakuläre Höhepunkte. Nach dem Gottesdienst hatte ich Gelegenheit, in Ruhe die Giotto-Fresken zum Leben von Franziskus zu betrachten.

Und nicht zu vergessen das Grabmal des Heiligen in der Krypta unter der Unterkirche. Was für ein Unterschied zum prunkvollen Antonius-Grabmal in Padua! Im Chorraum der Krypta stand ein schlichter erhöhter Steinsarkophag, links und rechts durch eine hohe Steinmauer eingefasst, nach vorn offen. Davor ein schlichter Altar, mehr nicht. Wie stimmig! Vielleicht kommt es daher, dass lange Jahre das Grab des Heiligen gar nicht auffindbar war. Nach Franziskus' Tod sollte sein Leichnam in Anwesenheit des Papstes beigesetzt werden. Der Ordensgeneral Elias hatte aber, aus Angst, der „kostbare“ Leichnam könnte im Auftrag anderer Städte, unter Verdacht stand zumindest immer Perugia, geraubt werden, die sterbliche Hülle einen Tag früher heimlich und an geheimer Stelle beigesetzt. Erst Anfang des neunzehnten Jahrhunderts wurde er bei Bauarbeiten entdeckt und als solcher identifiziert.

Auf einer Platte im Boden wurde an das verheerende Erbeben von 1997 erinnert. Kaum zu glauben, dass siebzig Prozent der gesamten Stadt seinerzeit zerstört wurden. Aber nirgendwo fiel mir irgendein zerstörtes Gebäude ins Auge. Scheinbar war die Stadt in Rekordgeschwindigkeit wieder aufgebaut worden. Insbesondere diese Basilika wurde durch das Beben schwer beschädigt. Die Giotto-Fresken sollen nahezu komplett pulverisiert gewesen sein. Aber heute leuchtete alles in schönster Pracht und erzählte im Bild die Lebensgeschichte Franziskus'. Innerhalb von knapp zehn Jahren waren Gewölbe und Fresken wieder so hergestellt, als wäre nie etwas gewesen.

Am Nachmittag traf ich mich mit Nikhil und wir wanderten zum Kloster San Damiano. Das war die Kirche, die Franziskus ganz am Anfang seines Wirkens selbst, nachdem „ein Kruzifix zu ihm gesprochen" hatte, aus Ruinen wieder aufbaute. Hier fand später die Heilige Klara (Santa Chiara) mit ihren Gefährtinnen ihre erste Heimat und hier gründete sich dann der Klarissinnenorden. Bemerkenswert war, dass die meisten Räume noch in ihrem ursprünglichen Zustand, auch mit dem spärlichen Mobiliar wie beispielweise im Refektorium, dem Speisesaal der Schwestern, erhalten sind. Ebenso wie die Kirche und die Kapellen – alles in schlichter, sehr eindrücklicher Gestaltung. Ich konnte mich nicht erinnern, schon einmal anderswo so authentische Zeugnisse klösterlichen Lebens gesehen zu haben. Die geistliche Energie, mit der diese Menschen seinerzeit ihre Überzeugung gelebt haben, ist noch heute spürbar.

Wir hielten uns lange im Kloster auf. Für einen Besuch der „Portiunkula" im Dom, dem damaligen Ordenszentrum und Sterbeort von Franziskus – sie lag fünf Kilometer außerhalb von Assisi – reichte leider die Zeit nicht mehr. Das nahm ich mir für den nächsten Tag vor. Beim Rückweg durch das ans Kloster angrenzende Parkgelände kamen wir auch an der Stelle vorbei, an der Franziskus seinen „Sonnengesang" verfasst haben soll – ein kleiner Felsvorsprung mit einem weiten Blick in die sich davor ausbreitende Ebene.

Abends verabredete ich mich mit Nikhil zum Essen. Er lud mich nach Paris ein. Er habe dort eine Wohnung, und wenn ich mit meiner Frau käme, könne er sie uns problemlos überlassen und ein paar Tage bei seiner Mutter in der Nähe wohnen. Ich lud ihn natürlich auch nach Eisenach ein. Abgesehen von Berlin war er noch nie in Ostdeutschland gewesen. Und ich hätte dann ja Zeit, ihm dies und das an Interessantem zu zeigen. Beim Austausch unserer Adressen stellte sich heraus, dass er aus einer alten Adelsfamilie stammte. Das war an diesem Abend noch einmal ein starker Gesprächsimpuls. Als wir aus dem Restaurant auf den Marktplatz kamen, war auf einer Bühne und rundherum noch viel

Trubel. Dafür hatten wir keinen Nerv mehr. Wir verabschiedeten uns bald. Nikhil war ein Frühaufsteher und ein Frühstarter auf dem Pilgerweg und wollte am nächsten Tag frisch und ausgeruht weiterlaufen – bis nach Rom!

Ich war gespannt, ob es ein Wiedersehen geben würde oder ob sich die intensiven Begegnungen auf dem Pilgerweg dann doch relativierten und ihre Bedeutung nach und nach verblasste …

MONTAG, 23. JULI 2018

Assisi

Am Morgen machte ich zunächst einen ausgedehnten Spaziergang durch die obere Stadt. Zuerst suchte ich die Basilika Santa Chiara auf, in der sich das Grab der Heiligen Klara (oder Chiara) befand. Und auch das Kruzifix aus dem Kloster San Damiano, welches zu Franziskus gesprochen hatte, und zwar das Original. Denn Nachbildungen in allen Größen gab es viele, beispielsweise eine übergroße in einem Meditationsraum in La Verna. Den Wegen weiter nach oben folgend, kam ich zur „rocca", der alten, über Assisi thronenden Burgruine. Von hier aus konnte ich noch einmal schön nachverfolgen, aus welcher Richtung ich gekommen war, welchen Weg ich genommen hatte und durch welches Wäldchen ich am Hang hoch zur Franziskus-Basilika gelangt war. Und natürlich hatte ich einen grandiosen Blick in die weite Ebene vor Assisi. Ich suchte mir ein Plätzchen am Wiesenhang vor einer Burgmauer und genoss für eine ganze Weile diesen einmaligen Ausblick.

Von der Burg aus sah ich natürlich auch den Dom von Assisi, die Basilika Santa Maria degli Angeli und den mit Bäumen beschatteten Pflasterweg, der vom Fuße Assisis geradewegs dort hinführte. Das war nun mein Ziel für diesen Nachmittag. Also Abstieg von ganz oben nach ganz unten, bis an den großen zentralen Parkplatz von Assisi.

Hier begann der Pflasterweg, der zu großen Teilen aus roten Ziegelsteinen bestand, die offenbar gespendet wurden, da auf vielen dieser Steine Namen aus aller Welt zu lesen waren. Und gespendet wurden sie unter dem Motto „Pax et Bonum", dem franziskanischen Gruß und Segenswunsch. Diese Worte, mit helleren Steinen gelegt, standen am Anfang des Weges. Ich spazierte, immer mal stehen bleibend und lesend, woher die Spender kamen, langsam durch die Ebene hinüber zur Kirche.

Die Basilika war riesig. Ihre Kuppel war genau über eine kleine Kapelle gebaut, die „Portiunkula" hieß, was so viel „kleines Fleckchen Land" bedeutete. Diese Kapelle spielte im Leben von Franziskus und seinem Orden eine besondere Rolle. Sie war ursprünglich im Besitz des Benediktinerordens, den es ja schon seit dem sechsten Jahrhundert gab, wurde aber von Benediktinern nicht mehr benutzt und war verfallen. Mit einigen Freunden baute Franziskus die Kapelle wieder auf, und sie wurde zum ersten Zentrum seiner Gemeinschaft. Klara, ebenfalls aus Assisi und aus wohlhabendem, adeligen Hause stammend, wollte nicht nur wie viele junge Männer, sondern auch als Frau dem Beispiel des Franziskus folgen und ein Leben in der Nachfolge Christi ganz in Armut führen. Sie flüchtete nachts von zu Hause, kam zur „Portiunkula" und empfing hier von Franziskus, sie werden sich natürlich schon gekannt haben, ihr klösterliches Nonnengewand. Damit es aber nicht zu zweifelhaftem Gerede kam, wurde sie noch in der gleichen Nacht ins Kloster San Damiano gebracht. Dort gründete sie zusammen mit anderen Gleichgesinnten, darunter sogar ihre Mutter und ihre Schwestern, später den Klarissinnenorden. Rund um die „Portiunkula" fanden schon bald große „Franziskaner-Konvente" mit mehreren tausend Teilnehmern statt. Und schließlich war sie auch der Ort, an dem Franziskus starb.

Es ist schon eigentümlich, wenn über eine kleine Kapelle – eigentlich sind es zwei, denn ein paar Meter neben der „Portiunkula" steht die „Kapelle des Übergangs", der eigentliche Ort, an dem Franziskus auf dem bloßen Steinboden liegend im Kreis seiner Gefährten gestorben sein soll – eine bombastische Basilika gebaut wird. So ähnlich ist es in der Jerusalemer Grabeskirche und anderswo ja auch. Aber abgesehen von aller Heiligenverehrung sind es natürlich auch Orte, an denen intensiv gebetet wird, schon seit Jahrhunderten. Und das gibt solchen Orten auch eine eigene Faszination und eine energetische Anziehungskraft, der man sich nur schwer entziehen kann.

Auch das Durchwandeln der verschiedenen Gänge, Kapellen und Gärten des angeschlossenen Klosters gefiel mir – zumindest zum Großteil! Ein zeitgenössischer Maler hatte offenbar den Auftrag seines Lebens bekommen und damit begonnen, Stationen aus dem Leben des Heiligen Franziskus an die Wände eines Kreuzganges zu malen. Das machte er in der Art eines farbintensiven fotografischen Realismus mit Menschen, die aus Mode- und Lifestylemagazinen entnommen schienen.

Da waren die Vitrinen im unvermeidlichen Souvenirshop am Ende des Rundganges durch das Klostergelände fast schon wieder lustig: mit süßlichen Jesusfigürchen in der Krippe liegend und in allen Größen – von winzig bis in Babygröße –, mit Weihnachtskrippen-Comicfiguren im russischen, afrikanischen oder asiatischen Stil, mit Marienfiguren im Pelz oder mit Poncho und vielem, vielem mehr! Eben alles, was das Touristenherz begehrt!

Es war schon später Nachmittag geworden. Ich wanderte den roten Ziegelweg zurück und stieg in Assisi wieder auf den Marktplatz hinauf. In der Dämmerung begannen im Säulenvorraum der Kirche, die einmal ein römischer Minerva-Tempel gewesen war, nacheinander Chöre aus aller Welt zu singen: Pfadfindermädchen, ein Gospelchor, eine charismatische Gruppe mit enthusiastischen Gebetseinlagen! Die Gebäude rund um den Platz waren mittels Lichtkunst in wechselnde Farben getaucht. Das verlieh dem Ort, je dunkler es wurde, ein fantastisches Flair. Ich setzte mich nicht weit weg vom Chorgeschehen in ein Restaurant, aß etwas und genoss den letzten Abend in Assisi mit etwas Wein und allen Sinnen in vollen Zügen.

Die Erkenntnis

Als ich aufgebrochen war, hatte meine besorgte Hausärztin Karin gegenüber Diotima skeptisch geäußert:: „Hoffentlich braucht er nicht zwei neue Knie, wenn er wiederkommt!“ Das ist für mich die verblüffendste Erfahrung dieser Reise: Beide Knie haben nicht einmal den Anschein von Beschwerden gemacht. Das war so nicht zu erwarten! Auch wenn nach allen Untersuchungen keine Ursache für meine Probleme vor einem Jahr gefunden worden waren, „außer Gefecht“ gesetzt war ich trotzdem.

Jetzt, am Ende der Reise, war ich mir doch ziemlich sicher, warum: Ich denke heute, aus Angst! Nun war ich schon über sechzig geworden und augenscheinlich immer noch nicht imstande oder gar nicht willens, mit klarem Blick auf den Grund meiner Seele zu blicken. Mir gefiel das Selbstbild eines eher angstfreien Optimisten. Aber tatsächlich hatte ich eine tiefsitzende Angst, die ich nicht zulassen wollte. Die Angst vor einem Aufbruch in ein neues, unbekanntes Terrain war mir genau in die Stelle gefahren, die für solch einen Aufbruch am nötigsten gebraucht wird: Ich hatte „weiche“ Knie bekommen und konnte nicht mehr gehen. Mysteriöse Vorgänge, die im eigenen Körper ablaufen, ohne dass man auf den ersten Blick Einfluss darauf nehmen kann.

Wobei mir dieses Muster der Wechselwirkung von Psyche und Körper bei anderen Erkrankungen eigentlich bekannt war: Wer mit anstehenden Aufgaben überfordert ist und wem die Last zu groß wird, bekommt Rückenschmerzen! Wem die Zukunft Angst macht, dem sitzt die Angst im Nacken und er hat Nacken- und Kopfschmerzen. Wer Ärger hat und alles in sich hineinfrisst, dem schlägt es auf den Magen und er bekommt Magengeschwüre. Wer zu viel Stress hat, den trifft der Schlag. Wer zu viel Kummer hat, dem bricht das Herz. Diese alten Sprichwörter wie „Mir sitzt die Angst im Nacken!“, „Das schlägt mir auf den Magen!“ oder „Ich bekomme weiche Knie!“ zeugen davon, dass diese Wirkung von psychischer Verfasstheit auf körperliche Beeinträchtigungen in früheren Zeiten völlig plausibel war. Durch den Einsatz vielfältigster Physiotherapien und wirksamster Schmerzmittel sind wir erfolgreich geworden im Lindern der Symptome, aber zunehmend unfähiger oder gar unwilliger mit Blick auf oft dahinterliegende psychische Ursachen. Weil gerade dieser Blick am gut gepflegten Selbstbild kratzt. Aber wem soll ich jetzt noch jemanden vorgaukeln, der ich nicht bin? Mir selbst schon gar nicht! Ich hatte also Angst loszugehen! Und immerhin: Ich hatte sie überwunden, war losgegangen und machte eine einschneidende körperliche Erfahrung: Das beste Heilmittel bei Beschwerden des Bewegungsapparates war dauerhaftes Gehen!

Und was war aus der Ursprungsidee geworden, einen „geistlichen Brückenschlag" von Eisenach nach Assisi zu machen?

Assisi lebt immer noch aus der Quelle, die seine beiden Stadtheiligen Franziskus und Klara bilden. Und natürlich: Kloster und Basilika ziehen Menschen aus aller Welt an, die von diesen Lebensbildern fasziniert sind. Mir ging es genauso. Franziskus und Klara waren mir in den vergangenen Wochen „als Menschen" nähergekommen. Sie waren junge Leute gewesen, aus wohlhabenden Familien und mit guter Bildung. Aber sie wollten damals nicht in die bigotte Welt ihrer Eltern nachrücken, die aus Reichtum, Macht und schöner Fassade bestand, hinter der es doch vor allem um Egoismus, Berechnung und Konkurrenzkampf ging. Sie sehnten sich nach Gleichgesinnten, mit denen sie in einfachen Verhältnissen und an einem zentralen Ort zusammenleben konnten. Sie suchten nach einer Gemeinschaft, die von einer gemeinsamen Grundidee getragen wurde und in der jede und jeder eine gleichberechtigte Rolle haben sollte. Eben ein einfaches, authentisches, friedfertiges und gemeinschaftliches Zusammenleben!

Das hört sich auch heute noch sehr plausibel an. Ich kenne junge Leute, die genau nach einem solchen Lebensmodell auf der Suche sind. Aber Franziskus und Klara, gemeinsam mit ihren Freundinnen und Freunden, stellten dies alles darüber hinaus noch in den Horizont ihres Glaubens. Sie verstanden ihr Streben nach einfachen Lebensverhältnissen als Nachfolge Christi und lebten ihre Armut radikal. Vor allem im Kloster San Damiano war es bis heute geradezu unmittelbar spürbar, welche Begeisterung unter den jungen Menschen dieser ersten Generation von Franziskanern und Klarissinnen diese spirituelle Radikalität freigesetzt hatte. Dass sie diese Haltung dann aber auch ein Leben lang durchhielten, ihren Glauben, ihre Überzeugungen und ihr Leben in einer Gemeinschaft in Übereinstimmung hielten, muss ihre Zeitgenossen zwangsläufig fasziniert und angezogen haben und erhob sie folgerichtig in den Rang von Heiligen.

Andererseits vermisste ich bei aller angemessenen Würdigung der beiden Heiligen in Assisi so etwas wie einen innovativen, in die Zukunft ausgerichteten Geist. Der Blick ist vor allem auf die Vergangenheit gerichtet. Immerhin hat sich der Jesuit Jorge Mario Bergoglio als erster Papst den Namen Franziskus gegeben. Das hatten selbst die Päpste, die aus dem Franziskanerorden hervorgegangen waren, nicht fertiggebracht. Weil damit wie selbstverpflichtend eben genau diese Themen auf die Tagesordnung kommen, mit denen der Heilige Franziskus von Anfang an für Unruhe in der Institution Kirche gesorgt hatte: Besitzverzicht, Armut als Leitbild, Prestigeverzicht, Ablehnung von Geld und Reichtum usw. Und der Papst Franziskus bringt in dieser franziskanischen Verantwortung genau diese Themen in die Öffentlichkeit. Es ist kein Geheimnis, dass er sich damit in der Kurie nicht beliebt macht und viel Gegenwind bekommt. Aber für die einfachen Menschen ist er ein Hoffnungsträger, weil er sich mit ihnen solidarisiert. Nicht zuletzt wegen dieses Papstes ist der Heilige Franziskus mit seinen Ideen wieder stärker in den Blickpunkt gerückt.

Aber diesen Impuls kann sich Assisi nur indirekt auf die Fahnen schreiben. Die Stadt und seine Einwohner selbst haben an dieser Renaissance ihres Stadtheiligen keinen aktiven Anteil. Noch zu Lebzeiten von Franziskus, als dieser schon als Heiliger verehrt wurde, achteten die Stadtoberen eifersüchtig darauf, dass nach seinem Tod sein Leichnam umgehend in die Stadt gebracht wurde. Bewaffnete Soldaten waren zur Portiunkula, als er im Sterben lag, abkommdandiert, um dies abzusichern. Die Angst war groß, dass sich eine Nachbarstadt des „kostbaren" Leichnams bemächtigen könnte. Kostbar, weil ein Heiliger in der Stadt Wallfahrten bedeutete. Und Wallfahrten bedeuteten Geschäfte. Ich hatte bei meiner ersten Begegnung mit Assisi den Eindruck, dass dieser Ansatz immer noch sehr präsent ist.

Im Gegensatz dazu scheint mir der Wille zu Innovation, zur Auseinandersetzung mit der eigenen Geschichte und seinen regionalen Protagonisten unter neuen, für die Zukunft etwas austragenden Aspekten in Eisenach deutlich ausgeprägter. Schon der Elisabeth-Kirchentag in Eisenach im Jahr 2007 machte deutlich, dass es auf evangelischer Seite keine Scheu gab, die Lebensleistung einer katholischen Heiligen zu ehren und sich als Evangelische Kirche auch selbst in ihrer Wirkungsgeschichte stehend zu sehen. Schon dies war ein starkes ökumenisches Zeichen! Noch viel mehr waren dies die Feierlichkeiten zum Reformationsjubiläum 2017. Dass es gelungen ist, mit diesem Jubiläum nicht die Gräben zwischen Katholischer und Evangelischer Kirche zu vertiefen, sondern vielmehr daraus ein gemeinsam gefeiertes „ökumenisches Christusfest" zu gestalten, kann nur als Glücksfall betrachtet werden und sollte nachhaltig ökumenisch wirken. Zudem wurde auch die Kraft gefunden, sich innerhalb des Jubiläums Themen zuzuwenden, um die sich die Evangelische Kirche bisher gedrückt hatte: zum Beispiel die transparente Aufarbeitung des Themas „Luther und die Juden!". Schonungslose Offenheit und bedingungsloses Schuldeingeständnis – wenn dies aus Anlass eines weltweit begangenen und wahrgenommenen Jubiläums von der gastgebenden Kirche geleistet werden kann, zeugt dies von spiritueller Kraft, die Türen in die Zukunft öffnet. Und die Eisenacher selbst haben in einer gelungenen Partnerschaft zwischen vielen Akteuren vor Ort das Reformationsjubiläum gefeiert, auf der Wartburg, auf dem Marktplatz, im Theater und in den Kirchen. Öffentlich wahrnehmbar und offen für alle, fröhlich, interessant, die Geschichte erforschend und die Zukunft gestalten wollend, ernst und einladend, unterhaltend und ermutigend, Fragen zulassend und Glauben stärkend – so haben die Eisenacher ihr Reformationsjubiläum in Erinnerung. Und so blicken sie schon auf das nächste: Das Jubiläum der Bibelübersetzung auf der Wartburg 2021 wirft bereits seine Schatten voraus!

Und nicht zuletzt: Der Eisenacher Kirchenmusikdirektor Christian Stötzner hat nicht nur die von seinem Vorgänger Ekkehard Knechtel eingeführten Kantatengottesdienste in der Georgenkirche, Bachs Taufkirche, weitergeführt. Auch Bachs große Werke wie die h-Moll-Messe oder die Passionen kommen regelmäßig zu Gehör. Aber das reichte ihm nicht. Er stellte sich vor drei Jahren angesichts alljährlicher unzähliger Anfragen von Musikern aus aller Welt, die an Bachs Taufstein in der Georgenkirche musizieren möchten, die Frage: Warum gibt es in der

Geburtsstadt von Bach, der gern auch als „fünfter Evangelist" bezeichnet wird, eigentlich kein eigenes Bachfest? Und er initiierte es im Jubiläumsjahr der Reformation!

Mit Assisi im Gedächtnis fand ich: Wichtig ist, wenn man schon eine spirituelle Quelle hat, sie immer wieder neu anzuzapfen, auszuschöpfen und damit neues Terrain zu bewässern und erlebbar zu machen. Diesen Transfer von der Vergangenheit in die Gegenwart muss jede Generation immer wieder neu leisten und dies auch wollen. Das setzt Menschen voraus, die sich für diese Aufgabe in die Verantwortung nehmen lassen. Vor diesem Hintergrund kann sich Eisenach als „spiritueller Kraftort" gut sehen lassen.

Als ich am Ende meiner Reise mit dem Zug in Erfurt eintraf, begegnete ich auf dem Bahnhof einer ehemaligen Kollegin. Wir unterhielten uns kurz, und nach ein paar Minuten sagte sie mittendrin: „Sie strahlen aber eine tiefe innere Ruhe aus!" Wenn ich mir die Frage stelle, was diese Pilgerreise für meine eigene Spiritualität ausgetragen hat, fällt mir gar keine klare Antwort ein. Mir hat das Singen und Beten in den vielen Kirchen gutgetan. Mir hat es überhaupt gefallen, wieder viele Choräle mit allen Strophen einfach richtig abzusingen. So viel hatte ich lange nicht mehr gesungen. Das Begegnen mit Menschen und das Reden auch über Glaubensdinge waren für mich wichtig und gut. Aber vielleicht ist es das wirklich, was dieses tägliche gleichförmige Gehen von Kirche zu Kirche, zwischen den Liedern und Gebeten, Schritt für Schritt bewirkt: innerlich zu sich zu kommen, bei sich zu bleiben und ruhig zu werden! Vielleicht ist am Ende eines langen Pilgerweges die „tiefe innere Ruhe" das Synonym für neu gewachsenes Gottvertrauen.